Astrid und Joachim Knuf

W0217680

Amulette und Talismane

Symbole des magischen Alltags

DuMont Buchverlag Köln

CIP-Kurztitelaufnahme der Deutschen Bibliothek

Knuf, Astrid:
Amulette und Talismane: Symbole d. mag. Alltags /
Astrid u. Joachim Knuf. – Erstveröff. – Köln: DuMont, 1984.
(DuMont-Taschenbücher; 147)
ISBN 3-7701-1451-5
NE: Knuf, Joachim; GT

Erstveröffentlichung
© 1984 DuMont Buchverlag Köln
Alle Rechte vorbehalten
Druck und buchbinderische Verarbeitung: Boss-Druck, Kleve

Printed in Germany ISBN 3-7701-1451-5

Inhalt

Zur Einführung

Amulette und Talismane: Ist dies nicht eigentlich ein Thema, das nach dunklem Aberglauben klingt, nach vergangenen Zeiten und fremden Völkern, nach Märchen, Magie und übersinnlichem Hokuspokus? Haben wir es hier nicht mit Dingen zu tun, die im wahren Sinn des Wortes ›exotisch‹ sind, ja esoterisch, und die in unserer modernen, aufgeklärten Zeit keine Rolle mehr spielen, es sei denn in einigen unberührten Hinterwäldern unserer Zivilisationen?

Doch schon ein gelegentlicher Bummel quer über einen Parkplatz zwingt zu ernstlichem Nachdenken. Das Automobil, Produkt par excellence der wissenschaftlichen und technischen Entwicklung unseres Jahrhunderts und damit auch Symbol einer freien Lebensform, erweist sich unversehens als Schrein eines kaum gebrochenen Glaubens an die vielfältige Wirkung von Amuletten und Talismanen. Hufeisen am Kühler (Abb. 1), Aufkleber aller Art (Abb. 2), von Innenspiegeln baumelnde Maskottchen und nicht zuletzt Christophorus-Medaillen demonstrieren, welche Bedeutung Amulette und Talismane auch hier und heute noch haben. Mit einmal geschärftem Blick finden wir Amulette und Talismane überall in unserer Umwelt, bei Personen, an Gegenständen und Gebäuden. Sie geben sich langsam als das zu erkennen, was sie sind: selbstverständlicher Bestandteil des Alltags und eine Facette des herrschenden Weltbildes.

Das Identifizieren von Amuletten und Talismanen setzt allerdings eine Vorstellung von solchen Gegenständen voraus, ein Konzept oder eine Theorie. Damit geraten wir gleich an das zentrale und schwierige Problem der Abgrenzung: Was alles soll, was kann als Amulett, als Talisman gezählt werden? Dies ist eine Frage nach individuell zu vertretenden Glaubensvorstellungen, und in der Tat mögen schon die

1 Nach oben geöffnetes Hufeisen an einem Autokühler

ersten Beispiele, die wir gegeben haben, Widerspruch wecken. Dort finden sich Gegenstände verzeichnet, die keineswegs einhellig als Amulette oder Talismane angesehen werden. Um dieses Hindernis zunächst einmal aus dem Weg zu räumen (ohne es dabei aber aus dem Blick zu verlieren) und um interpretativen Spielraum zu gewinnen, werden in unserer Untersuchung alle Dinge, die mit irgendeiner (subjektiv stichhaltigen oder überindividuell vertretenen) Überzeugung oder Begründung als Amulett oder Talisman angeführt sind, im folgenden auch als gültige Beispiele akzeptiert, um der Vielfalt der historisch entstandenen Begrifflichkeiten Rechnung zu tragen.

Beispiele für Amulette und Talismane aus dem unmittelbaren Erfahrungsbereich unserer eigenen Kultur lassen sich denn auch fast beliebig lang auflisten: Ein gefundenes vierblättriges Kleeblatt oder das bereits erwähnte Hufeisen werden ebenso als Glücksbringer aufgehoben, wie eine Schuppe des Silvesterkarpfens oder ein Glückspfennig ins Portemonnaie wandert, damit das ganze Jahr über das Geld nicht ausgehe. Maskottchen begegnen einem überall, nicht nur an Autospiegeln. Die Fußballmannschaft des 1. FC Köln bringt zu ihren Spielen ihr Vereinsmaskottchen mit auf den Rasen, einen Ziegenbock. Die Mannschaft Kuwaits reiste bei der Fußballweltmeisterschaft 1982 sogar mit ihrem eigenen Dromedar einschließlich begleitendem Tierarzt nach Spanien, um das Glück auf ihre Seite zu zwingen! Man wird sich erinnern, daß diese Maßnahme alleine nicht ausgereicht hat, den Titel zu erringen, doch wurde das Ausscheiden der Mannschaft letztlich nicht dem Tier angelastet – womit eine wichtige Regel im Umgang mit Glücksbringern angesprochen ist.

2 Vierblättriges Kleeblatt als Autoaufkleber

Was aber genau ist ein Talisman, ein Amulett? Welche Arten von Amuletten und Talismanen gibt es, welche Wirkungen werden ihnen zugeschrieben? Besitzen sie tatsächlich eine Wirkung, eine ›magische Kraft‹? Unterscheidet sich der europäische Zeitgenosse in seinem vertrauten Umgang mit Hufeisen oder Kupferarmbändern von einem Malaien, der einen schwarzen, polierten Stein in sein Reisfeld legt, um die Ernteerträge zu steigern, von einem Tibetaner, der ein Blatt seines heiligen Buches als Schutz gegen Dämonen bei sich führt? Das sind einige der Fragen, die in den folgenden Kapiteln untersucht werden sollen. Und sicherlich ist dazu ein Maß an begrifflicher Differenzierung wünschenswert.

I Amulette und Talismane: kulturgeschichtliche Ansichtssachen

Talisman ist Karneol,
Gläubigen bringt er Glück und Wohl!
Steht er gar auf Onyx' Grunde,
Küß ihn mit geweihtem Munde.

Amulette sind dergleichen
Auf Papier geschriebne Zeichen;
Doch man ist nicht im Gedränge
Wie auf edlen Steines Enge;
Und vergönnt ist frommen Seelen,
Läng're Verse hier zu wählen.

(J. W. Goethe, Westöstlicher Diwan)

Amulett oder Talisman?

In einem ganz allgemeinen Sinn kann man zunächst feststellen, daß Amulette und Talismane Gegenstände sind, denen eine bestimmte, oft (vielleicht in Ermangelung eines geeigneteren Wortes) als ›magisch‹ bezeichnete Kraft zugeschrieben wird, die ›besondere‹ Eigenschaften aufweisen, die für den Besitzer irgendwie nutzbar gemacht werden können. Sie werden von Männern, Frauen und Kindern als Ketten oder Ringe getragen, als Gürtel, Arm- oder Fußreifen, als Anhänger, in Taschen, an oder in der Kleidung. Sie können an Haus und Hof angebracht werden, an Kirchen und Gräbern, Möbeln und Gerätschaften, an Bäumen, auf Feldern und auch z. B. an Vieh und Haustieren. Der *Große Brockhaus* definiert Amulett als »Gegenstand, der Dämonen, Unglück oder Gefahren abwehren, der die Kraft des Trägers stärken oder ihm Glück bringen soll«; Vielseitigkeit deutet sich an.

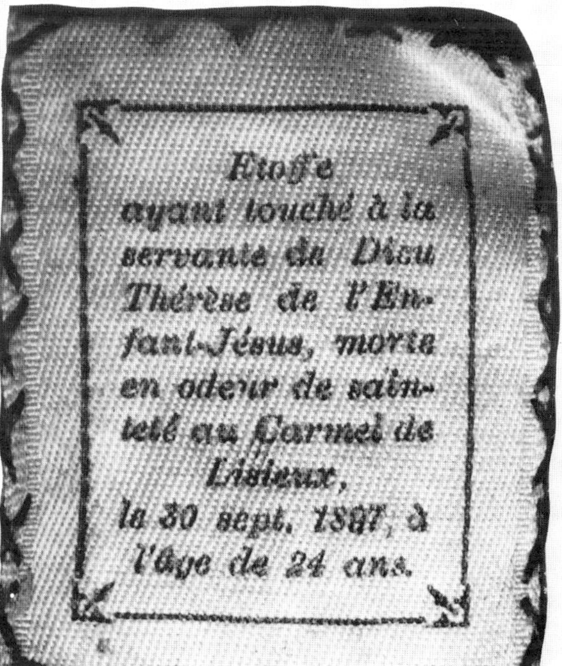

3 Weiße Stoffreliquie mit rotem Aufdruck: »Stoff, berührt an der Dienerin des Herren Thérèse vom hl. Kind Jesu, verstorben im Geruch der Heiligkeit in Carmel de Lisieux am 30. September 1897 im Alter von 24 Jahren«. 4 cm. Calvados, Frankreich

Gegenstände der beschriebenen Art sind uns aus allen Teilen dieser Erde und aus allen Epochen bekannt. Ihrer generellen Verbreitung entsprechend werden sie in den verschiedenen Sprachen natürlich auch mit anderen Bezeichnungen als ›Amulett‹ oder ›Talisman‹ belegt; sie entziehen sich dem direkten definierenden Zugriff. Deshalb an dieser Stelle ein Blick auf unseren eigenen Sprachgebrauch: Können die Namen Aufschlüsse über das Wesen der bezeichneten Gegenstände geben? Lassen sich auf diesem Weg vielleicht signifikante Unterschiede zwischen Amuletten und Talismanen herausfinden?

Etymologisch wird das Wort ›Amulett‹ vom lateinischen *amuletum* hergeleitet, das ›Brei aus Kraftmehl‹ bedeuten soll und mit einem griechischen Wort gleichen Sinnes zusammenhängt. Ob diese Erklärung korrekt ist und wie es zu dem offensichtlichen Bedeutungswandel kam, ist ungeklärt und wird es vielleicht auch bleiben, zumal das Wort *amuletum* in der römischen Literatur nicht eben häufig anzutreffen ist. Im Althochdeutschen ist für ›Amulett‹ das Wort *zoubar* (Zauber) üblich. In seinem heutigen Sinn ist ›Amulett‹ zuerst 1582 nachgewiesen; ab Anfang des 18. Jahrhunderts tritt die Bezeichnung dann vermehrt auf. Unmittelbare Quelle des Wortes ist das Französische. Auf markante Merkmale einzelner Arten von Amuletten weisen verschiedene, teils regionalsprachliche Bezeichnungen hin, so ›Angehenke‹ im 16. und 17. Jahrhundert, ›Anhängsel‹ im 17. und 18. Jahrhundert und das schwäbische ›Bändele‹. Hier heißt der Hersteller von Amuletten ›Bändelesmacher‹.

Das Wort ›Talisman‹ ist ebenfalls ein Lehen der französischen Sprache. Ein erster deutscher Beleg sind die »Frauenzimmer-Gespräche« von Harsdörffer aus dem Jahr 1646, doch findet es sich wiederum erst ab Anfang des 18. Jahrhunderts etwas häufiger. ›Talisman‹ geht auf das griechische *télesma* zurück, ein Wort, das mit ›Aufgabe‹, ›Aufwand‹ übersetzt wird, in der byzantinischen Literatur dann aber mit ›geweihter Gegenstand‹ etwa den Sinn erhält, den es heute noch hat. Talismane sind in diesen Quellen verschiedentlich in ihrer Wirkung beschrieben worden. So wissen wir zum Beispiel, daß der zu Zeiten Kaiser Neros lebende Wundertäter Apollonius von Tyana sie überall im römischen Reich zur Abwehr von Plagen und Krankheiten verwendete. Byzanz lieh das Wort in der Form *tilasm* (Zauberbild) weiter nach Arabien, von wo es dann über das Spanische und Franzö-

4 Kleiner Stoffanhänger, bedruckt mit katholischen Symbolen. Ein solcher Anhänger wurde von Kindern getragen und enthielt Gebetstexte. 3,5 cm. Frankreich

sische Eingang in die übrigen europäischen Sprachen fand. Das Ergebnis dieser kurzen Betrachtung ist somit negativ: Die Wortgeschichte liefert keine Hinweise auf eine wesentliche Unterscheidung zwischen Amuletten und Talismanen.

Unabhängig von der Etymologie sind, der Überlegung folgend, daß Dinge, die verschiedene Namen haben, auch verschiedener Art sein müssen, wiederholt Versuche unternommen worden, zwischen Amuletten und Talismanen wenigstens terminologische Unterscheidungen einzuführen. So ist die volks- und völkerkundliche Fachliteratur vor allem daran interessiert, einen Unterschied zwischen Amuletten und Talismanen hinsichtlich ihrer Wirkung herauszuarbeiten – sicherlich ein zentraler Gesichtspunkt. Beispielsweise wurde gesagt, daß Amulette in ihrer Wirkung präventiv sind, also reine Schutzfunktion haben, Talismane dagegen Eigenschaften übertragen können, insbesondere Glück. Dieser Versuch einer Klassifizierung (oder wenigstens einer Sprachregelung) hat sich aber nicht allgemein durchsetzen können. Das hängt sicherlich einmal damit zusammen, daß wir es hier mit wissenschaftlichen Konventionen zu tun haben, die in der Umgangssprache schnell an die Grenzen ihrer Verbindlichkeit

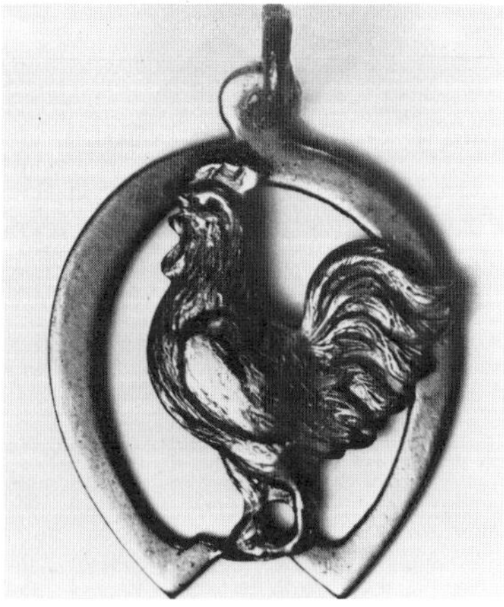

5 Glücksbringer aus Metall in Gestalt eines Hahns in einem Hufeisen. 3 cm. Italien

stoßen, liegt vor allem aber daran, daß eine solche Festlegung der Sache offenbar nicht angemessen ist. Die Erfahrung verweigert eine exakte Trennung unterschiedlicher Wirkungsweisen in den betrachteten Objekten; viele Amulette und Talismane verbinden in der Vorstellung ihrer Benutzer eine Schutzwirkung (etwa vor Krankheit oder Unglück) mit der Übertragung von Eigenschaften (also etwa von Gesundheit oder Glück). Die Durchführung einer strikt dualistischen Klassifikation würde nicht nur die genaue Feststellung der unterschiedlichen Qualitäten von Amuletten und Talismanen im konkreten Fall verlangen, was allein angesichts der ständig stattfindenden kulturellen Wandlungsprozesse, verschärft durch die zunehmende Privatisierung der Weltbilder ihrer Benutzer, zu unhaltbaren Festschreibungen führen würde; es müßten angesichts der häufigen Vermischung von Eigenschaften oder Eigenschaftszuordnungen letztlich Erwartenshaltungen an das betreffende Objekt auch quantitativ erfaßbar gemacht werden, um dominante Bedeutungen und den Grad der Dominanz einzuschätzen. Das unbefriedigende Ergebnis wären dann beispielsweise Amulette mit untergeordnetem Talismancharakter. Die Aufstellung eines solchen Systems erscheint aber als fast unmöglich; es würde auch kaum eine praktische Verständnishilfe darstellen: ars gratia artis.

6 Kleiner Anhänger ›Glaube, Liebe, Hoffnung‹

Ein anderer Versuch der Klassifikation zielt auf den Gesichtspunkt der Form. Man hat gesagt, daß Amulette klein sowie dauerhaft sind und am Körper getragen werden. Talismane dagegen können auch größer sein und werden deshalb zu Hause aufbewahrt, an Haus und Hof angebracht oder in Fahrzeugen mitgeführt. Amulette wären danach also im wesentlichen beweglich, mobil, Talismane ortsgebunden, immobil. Eine solche rein formale Gegenüberstellung scheint auf den ersten Blick nützlich, da sie handliche Kriterien schafft. Auf der anderen Seite widerspricht sie nicht nur herrschendem Sprachgebrauch, sondern beinhaltet vor allem keinerlei Informationen über Wesen und Wirkung der klassifizierten Gegenstände, verfehlt also deren eigentlichen Charakter.

Damit sind wir letztlich an unsere eigene Kompetenz verwiesen. Eine Untersuchung der umgangssprachlichen Verwendung der Bezeichnungen ›Amulett‹ und ›Talisman‹ ist deshalb wichtig, weil solche Bezeichnungen an Zeit und (Regional-)Kultur gebunden sind. In allen Sprachgemeinschaften werden den Sachen Namen gegeben, durch die sie im jeweiligen Kontext ausreichend genau (dies jedenfalls im Idealfall) unterschieden werden können. Um also Auskunft über die Verwendung von Bezeichnungen oder Namen zu erhalten, muß der konkrete kulturelle Zusammenhang berücksichtigt werden, der im

7 Silberfarbener Anhänger. 2 cm. Wahrscheinlich Frankreich, Anfang des 20. Jh.

vorliegenden Fall durch die aktuelle Form der deutschen Umgangssprache umrissen wird, in die natürlich teilweise Dialekte und Fachsprachen als historische Elemente Einlaß gefunden haben. Zur Debatte steht somit der gegenwärtige kulturspezifische Gebrauch der Benennungen ›Amulett‹ und ›Talisman‹.

Eine als ›natürlich‹ empfundene, alltagsgegebene Klassifikation ist hier nicht festzustellen. Umgangssprachlich wird kein konsequenter Unterschied zwischen ›Amulett‹ und ›Talisman‹ gemacht; die Verwendung der Bezeichnungen zeigt Spielraum – bis hin zum Widerspruch. Insgesamt ist das Wort ›Amulett‹ wohl weiter verbreitet, was damit zusammenhängt, daß in katholischen Gegenden auch von der Kirche geweihte oder zur Verehrung empfohlene Gegenstände wie Reliquien (Abb. 3, 4), Skapuliere oder Medaillen diesen Namen teilen. Das Wort ›Talisman‹ gehört dagegen eher einem ›gehobenen‹ Sprachniveau an. Es hat sich vor allem in Juwelier- und Modegeschäften durchgesetzt. Die dort angebotenen Glücksbringer, Anhänger (Abb. 5, 6, 7), Tierkreiszeichen, Monatssteine etc. werden vorzugsweise als ›Talismane‹ bezeichnet. Eine schlüssige Unterscheidung nach religiösem und profanem Gebrauch oder nach mehr oder weniger kunstvoller Herstellungsweise ergibt sich aus dieser Nomenklatur jedoch nicht. Das Wort ›Talisman‹ wird allerdings meist für kostbare Objekte und Kleinodien benutzt.

Resümee: Eine sinnvolle, allgemeine und allgemeingültige Unterscheidung zwischen Amuletten und Talismanen erscheint nicht möglich, weder in wissenschaftlicher, terminologischer noch in umgangssprachlicher Hinsicht. Die Wörter können also heute als wesentlich gleichbedeutend angesehen werden, einzelne Präferenzen zeigen großenteils persönliches Sprachempfinden und sind mit Form oder Wirkung der bezeichneten Gegenstände nicht in eindeutigen Zusammenhang zu bringen. Ein solches negatives Ergebnis ist aber für die weitere Behandlung des Themas keineswegs hinderlich, da die Zweiteilung ›Amulett‹/›Talisman‹ zwar im Deutschen möglich und teils auch üblich ist, nicht aber in den Sprachen vieler anderer Kulturen, mit denen wir uns im folgenden befassen müssen. Im Englischen z. B. tritt neben (oder über) ›Amulett‹ und ›Talisman‹ noch die Bezeichnung *charm*, die im Deutschen in ›Charme‹ und ›charmant‹ mit der Bedeutung ›bezaubernd‹ geläufig ist.

Entsprechend werden im folgenden ›Amulett‹ und ›Talisman‹ als gleichwertige Begriffe benutzt. Wenn bei einzelnen Beispielen eine gewisse Präferenz festzustellen ist, beruht sie allein darauf, daß wir uns in der Sprachregelung den konsultierten Quellen anschließen. Eine Unterscheidung in der Sache ist damit nicht impliziert.

Eine kleine Materialkunde

Amulette und Talismane bestehen aus den verschiedensten Materialien. Feste oder flüssige, harte oder weiche, dauerhafte oder vergängliche Amulette: Der schöpferischen Phantasie der Menschen sind bei ihrer Gestaltung offenbar nur durch das Angebot der natürlichen Umwelt der jeweiligen Kultur Schranken gesetzt sowie durch die ihr zur Verfügung stehenden Technologien. Angesichts dieser möglichen Vielfalt wird es uns im weiteren aber noch beschäftigen müssen, warum immer wieder ähnliche oder sogar gleiche Gegenstände als Amulette und Talismane benutzt werden, und dies in ganz unterschiedlichen, oft völlig voneinander isolierten Kulturen.

Um aber zunächst eine gewisse Ordnung in die weitere Untersuchung zu bringen, empfiehlt es sich, die Objekte, die als Amulette oder Talismane verwendet werden, heuristisch in zwei Klassen einzuteilen. Zur ersten Klasse gehören danach natürliche oder in der Natur vorkommende Gegenstände, zur zweiten die künstlich gefertigten. Bei dieser Einteilung ist allerdings zu berücksichtigen, daß auch der große Teil der natürlichen Amulette und Talismane für ihre Benutzung in unterschiedlichem Maße von Menschenhand verändert wird. Da sie aber die einfachere, vielleicht auch grundlegende Form darstellen, wollen wir mit ihnen den Anfang machen.

Steine der verschiedensten Art finden sich praktisch überall als Amulette und Talismane, zumal wenn sie von auffälliger Form sind (Abb. 8, 9, 10). Durchlöcherte Exemplare bieten sich etwa an, denn man kann sie leicht an einem Band oder an einer Kette tragen. Eine sehr einfache Form eines solchen Amuletts besteht aus aufgereihten Steinen, die z.B. in Irland an die Ställe gehängt wurden, um zu verhindern, daß mutwillige Feen den Kühen die Milch nehmen. Andere Amulett-

8 Magischer Stein in Form eines Fußes. Die genaue Verwendung ist nicht bekannt. 23 cm. Irland

steine werden ihrer Farbe wegen ausgesucht oder aber weil sie an einem bestimmten Ort gefunden worden sind, der (für den Finder) von besonderer Bedeutung ist. Die Lhota Nagas im Nordosten Indiens kennen glückbringende Steine, die sie *oha* nennen, auffällig glatte Kiesel von unterschiedlicher Größe. Sie werden sorgfältig aufbewahrt, denn von ihnen hängt das Glück ihrer Besitzer sowie des ganzes Dorfes ab. Wer einen solchen Stein findet, nimmt ihn mit nach Hause und stellt in der folgenden Zeit durch genaue Beobachtung fest, welche Art von glücklicher Schicksalswende der jeweilige Stein bewirkt: Reichtum etwa, gute Ernten oder Erfolg im Handel.

In Pfeil- und Speerspitzen prähistorischer Herkunft, die als Glücks- oder Schutzbringer benutzt werden, haben wir einen ersten Grenzfall zwischen natürlichen und künstlichen Amuletten vor uns; es handelt sich hier um Artefakte, die gleichwohl in der Natur gefunden werden. Die ihnen zugemessene Bedeutung ist oft das Resultat ihrer Herkunft von einer außerordentlichen Fundstelle, etwa einem vorgeschichtlichen Grab, einem Megalithen, einem Tumulus. Solche Orte werden im Volksglauben allgemein mit übernatürlichen Erscheinungen, mit dem schicksalsformenden Wirken mythischer Wesen und Kulturheroen in Verbindung gebracht.

Einige weitere Beispiele mögen das Bild abrunden. Mongolen tragen traditionell als Amulette gegen Donner und Blitz Steine bei sich. In Italien, zum Teil auch in Frankreich, glaubt man, daß bestimmte Mineralien vor Hexen (Löcherkoralle) oder Schlangenbissen (Serpentin; Abb. 11) schützen. Schwarzfuß-Indianer versprechen sich von Amulettsteinen Jagdglück, und den Eingeborenen der Torres-Straße,

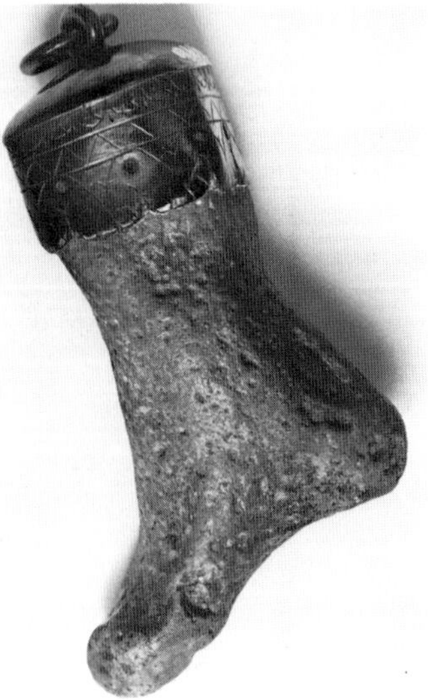

9 Unbearbeiteter Stein in Form eines Fußes mit verziertem Silberanhänger. Dieses Amulett wurde um die Jahrhundertwende in London gegen Gicht getragen. 8 cm. England

die Australien von Neuguinea trennt, gelten sie schließlich als Glücksbringer in Liebesdingen.

Ebenso allgemein verbreitet ist die Verwendung von Amuletten und Talismanen pflanzlichen Ursprungs: etwa auffällige Verwachsungen an Bäumen und Sträuchern, Wurzeln, Blätter, Samen (Farbabb. 4) oder Früchten (Abb. 12). Besonders reichhaltige Nachrichten hierzu haben wir aus Indien. Dort wird dem Holz bestimmter Baumarten besondere Wirkung nachgesagt, und manche Amulette stellen gewissermaßen Kombinationspräparate dar: z. B. wird Holz zehn verschiedener heiliger Bäume verleimt und dann, mit Golddraht umwunden, als Amulett verwendet.

In Teilen Europas – und folglich heute auch in Nordamerika – ist es üblich, einer Braut Erbsen auf den Schoß zu werfen oder ein Brautpaar auf dem Weg aus der Kirche (oder dem Standesamt) mit Reis zu überschütten (Abb. 13). Beides soll Glück und Fruchtbarkeit schenken. Allgemein verbreitet ist auch die Verwendung von Knoblauchzwiebeln, deren aromatischer Geruch wohl auf besondere Eigenschaften schließen läßt. Die Römer benutzten sie zwar jahrhundertelang schon

10 Steinamulett, das der Besitzer, ein chinesischer Arzt, in einem Samtbeutel aufbewahrte. Es brachte Glück und Gesundheit. 7 cm. China, 1927

zum Schutz vor Hexen, zu literarischem (und filmischem) Ruhm kamen sie aber erst in neuerer Zeit als probates Mittel zur Abwehr transsylvanischer Vampire. In Japan wird Knoblauch an die Wand eines Hauses gehängt, um ansteckende Krankheiten von seinen Bewohnern fernzuhalten. Ein vorerst letztes Beispiel für Amulette auf pflanzlicher Basis sind paarweise, auch aneinandergewachsene Walnüsse oder Mandeln; sie werden, wie aus Italien berichtet wird, als Amulett gegen Übel wie den ›Bösen Blick‹, Kopfschmerzen und Hexerei, darüber hinaus als generelle Glücksbringer betrachtet.

Damit aber von der Flora zur Fauna. Hier finden sich als Amulette und Talismane Hörner, Zähne, Klauen und andere Körperteile von Tieren, etwa Fell, Haare, Haut oder Knochen (Farbabb. 20). Solche Amulette sollen nach der gängigen Vorstellung charakteristische Fähigkeiten des jeweiligen Tieres auf ihren Benutzer übertragen. Durch Kombination lassen sich auch hier die Eigenschaften verschie-

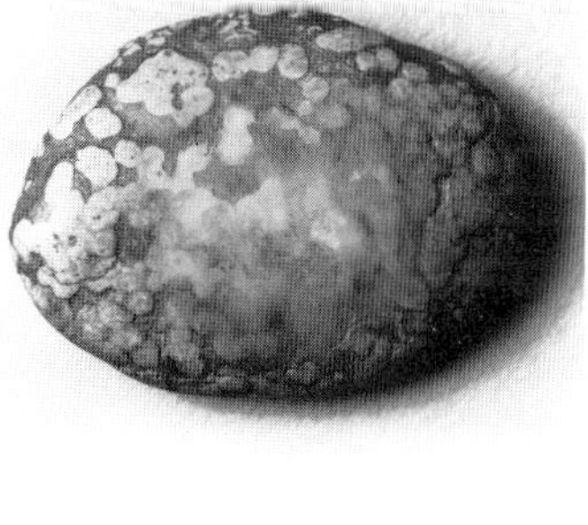

11 Mehrfarbiger Kiesel, sog. ›Giftstein‹, der als magische Kur im Departement Haute-Loire in Frankreich verwendet wurde. Tieren, die von einer Schlange gebissen worden waren, gab man Wasser zu trinken, in das dieser Stein eingetaucht worden war. 4 cm. Frankreich

dener Tierarten zusammenfassen. In Grönland beispielsweise nähen die Inuit (dies ist die korrekte Bezeichnung für Eskimo) den Kopf oder die Füße eines Falken in die Kleidung der Knaben, um aus ihnen gute Jäger zu machen, Bärenhaut, um ihnen Kraft zu verleihen, und ein Stück eines Fuchskopfes oder Fuchsdung, um List und Schläue dieser Tiere zu übertragen. Ihren heiratenden Töchtern nähen sie den Kopf einer kleinen Möwenart, der Tateratte, in die Kleider, damit sie kleine Kinder gebären, also eine leichte Entbindung haben. In den wärmeren Zonen Südamerikas tragen die Bororo einen Brustschmuck aus Jaguar- oder Affenzähnen, der ihnen Stärke und Geschicklichkeit verleihen soll.

Es gibt aber auf der ganzen Welt auch Amulette und Talismane, die menschlichen Ursprungs sind: etwa Zähne, Haare oder Knochen. Viele Menschen heben aus ihrer Kindheit einen Milchzahn auf, manche Mutter eine Locke ihres Kindes, und das nicht nur aus sentimentalen Gründen; die Person, von der solche Amulette stammen, ist mit ihnen irgendwie identifiziert und damit für den Amulettbesitzer erreichbar geworden: Vielleicht erklärt sich so die Aufmerksamkeit

12 Schwertlilienwurzel mit einem Anhänger aus Silber. Ein solches Amulett wurde in Verona Kindern umgehängt, um ihnen das Zahnen zu erleichtern. 7 cm. Italien

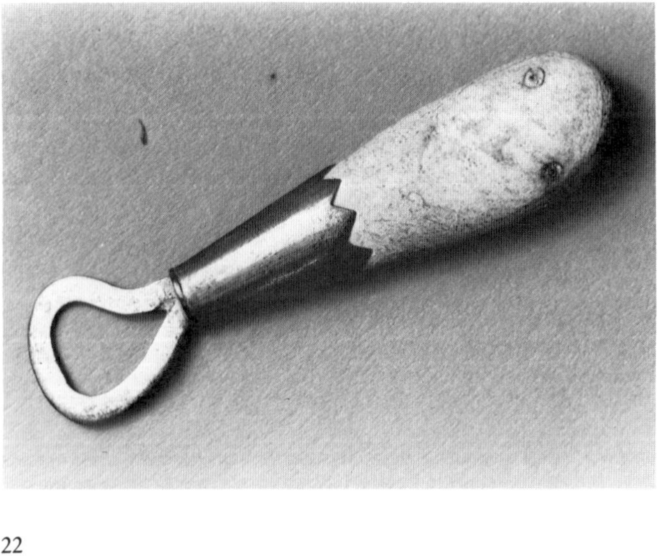

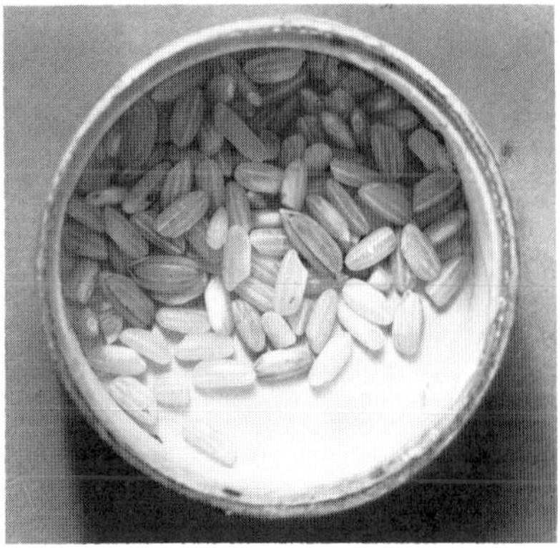

13 Reis, der bei einer Hochzeit auf das Brautpaar geworfen wurde, um ihm Glück zu bringen. Caterham, England, 1905

der Medien wie die Höhe der Auktionserlöse, wenn eine solche profane Reliquie einer Berühmtheit versteigert wird. Auf die unterschiedlichen Formen eher sakraler Reliquien kommen wir noch an anderer Stelle zu sprechen. Hier aber sind noch Objekte zu nennen, die durch magische Behandlung aus dem menschlichen Körper entfernt worden sind, z.B. durch ›unblutige Chirurgie‹, wie sie in jüngster Zeit aus den Philippinen sogar bis nach Europa dringt, sowie verschiedene andere medizinische Substanzen. So kennen die Bergdama in Südwestafrika dieses traditionelle Amulett gegen Unglück aller Art: Ein Tier wird geschlachtet, von dem der zu behandelnde Pechvogel aber nicht essen darf. Vielmehr nimmt er das im Herzen gefundene geronnene Blut und reibt sich damit so heftig Arme und Oberkörper ab, daß sich Schmutz und Hautfett mit dem Blut vermischen. Aus dieser Mixtur wird dann ein Amulett hergestellt, das um den Hals getragen wird. Die Befolgung einiger begleitender ritueller Vorschriften in den folgenden Tagen sichert die Wirkung. Nicht zuletzt dienen auch Mineralien und Metalle als Amulette und Talismane: Gold zum Beispiel, Silber, Kupfer und Eisen, Bergkristall, Salz, Koralle sowie die verschiedenen Edel- und Schmucksteine. Bei der Verwendung solcher Materialien muß natürlich besonders beachtet werden, inwieweit die Schmuckfunktion hier sekundär ist; die Grenzen zwischen Zauber und Zier sind aber sicher in den meisten Fällen fließend (Abb. 14). In Indien etwa werden Ringe aus Gold, Silber, Kupfer oder Eisen gegen Hexerei getragen, im Punjab

14 Abessinische Frau in vollem Amulettschmuck, der sowohl islamische wie christliche Elemente zeigt

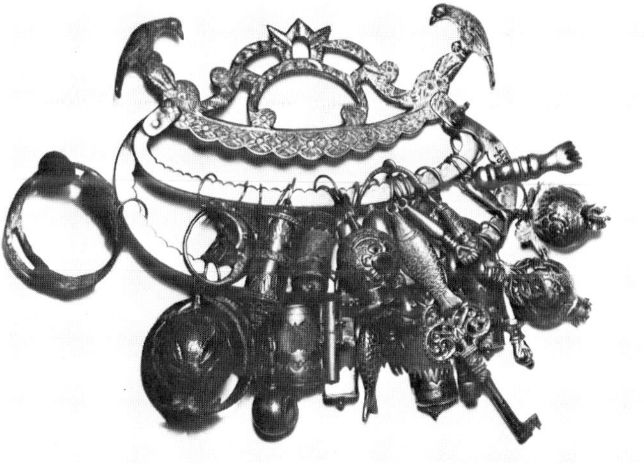

15 Großer Anhänger mit einer doppelten Reihe von Amuletten und Talismanen aus Metall

Ringe oder Ohrringe aus Kupfer gegen den Krankheitsgeist, der Ischias verursacht. In diesem Zusammenhang muß aber auch auf die Kupferarmbänder hingewiesen werden, die in Europa und Nordamerika von vielen Menschen als wirksame Mittel gegen Rheuma angesehen werden. Chinesische Kinder wiederum tragen als Amulett Arm- oder Fußreifen aus Jade.

Kommen wir damit auf die zweite Klasse von Amuletten und Talismanen zu sprechen. Zusätzlich zu den mehr oder weniger direkt in der Natur zugänglichen Objekten gibt es eine große Zahl von Artefakten, die zum einen Teil als direkte Darstellungen von natürlichen Gebrauchsgegenständen angesehen werden können, zum anderen aber auch als weitere, höhere Abstraktionen des Amulettgedankens (Abb. 15). Zur ersten Art gehören z. B. alle Nachbildungen von übernatürlichen und natürlichen Wesen, auch von Körperteilen wie Auge, Hand, Horn, Phallus oder von bestimmten Gegenständen. So hat man bei Ausgrabungen unter den Türschwellen assyrischer Paläste Götterfiguren gefunden, die sicherlich Amulettfunktion hatten, und auch den Griechen dienten Götterabbildungen als Amulette. Die Mayas ver-

16 Aus einer alten englischen 3-Pence-Münze angefertigtes Liebesamulett mit der Gravierung »Alice«. London

wendeten verschiedene Tierbilder aus Gold, die an einem Band getragen werden konnten, die Irokesen wiederum schützten sich, wenn sie zu Wasser reisten, durch das Mitführen kleiner Modellkanus vor einem Tod durch Ertrinken.

17 Solche und ähnliche Glasringe wurden in Wien in großen Mengen als Amulette für den Handel mit afrikanischen Eingeborenen hergestellt. 4,5 cm. Senegal

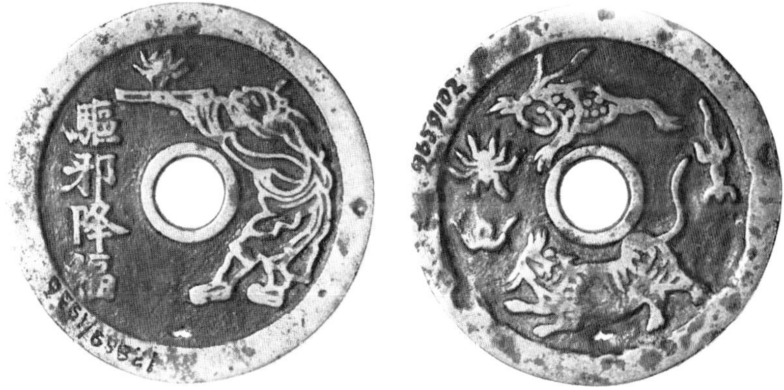

18/19 Messingamulett gegen Spinnen. Auf der Vorderseite ist der Donnergott mit einer Flinte zu sehen, der eine Spinne zu töten versucht, die sich auf der Waffe niedergelassen hat. Auf der Rückseite der Münze sind fünf Tiere abgebildet, die als giftig gelten. 4,5 cm ∅. China

Zur Gruppe der eher abstrakten Amulette und Talismane gehören Objekte besonderer Farbe (vor allem in Rot, Weiß und Blau) und Form: Ringe, Schnüre, Knoten und Flechtwerk, Perlen aus unterschiedlichen Materialien, Ornamente, Medaillen oder Münzen (Abb. 16–19), ferner Relikte oder Erinnerungen an heilige Orte oder Personen. Den Höhepunkt der Abstraktion stellen aber die geschriebenen oder gedruckten Amulette und Talismane dar, die es, über die Welt verteilt, in den Schriftkulturen oder von dort ausgehend, in ganz unterschiedlichen Formen gibt. Als Beispiele seien jüdische Amulette genannt, die aus den auf Papier geschriebenen Namen Gottes und der Engel bestehen, aus alttestamentlichen Zitaten, einer Liste der Funktionen des Amuletts sowie den Namen des Benutzers und seiner Mutter. Als Amulett fungierte auch das Zahlenquadrat (Abb. 20), das vor allem im Mittelalter bei Christen, Juden und Moslems verbreitet war. Tibetanische Amulette bestehen oft aus einem niedergeschriebenen Spruch Buddhas bzw. eines buddhistischen Ordensstifters oder einer Seite aus einem heiligen Buch. Die Schriftzeilen können auch auf einem sogenannten Mani-Stein eingeritzt sein; solche Steine werden dann zu veritablen ›Schutzmauern‹ um lamaistische Klöster oder Heiligtümer aufgeschichtet. Sehr aufwendig gestaltet sind auch äthio-

2,911,536,642	7,764,097,710	970,512,213
1,941,024,426	3,882,048,855	5,823,073,284
6,793,585,497		4,852,561,068

20 Sog. zweifüßiges islamisches Zahlenquadrat, gebildet aus der Totalsumme des Ziffernwertes der Buchstaben des Koran

pische Amulette, die aus einer mit geheimen Zeichen und Worten, Zaubersprüchen, Legenden etc. beschrifteten Papier- oder Pergamentrolle bestehen. Übel abwehrende Schriften können auch in Stein gehauen werden. Man hat eine solche Inschrift z. B. am Stadttor des alten Philippi in Makedonien entdeckt. Nicht ornamental, sondern ausschließlich funktional ist demgegenüber aber eine Art von Amuletten, die in japanischen Klöstern verkauft wird; sie bestehen aus einem Stück Papier, das je nach seiner Aufgabe beschriftet ist: »Gegen Blitzschlag«, »Gegen Krankheit«, »Für Glück«. Solche Amulette können – wie Medizin – eingenommen werden. So kennen wir Berichte über japanische Schwangere, die ein Stück Papier verschluckten, auf dem der Schutzpatron der Gebärenden abgebildet war. Dies sollte ihnen zu einer leichteren Geburt verhelfen.

Allgemeine Funktionen von Amuletten und Talismanen

In den vorausgegangenen Abschnitten sind bereits einzelne Verwendungszwecke von Amuletten und Talismanen genannt worden. Nach der rein materiellen Beschreibung solcher Objekte sollen ihre verschiedenen Funktionen nun aber auf systematischere Weise mit Hilfe einiger Beispiele untersucht werden. Als erste Annäherung stellen wir dabei fest, daß Amulette und Talismane im wesentlichen zwei Funktionen haben, die ebenso zusammengehören wie die beiden Seiten einer Münze: sie sollen ihrem Besitzer Gutes bringen und ihn andererseits vor Bösem bewahren. Bei einer solchen Einteilung darf aber nicht außer acht gelassen werden, daß Amulette und Talismane auch aggressiv eingesetzt werden können, also mit dem Ziel, einem Feind oder Rivalen Schaden zuzufügen. Es scheint daher besser, die beiden allgemeinen Funktionen anders zu formulieren: Amulette und Talismane können einerseits dem Träger Eigenschaften verleihen, andererseits Einflüsse von ihm abwehren; sie dienen also der Stärkung und dem Schutz. Eine wichtige Funktion von Amuletten und Talismanen ist sicherlich die eines Glücksbringers: Glücksbringer spielen in allen Kulturen eine große Rolle. Man darf vermuten, daß diese Funktion von Amuletten sogar ihre eigentliche, wesentliche ist, da sie auch dort erhalten bleibt, wo viele andere, großenteils speziellere, im Laufe der Zeit verlorengegangen sind. Eine solche Interpretation ist jedoch insofern problematisch, als sie in ihrer Begrifflichkeit von den kulturspezifischen Vorstellungen über die Ursachen von Gutem und Bösem, also von weltanschaulichem und religiösem Gedankengut abhängt.

Als Glücksbringer dienen Amulette und Talismane im allgemeinen in fast allen Bereichen des Alltags, im besonderen aber in kritischen Lebenslagen mit ungewissem Ausgang, bei potentiellen Gefahren aller Art sowie in Situationen, die stark durch den Einfluß des Zufalls gekennzeichnet sind: im Spiel, bei Jagd oder Fischfang, im Straßenverkehr, im Geschäftsleben, im Krieg und nicht zuletzt in der Liebe. Dabei wird sich noch zeigen, daß es hier jeweils beinahe universell verbreitete wie auch ganz individuelle Glücksbringer gibt.

Ein weiteres Anwendungsgebiet von Amuletten und Talismanen steht mit dem soeben beschriebenen in enger Beziehung: Amulette und Talismane verleihen ihren Benutzern eine Art ›magischer‹ Kraft, die sich sowohl im natürlichen, körperlich-geistigen Bereich wie im sozialen und übernatürlichen äußern kann. Sie vermögen den Körper, einzelne Organe oder Körperfunktionen zu stärken; es gibt, wie wir sehen werden, Amulette, die mächtig und unbesiegbar machen sollen oder auch unsichtbar und unverwundbar, attraktiv und beliebt, intelligent, gesund und fruchtbar, die die Sinne schärfen und vieles mehr bewirken sollen, was menschliches Wunschdenken nur ersinnen kann. Hierzu gehören die schon erwähnten Amulette tierischen Ursprungs, die auf ihren Benutzer die Eigenschaften der betreffenden Spezies übertragen sollen: Schnelligkeit, Ausdauer, Kraft, Geschicklichkeit, List oder Stärke.

Damit zur Schutzfunktion von Amuletten und Talismanen! Es bietet sich dabei an, Schutzmittel gegen übernatürliches Unheil von solchen gegen natürliches Unheil zu unterscheiden. Auch dann, wenn eine Kultur wie die unsere in der Regel bei außergewöhnlichen Ereignissen auf ›rationale‹ Erklärungen zu dringen und eine ›natürliche‹ Ursache vorzuweisen sucht, aus der sich die Folge (pauschal: Glück oder Unglück) in nachprüfbaren Schritten herleiten läßt; wenn also, mit anderen Worten, öffentlich und außerhalb des religiösen Bereiches die Konzeption übernatürlicher Unheilsquellen nicht sanktioniert ist, so wird der Alltag dennoch von unzähligen, auf nicht-rationale Ursachen zurückgreifende Erklärungen (»Pech!«) beherrscht. In vielen anderen Kulturen unterscheidet man gar nicht erst zwischen ›natürlichen‹ und ›nicht-natürlichen‹ Kräften, was in unseren Augen ebenfalls wesentlich auf die Anerkennung letzterer hinausläuft.

Wenn wir von übernatürlichem Unheil, von übernatürlichen Eingriffen sprechen, so bewegen wir uns in einem Bereich, der in unserer wie in vielen anderen Kulturen abgedeckt ist durch die Bezeichnungen ›Zauberei‹, ›Hexerei‹, ›Magie‹. Offiziell spielt dieser Bereich heute im Alltag keine Rolle mehr; der Zauberer ist mit seinen Tricks in die Unterhaltungsbranche abgedrängt, wo er als Illusionist und Taschenspieler überlebt. Ein Rückblick auf unsere eigene Geschichte, etwa in die Zeit des Hexenwahns mit seiner grausamen Verfolgung Unschuldiger, zeigt, daß der Besitz von Amuletten und Talismanen noch vor wenigen Generationen wirkliches, ja brennendes Bedürfnis gewesen ist: Sie waren konkret wirkende Schutzmittel mit genau definiertem Anwendungsbereich. Und wenn auch heute der Glaube an Hexen und

21 Von Priestern verordnete Mittel zur Heilbehandlung wurden traditionell in Amulettbehältern getragen. Abessinien

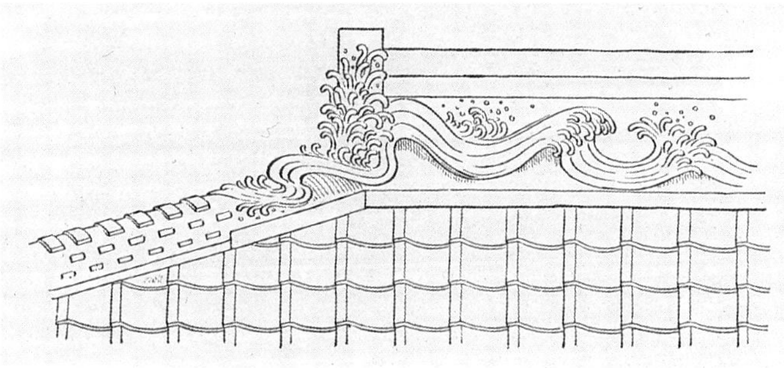

22 Wellenornamentik an einem Dach zur Abwehr der Brandgefahr. Japan

Zauberer auf kleine esoterische Zirkel beschränkt ist, gilt dies nicht unbedingt auch für die gesamte Welt des Übernatürlichen. Die Ereignisse in einer provinziellen Zahnarztpraxis, das Auftreten einer unflätigen ›Geisterstimme‹, haben nicht nur die bayerische Bevölkerung über Wochen in ihren ›Bann‹ gezogen: Sogar die Bundespost fühlte sich veranlaßt, kostspielige Messungen vorzunehmen, deren Notwendigkeit sie dem Gebührenzahler allerdings rational zu begründen suchte! Offenbar ist die Gefährdung unseres Weltbildes durch solche und ähnliche Vorkommnisse nicht unerheblich und erfordert heute ebenso umfangreiche Sicherungsmaßnahmen technischer Art, wie früher eben magischer Schutz in Form von Amuletten gegen Hexerei notwendig schien. Ein besonderer Komplex in diesem Zusammenhang: der sogenannte ›Böse Blick‹.

Im Übergang zu Amuletten und Talismanen, die natürliches Unheil abwehren sollen, dürfen wir nicht vergessen, daß die Vorstellungen über ›Natürliches‹ und ›Übernatürliches‹ sehr stark variieren können. Eine Krankheit, die für uns naturwissenschaftlich-medizinisch erklärbar ist, mag, wie wir sehen werden, in anderen Gesellschaften oder unter bestimmten Umständen durchaus als übernatürlich verursacht angesehen werden. Es gibt denn auch eine Unzahl von Amuletten und Talismanen gegen Tod, Krankheiten (Abb. 21) und Epidemien, gegen Verwundung, Angriff von Tieren, gegen Naturereignisse wie Überschwemmungen, Erdbeben, Stürme, Schiffbruch und Ertrinken, Trockenheiten, Mißernten, Feuer (Abb. 22) und Blitzschlag, um nur einige natürliche Bedrohungen zu nennen.

II Amulette und Talismane in einzelnen Kulturen und Religionen

Das Problem der Naturvölker

Aus den bisher angeführten Beispielen war bereits zu ersehen, daß die Verwendung von Amuletten und Talismanen bei den sogenannten Naturvölkern weit verbreitet ist. Wenn dies unserer Erwartung entspricht, so aus einem Grund, der kritisch betrachtet werden muß: Nach landläufiger Vorstellung stehen die Naturvölker, wie der Name schon sagt, dem angenommenen Urzustand der menschlichen Entwicklung näher als wir. Besonders deutlich macht dies die früher noch geläufigere Bezeichnung ›primitive Kulturen‹, ja, man sprach sogar von ›kulturlosen‹ Völkern. Es wurde und wird damit der Eindruck erweckt, als hätten wir es hier mit Menschen zu tun, deren Gedankenwelt wesentlich irrationaler und nicht mehr mit der unseren, ›verständig‹ konzipierten vergleichbar sei. Dies mag aus unserem besonderen Blickwinkel in einzelnen Bereichen des Lebens durchaus zutreffen, vor allem was die Entwicklung von Mitteln der Naturbeherrschung, also den technischen Fortschritt angeht. In vielerlei Hinsicht ist eine solche Vorstellung jedoch unrichtig und tendenziös. So können wir aus dem Studium dieser Kulturen zwar auch einiges über unsere eigenen prähistorischen Vorfahren lernen, andererseits sind die Parallelen gerade auf dem Gebiet von Glaubensvorstellungen zu dem, was in den hochindustrialisierten Ländern alltäglich gedacht, gefühlt, geglaubt wird, recht vielfältig, d.h., wir können solche Vorstellungen zur Erhellung der eigenen Anschauungen (und Praktiken) sehr wohl vergleichend heranziehen.

Bei diesem Unternehmen stoßen wir jedoch auf das weitere Problem, daß die Traditionen der Naturvölker im Gegensatz zu den in den folgenden Abschnitten behandelten Vorstellungen über Amulette und Talismane in den sogenannten ›Hochkulturen‹ sowie in den Weltreligionen sehr unterschiedlicher Art, vielfältig und regional zersplittert sind. Es gibt hier selten Dogmen, die vergleichbar weite Verbreitung und Gültigkeit haben. Außerdem stehen die Auffassungen der Naturvölker nur vereinzelt in konkreter historischer Verbindung zu unseren eigenen, es gibt kaum Entlehnungen von Amuletten oder Übertragungen von Vorstellungskomplexen aus diesem Bereich, was aber bei den religiösen Traditionen durchaus der Fall ist. Es erscheint deshalb angebracht, auf den Versuch einer Zusammenfassung zu verzichten und die entsprechenden Ideen und Praktiken für den jeweiligen konkreten Vergleich mit anderen Sitten und Gebräuchen aufzusparen.

Auf einen Versuch der Darstellung der prähistorischen Symbolik muß aus einem anderen Grund verzichtet werden. Hier haben wir es mit Kulturen zu tun, deren Relikte ausschließlich materieller Art sind. Wenn nun auch verschiedene Objekte als Spuren für die Rekonstruktion einer vergangenen Gedankenwelt dienen mögen, so haben wir doch keine authentischen Zeugnisse und bleiben auf Analogschlüsse angewiesen, die damit jedoch keinen neuen Informationswert besitzen. Es gibt z.B. für die symbolische Bedeutung der Farbe Rot, schon in altsteinzeitlichen Gräbern in Form roten Ockers vertreten, besser dokumentierte Beispiele, und ähnliches gilt für die verschiedenen anderen Arten von Grabbeigaben oder Leichenschmuck. Ihr Vorhandensein erlaubt aber zumindest den Schluß, daß Amulette und Talismane schon in dieser Frühstufe kultureller Entwicklung eine wichtige Bedeutung gehabt haben, und Kontinuität bis in historische Zeiten ist grundsätzlich nicht von der Hand zu weisen.

Ägypten

Ägypten, eine der ältesten uns bekannten Kulturen, ist die Urheimat einer bedeutenden Tradition des Glaubens an die Wirkung von Amuletten und Talismanen. Wir kennen von dort eine Vielzahl magischer Objekte, die, zuerst in der prädynastischen Periode bezeugt, über die pharaonische, griechisch-römische und christliche Zeit bis in die isla-

23 Ägyptische Darstellung eines Leichenzugs. Über der Mumie sind Beerdigungsamulette plaziert, u. a. das *Ded*

mische Gegenwart hinein noch verwendet werden. Amulette wurden von den Lebenden getragen – und zwar meist als Anhänger – sowie von den Toten, in diesem Fall an verschiedenen Stellen der Mumie angebracht (Abb. 23). Die klassische magisch-religiöse Literatur der Ägypter war entsprechend umfangreich; besonders zu nennen ist das ägyptische Totenbuch, dem wir die Erklärung vieler Amulette und Talismane sowie der damit verbundenen Vorstellungen und Vorschriften verdanken. Ägyptische Amulette hatten nicht nur Schutzfunktion und konnten bestimmte Fähigkeiten und Eigenschaften verleihen, sondern vermochten nach Ansicht ihrer Benutzer auch, solche Übel wie Krankheit oder Unglück auf sich zu ziehen und ihre Träger davon zu befreien. Ihre Wirkung beruhte auf Material, Farbe und Form, auf Ähnlichkeit, Identität, Beschriftung oder Widmung. Angesichts der Fülle des Materials – der Ägyptologe W. M. Flinders Petrie ordnete 275 gebräuchliche Amulette zu fünf Klassen – müssen wir uns aber auf eine Auswahl beschränken.

Die ältesten und sicherlich bekanntesten Amulette sind mit dem ägyptischen Götterhimmel verbunden, vor allem mit Atum, der ägyptischen Trinität – bestehend aus Atums Enkel Osiris, dessen Frau Isis und beider Sohn Horus – sowie dem Götterschreiber Thot. Deren Amulette wurden sowohl im Totenkult verwendet als auch im Alltag. Ihre Verwendung im ägyptischen Totenkult – ein magisches Instrumentarium von etwa 30 verschiedenen Typen – beruhte auf der Vorstellung, daß der verstorbene göttliche Pharao nach seinem Gang durch die Unterwelt wiedergeboren würde; auf diesem Weg sollten sie ihm eine Hilfe sein. Manche Grabbeigaben waren dabei anfangs vielleicht nur Modelle von Gegenständen, die dem Pharao in der Unterwelt nützen sollten und erhielten ihren Amulettcharakter erst im Laufe der Zeit.

Atum, der Schöpfergott und mythische Ahnherr der ägyptischen Pharaonen, steht in besonderer Beziehung zu Re, der Sonne. Sein Amulett ist der Skarabäus. Der Skarabäus oder (schon beschreibend:) ›Pillendreher‹, ein Blatthornkäfer, legt sein Ei in eine Mistkugel, die er, bei ständiger Anpassung an ihren Stand, in die Sonne rollt, um es dort ausbrüten zu lassen. Seine Beziehung zur Sonne basiert also einmal auf deren lebensspendenden Eigenschaft, zum anderen auf der Beobachtung, daß der pillendrehende Käfer in seiner Tätigkeit den Lauf der Sonne vom Morgen bis zum Abend im Kleinen nachvollzieht. Die Ägypter glaubten aber auch, daß der Skarabäus männlichen Geschlechtes sei und aus seinem Ei wiedergeboren werde; sie sahen darin ein Wahrzeichen des Lebens und der Auferstehung. Dieser vielfältigen Symbolik der Lebenskraft entsprechend war der Skarabäus das wohl wichtigste Totenamulett und wurde der Mumie an Stelle des Herzens eingesetzt. Man hat solche Skarabäen in verschiedenen Ausführungen und Materialien aber nicht nur als Grabbeigaben gefunden, gefertigt aus Porzellan, Steatit, Karneol oder Amethyst, sondern sie wurden auch im Alltag als Amulettanhänger zum Schutze des Herzens getragen und um ein langes Leben zu erreichen, schließlich sogar in monumentaler Form aufgestellt (Abb. 24).

An Alter und Bedeutung mit dem Skarabäus vergleichbar ist das *Anch* (Abb. 25), ein Amulett, das wie ein Kreuz mit ausgesetztem Ring aussieht oder wie eine kreuzförmig gebundene Schleife. Als Amulett wie als Hieroglyphe ist Anch das Symbol für Leben. Seine Form wird unterschiedlich interpretiert. Einige Autoren wollen hier ein phallisches Symbol sehen, doch wird sie andererseits sehr konkret auf die Papyrusrolle zurückgeführt, auf die der Götterschreiber Thot die

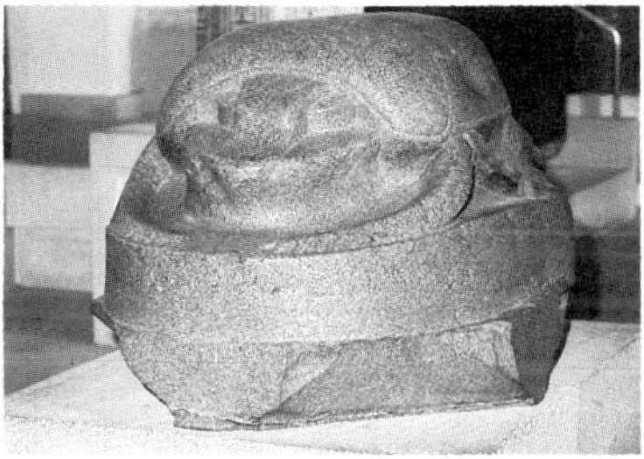

24 Monumentaler Granitskarabäus, wahrscheinlich aus Heliopolis. Ptolemäische Periode, ca. 200 v. Chr. British Museum, London

magische Formel schrieb, mit der Osiris drei Tage nach einem Mordanschlag seines Bruders Seth von seiner Frau Isis wieder zum Leben erweckt wurde.

Osiris zugeordnet ist insbesondere das Amulett *Ded,* auch Hieroglyphe für ›Stabilität‹, das wie ein stämmiges Kreuz mit vier Querbalken aussieht und den Baum darstellen soll, in dem der Körper des ermordeten Osiris versteckt wurde, nachdem er aus dem Nil gezogen worden war. Als Grabamulett sollte das Ded dem toten Pharao auf seinem Weg durch die Unterwelt den Schutz Osiris, des Richters der Seelen der Verstorbenen, sowie die Auferstehung sichern (Abb. 23). Im Ded will man aber auch einen Wirbel bzw. die Wirbelsäule des Gottes erkannt haben, denn es diente im Alltag – aus Gold, Porzellan oder Kornelian gefertigt – als Amulett gegen Rückenkrankheiten und Verletzungen der Wirbelsäule.

Auch die Erzmagierin Isis hat ihr eigenes Amulett, den ›Isisknoten‹, der in stilisierter Form die Geschlechtsorgane der Göttin, nach anderer Interpretation einen magischen Schutztampon darstellen soll. Dieses Amulett ist immer von roter Farbe, entweder aus Terrakotta oder aus roten Edel- und Schmucksteinen, etwa Karneol, hergestellt. Es wurde fast durchweg von den Frauen gegen unerwünschte Blutungen und Fehlgeburten getragen. Den Schutz der Göttin wollte man aber auch den Verstorbenen zukommen lassen und verwendete den ›Isisknoten‹ als Symbol für Dauer und Beständigkeit des Lebens ebenso als Grabamulett. Wenn man es dem Toten an einem Band um den Hals legte, sprach man: »O Blut der Isis, o Glanz der Isis, o Zaubersprüche der Isis, o Amulette zum Schutz dieses Großen, hütet euch, ihm Böses zu tun.«

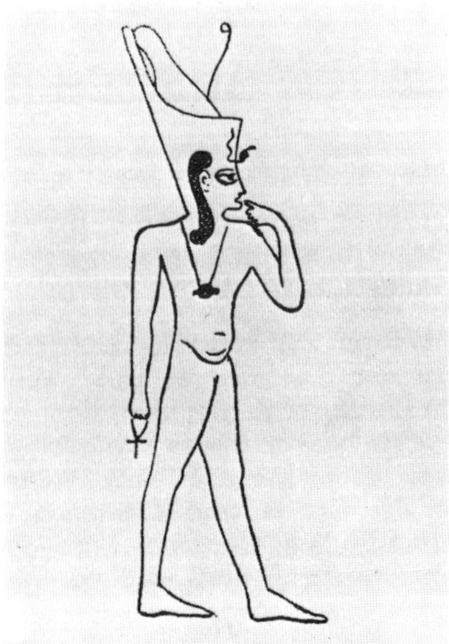

25 Die ägyptische Gottheit Ahi mit Knotenamulett am Halsband und *Anch* in der Hand

Das Amulett des Horus schließlich ist das *Udjat* oder ›Auge des Horus‹. Es wurde aus verschiedenen edlen Materialien hergestellt, in späterer Zeit vor allem aus Lapislazuli. Als Totenamulett sollte es dem Pharao bei seiner Wiedergeburt die Kraft verleihen, seine Feinde zu besiegen, so wie Horus sich seinen rebellischen Onkel Seth unterworfen hatte. Im Alltag schenkte es seinem Träger neben dieser Eigenschaft Kraft und Gesundheit sowie Schutz vor dem ›Bösen Blick‹. Wie andere ägyptische Amulette hat auch das ›Auge des Horus‹ seine Spuren in den Mittelmeerkulturen hinterlassen, doch bedeutet das, wie wir später noch sehen werden, nicht, daß alle Vorstellungen, in denen das Augenmotiv eine Rolle spielt, historisch auf das ägyptische Vorbild zurückgehen (Abb. 26).

Es gab in Ägypten noch eine große Zahl von anderen Amuletten, vor allem auch von Bestattungsamuletten; der berühmte Ägyptologe Adolf Ermann hat sogar bemerkt, daß der Bedarf an Amuletten so groß war, daß ihre Fabrikation zum Wahrzeichen der ägyptischen Industrie wurde – in der Stellung äquivalent etwa den griechischen Vasen. Durch die historischen Kontakte zwischen Ägypten und anderen Kulturen

26 Augenornamentik an einem hölzernen Totenschiff, Beigabe aus dem Grab des Gütervorstehers Mentuhotep. Ägypten

kamen im Laufe der Zeit sehr viele neue Formen auf; außerdem veränderten sich die magischen Vorstellungen und Praktiken auch systematisch, d. h. theologisch. Während nämlich in früherer Zeit die Amulette von Priestern geweiht und damit erst wirkungsvoll gemacht werden mußten, ging man später dazu über, sie ersatzweise einfach mit einem Hinweis auf die zu befolgenden Weiheregeln aus dem Totenbuch zu beschriften. In einem weiteren Schritt entledigte man sich schließlich ganz der Notwendigkeit, Amulette von Priestern nach den überlieferten Verfahren anfertigen zu lassen, begnügte sich mit figürlichen Repräsentationen von Göttern und entwickelte vor allem Schriftamulette, die allerdings unter Beachtung besonderer Reinheitsvorschriften hergestellt werden mußten. Man sieht also, daß in Ägypten alle Grundformen von Amuletten vorkommen, die heute bekannt sind, daß vor allem auch Schriftamulette eine Bedeutung erlangen, die über die Blütezeit dieser Kultur hinausreicht und die religiösen Praktiken von Juden, Christen und Mohammedanern nachhaltig beeinflussen werden. Der Erbteil Ägyptens im Prozeß der Ausformung heutiger Amulette ist aber noch aus einem anderen Grund besonders fruchtbar, denn dieses Land ist eine Heimat der Astrologie. Die astrologischen Zeichen, die noch immer in Gebrauch sind und sich oft als Talismane oder auf Talismanen finden, sind im wesentlichen die Symbole ägyptischer Götter.

Das Zweistromland

Ägyptische Vorstellungen über die Bedeutung von Amuletten und Talismanen haben auch das Zweistromland beeinflußt, das heute als die andere Wiege der altorientalischen und antiken Astrologie angesehen wird. In klassischen Texten wird Ägypten als das ›Land der Magier‹ bezeichnet, und viele Amulette und Talismane wie auch die mit ihnen verbundenen Vorstellungen haben von dort ihren Weg nach Assyrien gefunden. Dieser Verkehr vollzog sich jedoch keineswegs einseitig. Besonders das mesopotamische Volk der Chaldäer hat offenbar Astrologie und Geheimwissenschaften zu beträchtlicher Höhe entwickelt.

Durch Ausgrabungen sind uns aus dem Zweistromland vor allem prophylaktische Amulette und Talismane bekannt. Sie wurden entweder am Körper getragen, um den Besitzer vor übernatürlichen Anfechtungen zu schützen, oder aber an Gebäuden befestigt, wobei sich ihre Wirkung auf die Bewohner erstrecken sollte. So hat man Tontafeln mit Zaubersprüchen (etwa zur Abwehr Uras, des Pestgeistes) oder auch Löwendarstellungen gefunden. Solche Tafeln wurden seitlich durchbohrt und konnten an der Hauswand befestigt werden. Kleinere Täfelchen aus Stein von etwa 3×2 cm Größe wurden wahrscheinlich an Halsbändern getragen. Unter den Türschwellen assyrischer Paläste sind auch Tonfiguren von Göttern entdeckt worden, die offenbar den Zugang bewachen sollten. Es gibt aber auch Hinweise darauf, daß die Türen der Häuser durch Aufhängen von Pflanzen wie Knoblauch geschützt wurden. Eine andere Form des assyrischen Hausamuletts war eine Faust aus Ton. Auf Standbildern und Reliefs kann man weiter erkennen, daß die assyrischen Könige Ketten mit Anhängern, Ohrringe und Oberarmreifen trugen, die vermutlich nicht nur Schmuckfunktion, sondern Amulettcharakter hatten (Abb. 27). Auch

27 Ashurnasipal II., König von Assyrien (883–859 v. Chr.)

die Verwendung von Amuletten in der Medizin scheint allgemein verbreitet gewesen zu sein, wie zahlreiche Inschriften belegen. So suchte man insbesondere die Kinder durch Umhängen von Amuletten mit speziellen magischen Formeln vor gefährlichen Krankheitsgeistern zu schützen.

Schließlich ist als wichtiger eigener Beitrag aus dem Zweistromland die Vorstellung überliefert, daß bestimmte Mineralien, vor allem Schmuck- und Edelsteine, als Amulette besondere Wirkungen haben. Im Gegensatz zu den ägyptischen Auffassungen ist hier also das Material von entscheidender Bedeutung und nicht die Farbe oder die Beschriftung. Die alte mesopotamische Lehre über die nutzbaren inneren Eigenschaften der Mineralien ist von Persern, Griechen und Römern dann weiterentwickelt worden und spielt in veränderter Form teilweise auch heute noch eine Rolle, so etwa bei den Monatssteinen, die in den Juweliergeschäften angeboten werden.

Griechenland

Auch das klassische Griechenland kannte den Gebrauch von Amuletten und Talismanen in den unterschiedlichsten Lebensbereichen. Dabei ist heute nicht mehr im einzelnen abzuschätzen, welche Traditionen bodenständig waren und wie stark Griechenland von Ägypten, dem Zweistromland oder Persien beeinflußt wurde. Daß Entlehnungen aus dem ägyptischen magisch-religiösen Komplex schon früh bedeutsam waren, ist sicher. So werden ägyptische Zauberer in der *Odyssee* erwähnt, und der Skarabäus war auch in Griechenland ein bekanntes Amulett.

Die Griechen stellten nicht nur sich selbst und ihre Kinder, sondern praktisch ihr ganzes Leben und alles, womit sie in ihrem Alltag in Berührung kamen, unter magischen Schutz. Das Anwendungsfeld für Amulette und Talismane umfaßte Haus, Hof und Vieh, Ställe und Taubenschläge, Bäume ebenso wie die Behälter für die verschiedenen landwirtschaftlichen Erzeugnisse. An Gebäuden wurden vor allem die Eingänge geschützt, aber auch die Werkstätten und die Gegenstände des täglichen Gebrauchs, Kleider, Werkzeuge und Waffen. Städte,

Mauern und Tore, öffentliche Gebäude, Heiligtümer, Altäre, Gräber sowie die Toten selbst wurden mit Amuletten versehen, und man ging sogar so weit, die eigene magische Praxis vor schädlicher Gegenmagie zu sichern.

Neben umfassenden Schutz vor übernatürlichen Gefahren aller Art versprachen sich die Griechen von ihren Amuletten und Talismanen Glück in der Liebe, Ruhm und Sieg in der Schlacht, Erfolg vor Gericht, Ehre, Reichtum, Erbschaften, Bedeutsamkeit und Beliebtheit, Freunde, langes Leben und Gesundheit, Macht, Glück, Erfolg, Frieden, Ruhe, Unverwundbarkeit, gutes Aussehen, Güte, Fruchtbarkeit, leichte Entbindungen und vieles andere mehr, wie wir aus alten Beschreibungen wissen. Amulette und Talismane sollten ihren Trägern bzw. Benutzern auch die Fähigkeit verleihen, in die Zukunft zu sehen, Furcht zu erregen, sich zu verwandeln, Türen zu öffnen, Zauber zu brechen, unsichtbar zu werden, Feinde zu verzaubern und ihnen zu schaden (um eine weitere Auswahl zu nennen). Schutzamulette bewahrten vor dem ›Bösen Blick‹, vor Verwünschungen, Krankheiten und Leiden, Anstrengung und Gefahr zu Wasser und zu Lande, vor Unwettern, Dämonen, Geistern und Alpträumen, Schlafwandel und Wahn, giftigen Tieren und Schädlingen, Feinden, Anklägern, Räubern, dem Zorn der Mächtigen, Freveltaten und Zauber aller Art.

Diese Listen zeigen, daß die Griechen bemüht waren, möglichst weite Bereiche ihres Lebens mit Amuletten und Talismanen zu beeinflussen und leichter und sicherer zu machen. Man gewinnt den Eindruck, daß alle wichtigen Handlungen auf ›rationaler‹ Ebene von solchen magisch-religiösen Praktiken begleitet und ergänzt wurden, wobei sich wohl nicht mehr sagen läßt, inwieweit für die damalige Bevölkerung Griechenlands diese beiden Aspekte trennbar waren. Betrachten wir nun einige ausgewählte Beispiele.

Für die Griechen war eine ganze Reihe von Gegenständen, die dann als Amulette oder Talismane dienten, von Natur her mit besonderen Kräften versehen, ohne daß sie deshalb als Behausung von Göttern oder Geistern angesehen wurden. Solche Kräfte galten in den meisten Fällen als recht vielseitig, weshalb ein Amulett auch unterschiedliche Funktionen in sich vereinen konnte. Dasselbe Amulett diente sowohl der Anziehung von Gutem wie der Abwehr von Bösem. Löwenmaul wurde z. B. als Mittel gegen Zauberei um den Hals getragen; mit

Lilienöl zu einer Salbe verarbeitet, war es ein Mittel der Verschönerung. Der Achat machte vermeintlich die Felder fruchtbar und Athleten unbesiegbar, hatte aber auch noch eine Reihe von anderen magischen und abwehrenden Wirkungen.

Als Amulette dienten den Griechen, wie später auch den Römern, die Symbole der olympischen Götter, wie sie z. B. auf Münzen zu finden sind. Die Wirkung anderer Amulette und Talismane wurde in Hellas auf den Fundort zurückgeführt, wenn uns auch die magischen Zusammenhänge heute oft genug unverständlich bleiben. Eine wichtige Rolle spielten etwa erbsengroße Steine, die in Vogelmägen gefunden wurden. Der im Altertum berühmte Athlet Milon von Kroton soll sich durch den Besitz solcher Steine aus den Mägen von Hähnen unbesiegbar gemacht haben – offenbar ein Fall von ›magischem Doping‹. Aber auch im Krieg verhalfen Steine aus Hühnermägen angeblich zu Kampfesmut und Sieg. Ein ebenfalls erbsengroßer Stein, von dem man glaubte, daß er im Nil ›wachse‹, diente dem Schutz vor Wahnsinn. Der Ortsgedanke spielt wohl auch dort eine Rolle, wo solchen Pflanzen besondere Kräfte nachgesagt werden, die an Grenzen, an Kreuzwegen oder an Flußufern wachsen. Von ähnlicher Bedeutung sind Objekte, die mit dem Tod zu tun haben, besonders mit plötzlichen oder gewaltsamen Todesfällen.

Eine enge Zusammengehörigkeit von Wort und Gegenstand, von Zauberspruch und Amulett oder Talisman ist auch für die Kultur des klassischen Griechenland belegt. Mit Formeln beschriftete Gegenstände galten als besonders wirksame Amulette, gewannen aber noch an Kraft, wenn auch das Material eine zusätzliche Bedeutung hatte. So findet man kleine Schrifttafeln aus Gold, Silber oder Zinn, die gerade durch die Kombination von Text und Material wirken sollten, beschriftete Steine, Scherben und Muscheln sowie Leinen und Papyrus. Als Texte wurden Formeln, Alphabete, Anagramme, Kryptogramme sowie Verse verwendet, etwa Zeilen aus Homers Werken. Einflüsse aus der ägyptischen Vorstellungswelt bezeugen solche Amulette, die mit hieroglyphenähnlichen magischen Symbolen versehen sind. Andererseits demonstrieren manche Amulett-Texte aber auch eine Kontinuität bis in christliche Zeiten hinein, in denen als neue Elemente Psalmen, Abschnitte aus den Evangelien oder Gebete erscheinen. Zwei alte Haussegen sollen diese Entwicklung verdeutlichen. In der vorchristlichen Fassung lautet die Inschrift: »Hier wohnt der allmächtige Herakles, Sohn des Zeus; es soll kein Übel eintreten!«, in seiner christlichen: »Hier wohnt unser Herr Jesus Christ, der Sohn, das Wort Gottes; es soll kein Übel eintreten!«.

Rom

Die römischen Amulette und Talismane stehen in vielfältigen historischen Beziehungen zu denen des alten Griechenland, ja sind teilweise kaum von ihnen zu unterscheiden. Aber auch Ägypten hat seine Spuren hinterlassen. Ägyptische Kulte um Isis, Serapis und Amon waren in Rom bis in christliche Zeiten lebendig und ihre Amulette und Talismane in Gebrauch. Es ist heute nicht leicht zu sagen, welche Amulette die Römer in ihren ursprünglichen italischen Traditionen benutzt haben und welche Auffassungen sich mit ihnen verbanden, denn die fremden Einflüsse sind zahlreich und prägend gewesen, wobei neben Ägyptern und Griechen vor allem die Etrusker zu nennen sind. Aber auch Rom selbst stellt nur eine kulturhistorische Schaltstelle dar, keinen eigentlichen Endpunkt: die Synthese von Vorstellungen über Amulette, die sich in der römischen Kultur im Laufe der Zeit aus eigenen und fremden Quellen ausbildete, wurde nicht nur in die beginnende Ära des Christentums hineingetragen, sondern kam im Mittelalter zu neuer Blüte und ist auch heute noch teilweise von Bedeutung. Damit tritt dieser Komplex neben die anderen kulturellen Hinterlassenschaften Roms und Griechenlands, die Einfluß auf unser tägliches Leben haben.

Auch die Römer glaubten an die Existenz einer übernatürlichen Kraft in vielen Dingen, die durch ein entsprechendes Wissen und durch magisches Tun erschlossen werden könnte. Die in den Amuletten und Talismanen ruhenden Kräfte waren dabei, vergleichbar der Gedankenwelt der Griechen, nicht einseitig konzipiert, sondern sollten in vielerlei Hinsicht wirken, gleichzeitig Gutes anziehend wie Böses abwehrend. Wieder aber ist ein großer Teil der aus römischer Zeit bekannten Amulette und Talismane vor allem durch ihren Schutzcharakter bestimmt.

28 *Phalerae,* römische Schutzamulette für Pferde mit metallenem Zierrat und Medaillen, die die klassischen Schutzgötter der Pferde darstellen: Poseidon und Athene

Über die einzelnen Arten von Amuletten und Talismanen sowie die mit ihnen verbundenen Vorstellungen sind wir sowohl durch Funde als auch durch die römischen Schriftsteller hinreichend informiert. Besonders der jüngere Plinius hat sich dabei durch zahlreiche Schilderungen in den Bänden seiner *Naturgeschichte* hervorgetan. Die Parallelen, die sich dabei zu den griechischen Traditionen zeigen, sind unübersehbar. Amulette und Talismane bestanden aus allen nur erdenklichen Materialien. Pflanzen und Tiere hielt man für besonders wichtige Quellen magischer Kraft. Auch ihrer bildlichen Darstellung traute man vielfach noch Wirkung zu: So sollte z. B. das Bild einer Weintraube, in den Weinberg gehängt, Unwetter abhalten. Ein Zopf Knoblauch an der Tür hatte vermeintlich die Kraft, Hexen zu vertreiben; dasselbe Ziel konnte nach römischer Auffassung aber auch dadurch erreicht werden, daß man Schwelle und Türpfosten eines Hauses mit einem Erdbeerzweig berührte.

Steinamulette, eine spätere Entwicklung unter griechischem Einfluß, waren in der Regel beschriftet, was einerseits die im Material selbst liegende Kraft weiter verstärkte, andererseits den magischen Sprüchen oder Symbolen dauerhafte Wirkung verleihen sollte. Auch Metallamulette aus Gold, Silber, Bronze oder Eisen sollten sowohl durch die besonderen Eigenschaften des Materials als auch durch eine entsprechende Beschriftung wirken. Daneben wurden aus Stein und Metall figürliche Abbildungen hergestellt, die als Amulette oder Talis-

29 Geflügelter Phallus in Bronze mit Ring, um ihn als Anhänger zu tragen. 4,5 cm

30 Phallischer Anhänger aus Bronze mit Ring. 4 cm. Italien

31 Phallisches Amulett aus Bronze mit Halbmond (?). 6 cm. Italien

mane dienten. Eine goldene Miniatur des Apollo, aus Delphi mitgebracht, begleitete Sulla in alle seine Schlachten; Kaiser Nero trug eine Abbildung der Dea Syria bei sich, der Philosoph Asclepiades eine kleine Figur der Dea Caelestis aus Silber. Oft wurden auch die einzelnen Attribute verschiedener Götter als Amulett abgebildet, etwa der

32 Phallusdarstellung auf einer römischen Mauer

Dreizack des Neptun, die Keule des Herkules oder Jupiters Blitz. In diesem Zusammenhang wird die enge Verbindung zu Griechenland ganz besonders deutlich, denn der römische Götterhimmel ist eine Entlehnung des griechischen, wobei nur einzelne Funktionen und damit auch Attribute der Götter neu bestimmt wurden. Eine besondere Rolle spielte bei den Römern auch die Figur Alexanders des Großen, die uns u.a. auf Ringen und in den verschiedensten Arten von Ornamenten mit Amulettcharakter begegnet.

Wie die Griechen waren auch die Römer bemüht, sich in allen Lebenslagen des Schutzes ihrer Amulette und Talismane zu vergewissern: ganze Städte, alle Arten von Gebäuden, ihren Hausrat, ihre Reittiere (Abb. 28) und ihr Vieh stellten sie unter ihren Schutz, trugen aber natürlich auch verschiedene magische Objekte am Körper selbst. Hierzu einige Beispiele.

Nicht erst seit römischen Zeiten – und weit über sie hinaus bis heute – wird im Mittelmeerraum der ›Böse Blick‹ besonders gefürchtet. Zu seiner Abwehr trugen die Römer als Amulett eine Abbildung des Phallus mit sich (Abb. 29–31). Seine Repräsentationen wurden aber auch an Gebäuden angebracht (Abb. 32) oder am Triumphwagen eines

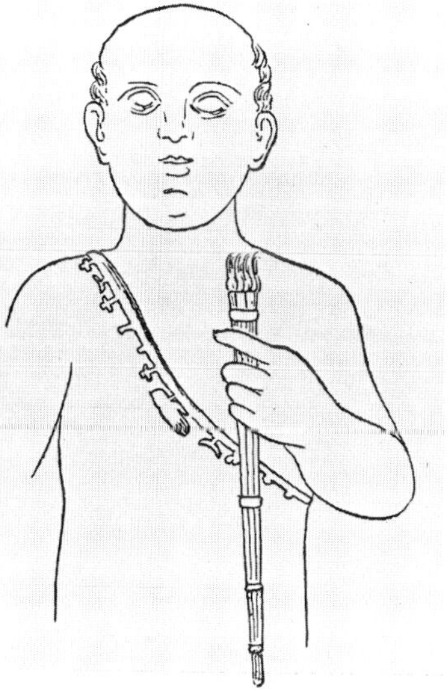

33 Standbild eines römischen Knaben mit *crepundia*

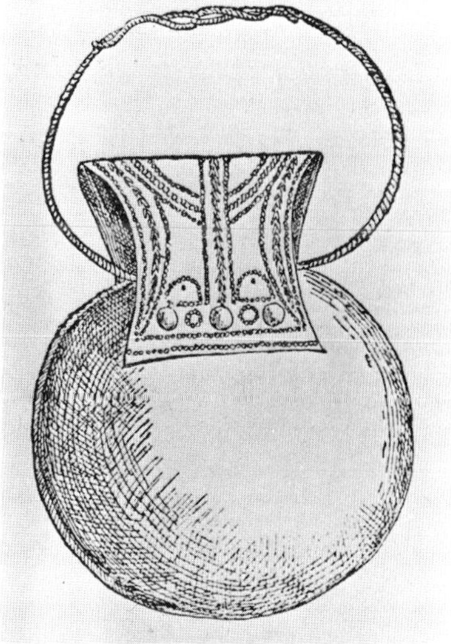

34 Goldene *bulla*

siegreichen Feldherrn, den man den Gefahren neidischer Mißgunst in besonderem Maße ausgesetzt glaubte. Kinder trugen eine Halskette mit verschiedenen Anhängern, die sogenannte *crepundia* (von lat. *crepere,* rasseln; Abb. 33). Eine kleine Metallrassel an dieser Kette sollte einerseits das Kind unterhalten, andererseits Dämonen abschrecken, die sich vermeintlich vor dem Geräusch fürchteten. Es ist dies ein Gedanke bzw. ein magisches Motiv, das sich über die ganze Welt verbreitet findet.

Außer dieser Rassel, die aus Gold, Silber oder Bronze gefertigt sein konnte, sowie dem Phallus befanden sich an solchen Halsketten auch noch andere Anhänger mit bestimmter Bedeutung. Plautus zählt an der Kette eines Mädchens ein goldenes Schwert auf, ein silbernes Messer, zwei Hände im Handschlag und ein Miniaturschwein, schließlich ein goldenes Medaillon, die *bulla.* Dieses Medaillon, meistens rund, manchmal auch herzförmig, war wohl von den Etruskern übernommen worden. In seinem Inneren konnte es weitere Gegenstände enthalten, die selbst wieder Amulettcharakter besaßen (Abb. 34). In der *bulla* eines Soldaten etwa wurde Haar gefunden, womit der Träger vor Kopfverletzungen geschützt werden sollte. Die *bulla* bestand meist aus kostbarem Material und war in dieser Form den wohlhabenderen Bürgern vorbehalten. Sie wurde den Kindern am Tag ihrer Geburt umgelegt als Schutz vor allen Gefahren der Jugendzeit, denen sie sonst wehrlos ausgeliefert gewesen wären, vor allem wiederum vor dem ›Bösen Blick‹. Die Jungen trugen die *bulla* bis zum Empfang der Toga, die Mädchen in der Regel bis zu ihrer Verheiratung.

Die Juden

> *So hat der HERR gesprochen: Weil die Töchter Zions stolz sind und gehen mit aufgerecktem Halse, mit lüsternen Augen, trippeln daher und tänzeln und haben kostbare Schuhe an ihren Füßen, deshalb wird der Herr den Scheitel der Töchter Zions kahl machen, und der HERR wird ihre Schläfe entblößen. Zu der Zeit wird der Herr den Schmuck an den kostbaren Schuhen wegnehmen und die Stirnbänder, die Spangen, die Ohrringe, die Armspangen, die Schleier, die Hauben, die Schrittkettchen, die Gürtel, die Riechfläschchen, die Amulette, die Fingerringe, die Nasenringe, die Feierkleider, die Mäntel, die Tücher, die Täschchen, die Spiegel, die Hemden, die Kopftücher, die Überwürfe.* (Jesaja 3, 16–23)

Juden benutzen Amulette und Talismane seit den frühesten Zeiten ihrer bekannten Geschichte. Sie entspringen nicht nur ihren eigenen Traditionen, biblischen wie talmudischen, sondern sind auch Teil ihres Erbes der Kulturen Mesopotamiens, Ägyptens und Persiens. So hat man bei Ausgrabungen in Südpalästina große Mengen von Skarabäen, ›Augen des Horus‹, ›Ded-Wirbeln‹ des Osiris und andere ägyptische Amulette gefunden, die etwa zum Schutz der Häuser oder zum Vertreiben von Schlangen gedient haben sollen.

Jüdische Amulette und Talismane spiegeln in Material und Form die ganze Breite der im Mittelmeerraum verwendeten Gegenstände wider: edle Steine und Mineralien, Metalle, Pflanzen und Körperteile von Mensch und Tier. Auch Muscheln trug man seit frühester Zeit, wahrscheinlich als magische Mittel gegen den ›Bösen Blick‹. Von größter Bedeutung waren (und sind bis heute) jedoch die verschiedenen Arten von Schriftamuletten, von Abbildungen und Repräsentationen. Einige Autoren vertreten sogar die Ansicht, daß alle am Körper getragenen Ornamente ursprünglich Schutzamulette gewesen seien, daß ihre Wirkung auf den abgebildeten Idolen oder der Widmung an sie beruht habe. Im Hebräischen gibt es keinen Unterschied zwischen ›Amulett‹ und ›Talisman‹; und während das Alte Testament selbst keinen allgemeinen Ausdruck kennt, verwendet die talmudische Literatur den Begriff *kamea* (oder *ḳemi'a*), der sowohl mit ›Amulett‹ wie mit ›Talisman‹ wiedergegeben werden kann. *Kamea* geht auf eine Wurzel zurück, die ›binden‹, ›knoten‹, ›befestigen‹ bedeutet, enthält also einen etymologischen Schlüssel zur Form der hebräischen Amulette: Sie wurden normalerweise um den Hals oder um einen anderen Teil des Körpers, etwa den linken Arm getragen oder an Gebäuden, Türpfosten, Möbeln etc. angebracht. Um aber Einzelheiten über Zweck und Bedeutung dieser Amulette zu erfahren, müssen wir auf biblische, talmudische und nachtalmudische Schriften zurückgreifen.

Das Alte Testament enthält zahlreiche, wenn auch nicht immer offensichtliche Hinweise auf Amulette, benutzt dieses Wort auch metaphorisch. Es zeigt sich, daß Amulette sowohl als Schutzmittel gegen Unglück, Dämonen, den ›Bösen Blick‹ und Krankheiten benutzt wurden, wie auch als Glücksbringer und Vermittler von bestimmten Eigenschaften und Qualitäten. Da die Schwachen dem Hexenwerk besonders ausgesetzt waren, zählten Frauen und Kinder zu den bevorzugten Trägern von Amuletten (2. Mose 32, 2). Die Gefahren, die vom ›Bösen Blick‹ ausgingen, wurden als so fürchterlich angesehen, daß ein talmudischer Rabbi auf jeden Todesfall durch natürliche Ursachen 99 weitere durch die Wirkung des ›Bösen Blickes‹ rechnete. Amulette wurden aber auch zum Liebeszauber getragen sowie zur Abwehr von Gegenmagie. Dazu wurden sie oft verborgen, etwa unter der Kleidung oder in einem hohlen Stock, um unbeachtet ihre Kräfte noch effektiver zu entfalten.

Die Lektüre der Bibelstellen, die sich auf Amulette und ihren Gebrauch beziehen, hinterläßt den Eindruck, daß es sich hier um ein theologisch durchaus diffiziles Thema handelt, damals nicht weniger als heute. Offenbar lag die Priesterschaft mit den Sätzen und Taten des jüdischen Volksglaubens in erheblicher Auseinandersetzung, und so mahnt das Alte Testament verschiedentlich zur Orthodoxie. Wir besitzen etwa eine Beschreibung des Unheils, das diejenigen befällt, welche Amulette zweifelhaften Ursprungs tragen: Nach dem Sieg des Judas Makkabäus über Gorgias, den Befehlshaber von Idumäa, »zogen die Leute des Judas aus, weil es schon höchste Zeit geworden war, um die Toten zu holen und in den Gräbern der Väter bei ihren Verwandten zu bestatten. Da fanden sie bei jedem der Erschlagenen unter dem Hemd Abbilder der Götzen von Jamnia, die den Juden im Gesetz verboten sind. Da wurde es allen deutlich, daß sie um dieser Schuld willen gefallen waren.« (2. Makk. 12, 39–40)

Mit der talmudischen Periode (ca. 100 v. Chr. bis 600) ging ein enormer Aufschwung im Gebrauch von Amuletten und ihrer Beschreibung in der Literatur einher. Während Mensch und Tier, besonders das Vieh, Gebäude und ihre Einrichtung etc. weiterhin gegen Krankheit, Unglück und die Zerstörungskraft des ›Bösen Blickes‹ durch alle Arten von amulettischen Objekten geschützt wurden, kehrte der Talmud nunmehr die Bedeutung von Pflanzenwurzeln und vor allem von Inschriften und geschriebenen *kameas* heraus. Amulette enthielten in der Regel heilige Buchstaben oder Symbole mit magischer Kraft. Der Name Gottes, eine alttestamentliche Passage auf einer Metallplatte oder einem Stück Pergament, fanden weite Verwendung als Amulette in allen Lebensbereichen; die Torah wurde metaphorisch als ›Amulett für Israel‹ bezeichnet.

Diese Entwicklung begleitete dann auch eine theologische Differenzierung von anerkannten und nicht anerkannten Amuletten, und sie erstreckte sich auch auf deren Hersteller. Amulette wurden nach festgelegten Konventionen auf ihre Wirkung hin geprüft, insbesondere, wenn sie für den medizinischen Gebrauch bestimmt waren: Als echt oder bewährt galten sie, wenn ihnen drei Heilungen einer Person oder die Heilung dreier verschiedener Personen zugeschrieben werden konnte. Die Wirkung der wichtigsten Klasse jüdischer Amulette beruhte dabei auf dem Wissen um den Namen des Geistes, der die

Krankheit verursachte, und dieser wurde auf dem Amulett angebracht. Hier zeigt sich wieder der alte jüdische Glaube an die Macht des Wortes, nun in materieller Form zu dauerhafter Wirksamkeit erhoben.

Nur die Schriftamulette, die den Namen Gottes, Anagramme dieses Namens oder Bibelpassagen enthielten, wurden als echt jüdisch angesehen; die meisten anderen im Talmud beschriebenen Amulette waren fremden Ursprungs (oder archaisch), jedoch machte sie gerade dieser Umstand in den Augen ihrer Benutzer besonders attraktiv. Dies beruhte wohl auf der Überlegung, daß fremde Magie – vielleicht weil sie sich noch unverständlicher darstellt als die eigene – machtvoller ist: Ihr Ausdruck ist eine ebensolche Verzerrung der kultureigenen Konzeption von Magie, wie diese normales Verhalten selbst überzieht.

Die talmudischen Weisen versuchten zum Teil, den Gebrauch von Amuletten im Volk einzuschränken oder wenigstens ein gewisses Maß an Kontrolle auszuüben. Alle fremden Formen wurden als heidnische Abirrungen untersagt, obwohl es bei der Definition der Orthodoxie oftmals zu theologischen Sophismen höherer Potenz kam, wenn etwa das *Tragen* bestimmter Amulette erlaubt, ihre *Benutzung* jedoch als heidnisch untersagt wurde. Es wurde auch entschieden, daß nicht einmal anerkannte Schriftamulette mit biblischen Inschriften oder den Namen Gottes versehen, am Sabbat aus einem Brand gerettet werden dürften, da man sie, im Gegensatz zu den *tefillin,* den Gebetsriemen, nicht für heilig hielt.

Aber auch *tefillin* und *mezuzah,* am Körper getragene und an Türpfosten angebrachte Schriftamulette sind theologisch umstrittene Schutzmaßnahmen. Sie sollen die Gläubigen selbst wie auch ihre Wohnungen gegen böse Geister verteidigen und scheinen vom Targum des Hohenliedes Salomons erlaubt zu sein; andere Autoritäten jedoch behaupten, daß sie niemals offiziell anerkannt worden und, ungeachtet der praktischen Einstellungen der Juden ihnen gegenüber, nur als Gedankenstützen religiöser Art anzusehen seien. *Tefillin* sind zwei Riemen mit rechteckigen Behältern aus dem Leder ›reiner‹ Tiere, von denen einer als Stirnband über den Augen getragen wird, der andere am linken Arm gegenüber dem Herzen. In den Behältern befinden sich Pergamentstreifen mit den Texten von 2. Mose 13, 1–10, 11–16; 5. Mose 6, 4–9; 11, 13–21. *Mezuzah* gibt es auch heute noch in vielen jüdischen Heimen; hier handelt es sich um einen Vers aus dem Alten

Testament, auf Pergament oder Papier geschrieben, aufgerollt und in einem kleinen Holz- oder Metallbehälter verwahrt. Mit der Herstellung beider Arten von Schriftamuletten sind besondere Reinheitsvorschriften verbunden, aber auch kalligraphische Auflagen.

Während des Mittelalters nahm sowohl der Gebrauch von Schriftamuletten sehr zu wie auch die kritischen Stimmen verschiedener rabbinischer Schulen. Auf der einen Seite finden wir Textbücher, Manuale und mystische Abhandlungen über die rituelle Anfertigung, den Gebrauch und die Wirkungen und Qualitäten der verschiedenen Arten von *kameas,* eine umfangreiche magische Literatur über menschliche Wünsche, Begierden und ihre Befriedigung; auf der anderen Seite jüdische Rationalisten wie Maimonides, die den meisten gebräuchlichen Amuletten jede Wirkung absprachen und damit unter anderem auch christliche Denker beeinflußten. Dabei nahmen sie zwar medizinische Amulette und Schutzmittel gegen böse Geister aus, schränkten jedoch ihren Gebrauch durch zahlreiche Vorschriften über Herstellungs- und Umgangsformen stark ein.

Nach jüdischer Tradition beruhte die Wirkung der *kameas* in erster Linie auf der Macht, die dem Benutzer durch die Kenntnis des Namens eines Geistes aber ihn gegeben war. In zweiter Linie half auch die Kenntnis des individuellen ›Siegels‹: Jeder Geist sollte ein solches Siegel besitzen, mit dem er Pakte ratifizieren konnte, und er wurde mit ihm als ebenso essentiell identifiziert angesehen wie mit seinem Eigennamen. Daneben schrieb man diesen Geistern aber auch noch ihre eigenen Alphabete zu, die wiederum bei der Herstellung von *kameas* verwendet werden konnten. Aber auch dann, wenn die ›richtigen‹ Namen oder Siegel als bekannt angenommen wurden, konnten die gewünschten Resultate immer noch durch falsches Verhalten der Amulettbesitzer oder ungünstige Umstände ihrer Anwendung gefährdet werden: Vor allem hing die Wirkung eines Amulettes in hohem Maße von der Frömmigkeit seines Benutzers ab. Die besondere Bedeutung, die den Namen Gottes, der Engel, der Geister etc. zugesprochen wurde, führte im 12. und 13. Jahrhundert zur Entstehung der ›praktischen Kabbala‹, einer mystischen jüdisch-gnostischen Abhandlung über die geheimen Eigenschaften von Buchstaben und Alphabeten, basierend auf der Annahme, Gott habe die Welt durch die Buchstaben des Alphabetes, vor allem aber durch die Buchstaben

35 Jüdisches Schutzamulett mit Darstellungen von Hand und ›Bösem Auge‹

seines Namens geschaffen. Von dieser Überlegung leiten in den Augen ihrer Benutzer auch die zahlreichen ›magischen Quadrate‹, Tetragramme (JHWH), kryptischen Inschriften etc. ihre Wirkung her.

Die meisten jüdischen Amulette waren illuminiert, und alle verwendeten Symbole hatten nicht nur eine Bedeutung, sondern magische Wirksamkeit. Unter den am besten bekannten sind das Hexagramm oder der ›Davidsstern‹ aufzuzählen, das Pentagramm oder der ›Stern Salomons‹, die Hand und die *menorah,* der siebenarmige Leuchter. Das Hexagramm wurde als allgemeines Schutzamulett verwendet; oft wurde es aus Silber angefertigt und mit Inschriften versehen, es konnte sich aber auch als Gestaltelement auf einem Schriftamulett finden. Mit dem Pentagramm soll Salomon viele Wunder bewirkt haben; es ist auch als ›Schild‹ Salomons bekannt. Solche Fünfsterne haben heute weltweite Bedeutung als Amulette und Symbole. Ihr Ursprung liegt, soweit wir wissen, im alten Sumer, doch haben auch Gnostiker und frühe Christen dieses Zeichen verwendet. Den Christen diente es als Symbol für die fünf Wunden Christi, moderne Mystiker aber sehen darin eine allegorische Darstellung der fünf Lebenskräfte des Menschen.

Darstellungen der ausgestreckten Hand finden sich oft entweder auf Schriftamuletten (Abb. 35) oder auf beschrifteten Silberkameas. Sie scheinen nordafrikanischen Ursprungs zu sein, sind jedoch viel älter als der Islam, der sie ebenfalls verwendet. Ihre Hauptaufgabe ist der Schutz ihres Trägers vor den Gefahren, die ihm vom ›Bösen Blick‹ drohen sollen. Auch die *menorah* findet sich auf vielen Schriftamuletten, und kabbalistische Buchstaben und Symbole werden oft in einer Form geschrieben, die dann die *menorah* darstellt; dies ist aber nur eine der vielen Vorschriften, die bei der Anfertigung von *kameas* zur Anwendung kommen.

Nach Auflösung der jüdischen Gemeinde in Spanien im Jahre 1492, die den Amulettgedanken besonders gepflegt hatte, wurde die kabbalistische Lehre in alle Teile West- und Osteuropas getragen. Dort, aber auch in Palästina selbst, nahm das Interesse an Amuletten unter der Verfolgung jüdischen Glaubens und jüdischer Kultur einen nochmaligen Aufschwung, fand schließlich mit dem modernen Chassidismus in Polen seinen Höhepunkt. In der Mitte des 18. Jahrhunderts kam es aber auch zur sogenannten ›Eybeschütz-Kontroverse‹, die das Ende des traditionellen Umgangs mit Amuletten ankündigte. Als Rabbiner in Metz und später Oberrabbiner in Hamburg verfertigte Jonathan Eybeschütz eine Anzahl von in den Augen ihrer Benutzer höchst wirksamen Amuletten, besonders zur Verwendung bei Geburten, in denen er nach Anschuldigung seiner theologischen Widersacher Shabbetai Zevi, einen Pseudomessias des 17. Jahrhunderts, als Erlöser angerufen haben soll. An der durch diesen Streit ausgelösten hitzigen theologischen Auseinandersetzung nahmen jüdische Gemeinden in ganz Europa teil, wozu bemerkt werden muß, daß hier nicht etwa die grundsätzliche Nützlichkeit der *kameas* zur Debatte stand, sondern lediglich der Gebrauch des Namens des Pseudomessias bei ihrer Herstellung. Trotzdem schwand ab diesem Zeitpunkt das Interesse der Gläubigen an Amuletten mehr und mehr, so daß die Theologie ihrer Verwendung heute kritisch gegenübersteht und sich nur einige Schriftamulette behauptet haben, vornehmlich zur Verwendung bei Schwangerschaft und Entbindung. So wird manchmal noch der Text des Psalms 121 (»Der treue Menschenhüter«) an der Wand des Geburtszimmers in einem jüdischen Haus aufgehängt, um Mutter und Kind vor dem Neid der bösen Lilith zu beschützen. Die meisten Gegenstände aber, die heute noch von Juden als *kamea* getragen werden, sind wohl keine Amulette mehr, sondern öffentliche Symbole jüdischen Glaubens, Ausweis der Zugehörigkeit zu einer religiösen Gemeinschaft.

Die Christen

Eine Untersuchung der Bedeutung von Amuletten und Talismanen in der christlichen Religion, im christlichen Leben, besitzt zweifache Attraktivität. Einmal bietet sich hier ein Feld traditionsreicher und vielfältiger Vorstellungen und Gebräuche, die über zwei Jahrtausende hinweg die abendländischen Kulturen geprägt haben. Zum anderen reizt auch die Auseinandersetzung mit einem ideologischen Komplex, der nicht nur eine historische Seite besitzt, sondern auch eine dogmatische. Anders gesagt handelt es sich um Traditionen, die einen nicht unwesentlichen Aspekt unseres täglichen Lebens darstellen, die im Verlaufe der Geschichte auf die wechselnden Ansprüche der Alltagswelt reagiert und sich so mit den Zeiten geändert haben, dabei aber immer Gegenstand theologischer, also systematischer Erörterung gewesen sind. Der Umgang der Gläubigen mit Amuletten und Talismanen hat somit einen deutlich faßbaren theoretischen Hintergrund, der mit den Alltagsideologien der Bevölkerung zu jeder Zeit und an jedem Ort in einem bestimmten Spannungsverhältnis steht. Beginnen wir aber mit einer kurzen historischen Übersicht, bevor wir auf einzelne Problemfelder zu sprechen kommen.

Als kulturelle Vermittler zwischen Orient und Okzident standen die Gnostiker an der Schwelle zwischen Ägypten und dem frühen Christentum. Diese religiöse Strömung entstand mit der römischen Besetzung Ägyptens und konnte sich bis etwa Anfang des 5. Jahrhunderts n. Chr. behaupten. Die Gnostiker führten die alten magisch-mystischen Traditionen Ägyptens, des Zweistromlandes und Persiens fort, vermischten sie aber mit hellenistischer Philosophie und Mysterienreligion, später auch mit christlichen Dogmen; eine zentrale Bedeutung kam dabei den Gedanken von Wiedergeburt und Erlösung zu.

Es gab im Mittelmeerraum eine Vielzahl von gnostischen Sekten, die ungeachtet dogmatischer Differenzen alle jedoch vollständig in ein magisches Weltbild eingebunden waren. Die Gnostiker glaubten sich im Besitz des gesamten okkulten Wissens der alten Kulturen und sahen sich selbst als Zauberer und Sternkundige. Ihre zahlreichen Amulette und Talismane basierten auf den Zeichen des Tierkreises, auf verschiedene Alphabeten, auf Zahlensystemen, in denen Ziffern für Buchstaben standen, die wiederum magische Worte bildeten. Wir besitzen von den Gnostikern eine große Anzahl von Steinamuletten mit Inschriften und Symbolen, von Ringen und vor allem von Schriftamuletten, wobei sie besonders dem magischen Zahlenquadrat sowie nach dem Schwindeschema geschriebenen Wörten und Formeln zugetan waren.

Bei den gnostischen Lehren haben wir es mit einem Zusammenfließen aller damals bekannten magisch-religiösen Vorstellungen und Praktiken zu tun. In synkretistischer Form wurden Texte, Symbole und Rituale verschiedener Kulturen und Religionen vereint, wobei die lokalisierten Sekten teilweise erheblich differenzierende Systeme herausbildeten. Alles in allem war diese Entwicklung am Beginn eines neuen Zeitalters von nicht zu unterschätzendem Einfluß auf das auf-

36 Amulett in Form eines Lamas aus Steinsalz. 11 cm. Bolivien

37 Amulett in Form eines Lamas. Steinfiguren, die Haustiere darstellten, wurden benutzt, um die Herden vor allen Gefahren zu schützen und ihre Vermehrung zu sichern. 4 cm. Bolivien

kommende Christentum, hat aber, wie wir bereits gesehen haben, auch die jüdische Lehre beeinflußt.

Das frühe Christentum entstand also in einer Welt, in der der Glaube an die Bestimmung des menschlichen Schicksals durch magische Kräfte, Zauber, Hexerei und Astrologie allgemein verbreitet und unangefochten selbstverständlich war. Solche Ansichten waren mit den Grundsätzen einer monotheistischen Offenbarungsreligion dogmatisch natürlich nicht zu vereinbaren, und die frühen Christen hoben gegen das magische Weltbild der Gnosis mit seinem Glauben an die geheimen Kräfte von materiellen Objekten und rituellen Handlungen die Macht des göttlichen Wortes hervor. Die Basis dieses Christentums war spirituell, in ihr galt nicht das Amulett, sondern das Wort. Dies äußerte sich z. B. in der Ansicht, daß ein Dämon auf alle Fragen eines Christen zu antworten gezwungen wäre (damit auch zur Preisgabe seines Namens, mit dem alte Machtvorstellungen verbunden sind), und schon der Atem eines Christen war danach in der Lage, jeden heidnischen Zauber zu brechen.

Hier zeigt sich, wie eine Religion, ein neu entstehender Glaube an eine übernatürliche Kraft, eine eigene Form finden muß, die sie abhebt von der alten, bestehenden, die dann als heidnisch-archaischer Irrglaube hingestellt werden kann; man sieht aber auch, daß bestimmte Grundauffassungen der Zeit, etwa der Dämonenglaube, erhalten blieben. Die Herausbildung des Christentums erweist sich als ein historischer Prozeß, der sowohl von Tradierung als auch von Abgrenzung bestimmt wird.

Angesichts dessen nimmt es nicht wunder, daß der spirituelle Kampf um die neue religiöse (ja auch die soziale) Identität nicht ohne Rückfälle in alte Denkformen vor sich ging. Schon früh wurde den Christen etwa nachgesagt, daß sie teilweise von den Juden übernommene magische Praktiken betrieben, aus Ägypten kennen wir frühchristliche Amulette, und in den Katakomben sollen Abbildungen zu finden sein, auf denen Jesus eine Art Zauberstab hält. Wie erfolgreich die junge Kirche aber bei ihrem Versuch der Abgrenzung gegenüber den magischen bzw. religiösen Traditionen ihrer Umwelt war, ist nicht leicht abzuschätzen, da einerseits die zeitgenössischen Berichte wenig informativ sind, christliche (wie jüdische) Symbolik andererseits auch von nichtchristlichen Zauberern verwendet wurde.

Etwa um das 4. Jh. gewann die Vorstellung über die Existenz übernatürlicher Kräft in materiellen Objekten einen neuen Platz im Christentum. Auf den Konzilien sprachen die Kirchenführer gegen die Verwendung von magischen Mitteln bei der Behandlung von Kranken oder der Suche nach verlorengegangenen Dingen. Die entscheidende Veränderung gegenüber der vorausgehenden Phase lag darin, daß man nunmehr grundsätzlich an die Wirksamkeit magischer Kräfte glaubte, ihre Anwendung jedoch für unchristlich hielt. Damit verbunden war der Glaube an die Existenz einer göttlichen Magie, höherer Art als die heidnische. Wir erkennen hier, wie die erzwungene Notwendigkeit zur strikten Aufrechterhaltung der dogmatischen Grenzen einer kleinen, verschworenen Glaubensgemeinschaft gegen eine durchweg feindliche Außenwelt langsam einem christlichen Selbstverständnis Platz machte, das sich souveräner in seinem historischen Umfeld bewegte und sich in seiner Existenz gesichert sah. Die Aristokratie war christlich geworden, die Zahl der Gläubigen stark gewachsen, damit aber natürlich auch der Einfluß von individuellen, regional- und kulturspezifischen Traditionen in einer Zeit der beginnenen Umbrüche, und dies alles mußte unter das nun weiter gespannte Dach eines theologischen Lehrgebäudes gebracht werden.

Mit der Unterscheidung einer ›heidnischen‹ von einer ›christlichen‹ oder ›göttlichen‹ Magie waren aber auch die wesentlichen Voraussetzungen für eine neue Form des Glaubens an die Wirkung von Amuletten und Talismanen geschaffen. Fortan differenzierte man zwischen einer legitimen kirchlichen Verwendung und einer Verwendung im ›Volksglauben‹, wobei wir es hier mit historisch recht sensitiven Kategorien zu tun haben, wenn man beispielsweise an die Zeit der kirchlichen Hexenverfolgung denkt.

In diesen sich entwickelnden neuen theologischen Überbau gliederte sich auch die Märtyrerverehrung sowie der Kult des Heiligen Kreuzes ein. Damit gelangte die Kirche in den Besitz einer von Jahr zu Jahr ansteigenden Zahl von heiligen Gegenständen, von denen alle Art von Schutz und Segen erwartet wurde, und es bildete sich angesichts der Nachfrage durch private Gläubige und Kirchenneubauten sogar die päpstliche Lehrmeinung, Reliquien hätten die Kraft, sich wundersam zu vermehren. Unterkiefer der hl. Apollonia, die bei Zahnschmerzen angerufen wurde, befinden sich beispielsweise in der Kirche von

S. Blasio in Rom, in Bologna und Tortona, gleich zweifach in Köln und sogar noch in einer Wallfahrtskirche in Radinghem in der Picardie! Dieser Aspekt des Glaubens entwickelte sich vor allem zwischen dem 6. Jh. und dem 8. Jh., unterstützt von Kirchenlehrern und Päpsten.

Dies war aber auch die Zeit der weiteren Ausbreitung des Christentums über Europa, während der zahlreiche weitere kulturelle Traditionen Einlaß fanden. Die Ausübung der nicht-christlichen, ›heidnischen‹ Form von Magie mußte immer stärker unterdrückt werden, unter Karl dem Großen auch durch staatliche Dekrete, doch war sie nicht nur im niederen Klerus, sondern auch bei vielen Bischöfen verbreitet.

Im Hoch- und Spätmittelalter bot die Christenheit ein ähnliches Bild. Von offizieller Seite war die nicht-christliche Magie verboten, trotzdem wurde sie aber teils auch von der Kirche betrieben und gefördert. Die vielen Verbote beweisen nur, wie verbreitet der Glaube an Magie zu dieser Zeit war, nicht zuletzt aufgrund der durch die Kreuzzüge wiederbelebten Kontakte zum Orient. Aus dem Osten kamen die verschiedensten Arten von Amuletten und Talismanen, von magischen Schutz- und Heilmitteln nach Europa. Aber auch die Inquisition in die vermuteten Praktiken häretischer Glaubensgemeinschaften förderte wider Willen den allgemeinen Glauben an Magie, vor allem an ihre ›schwarze‹ Varietät. Man denke etwa an den wahrscheinlich machtpolitisch motivierten Prozeß gegen den Templerorden.

Im 15. und 16. Jh. brachte die Renaissance eine weitgehende Wiederbesinnung auf die klassischen Kulturen und veranlaßte damit auch eine erneute Auseinandersetzung mit den alten magischen Denkformen und ihren Zeugnissen. Dabei wurde die antike Astrologie wiederentdeckt und mit ihr eine ganze Welt von Magie und Zauber erschlossen. Zu diesem Zeitpunkt waren die ursprünglichen Vorstellungen der Kirche so weit in anderen Traditionen aufgelöst, daß auch die Reformation mit ihrer Betonung der Macht des göttlichen Wortes die tief verwurzelten Ansichten über die magischen Eigenschaften der Dinge nicht mehr unterdrücken konnte. Die homogene synkretistische Tradition hatte sich festgesetzt und bleibt bis heute von Bedeutung. In der Zeit der Aufklärung wurde später zwar ein in vielen Aspekten neues Weltbild massenwirksam, doch erwiesen sich die magischen Überzeugungen grundsätzlich als resistent. Sie behaupten sich wie eh und je und finden immer wieder neue, angepaßte Ausdrucksformen.

38 ›Horse brass‹, Schutzamulett aus Messing, das an englischen Pferdegeschirren angebracht wurde. Solche Amulette sind heute beliebte Sammelobjekte und hängen als Schmuck in Pubs. 10 cm. England

Betrachten wir nun kurz den theologischen Hintergrund der skizzierten Entwicklung, denn es muß natürlich zwischen den Vorstellungen der auf Magie, Amulette und Talismane vertrauenden Gläubigen und der offiziellen Kirchenmeinung über diese Phänomene unterschieden werden. Die frühe Kirche hatte, wie schon erwähnt, aus ihrem zeitgenössischen Umfeld ein kulturelles Erbe übernommen, mit dem sie sich aktiv auseinandersetzen mußte. Die von ihr vorgefundenen magischen Vorstellungen beruhten auf dem Glauben an physische oder quasi-physische Kräfte in den Dingen selbst, es waren also Auffassungen, die vom Bild eines allmächtigen Gottes und einer göttlichen Sphäre zunächst weit entfernt waren. Von den Juden – aber letztlich auf die Perser zurückgehend – und von den griechischen Denkern und Mystikern der hellenistischen Zeit stammte das Konzept einer Welt von Engeln und Dämonen. Unter dem Einfluß dieses Konzepts zerfiel die Idee einer in den Objekten liegenden eigenen Kraft zu der Vorstellung, daß durch sie mächtige Engel und Dämonen wirkten. Die magischen Kräfte wurden also zunehmend personifiziert, das magische Objekt selbst erschien nur noch als Mittler zu einer anderen Welt. Aus dem Weltbild einer Allbeseelung und einer auch den unbelebten Gegenständen innewohnenden Kraft ging eine dualistische Anschauung hervor, die in diesseitigen Dingen jenseitige Kräfte walten sah.

Damit war ein wesentlicher Schritt in der theologischen Entwicklung des christlichen Weltbildes getan. Zwischen einzelnen guten bzw. bösen Geistern und bestimmten Objekten, Formeln und Handlungen erkannte man nunmehr spezifische Beziehungen, jedoch blieb aus der klassischen Zeit die Vorstellung erhalten, daß Kräfte, jetzt personifiziert, durch unterschiedliche Instrumente wirken könnten, wie sich auch durch dasselbe Instrument verschiedene Geister äußern könnten. Das neue dogmatische System erhielt also wie seine Vorläufer eine essentielle Flexibilität, die eine Voraussetzung für sein historisches Weiterbestehen in einer sich stark verändernden Welt war. Verbunden mit diesem Schritt der Personifizierung war auch der Schritt der Polarisierung der Geister in gute und böse, in Engel und Dämonen, wobei der Glaube an die Wirksamkeit der Magie in ihrer wichtigsten, der orthodoxen Form, auf der Theorie basierte, daß die Engel in ihrer Macht den Dämonen überlegen seien. Die entgegengesetzte Ansicht ist mit der Tradition der sogenannten ›schwarzen Magie‹ verbunden.

Nach der christlichen Adoption des magischen Weltbildes, seiner Neuordnung durch Personifikation und Polarisation bestand nun noch die Notwendigkeit, alle diese Vorstellungen mit der monotheistischen Doktrin zu vereinigen. Auch diesen Schritt tat man in der Folge. Dazu wurde zunächst die konkrete, also die nicht nur symbolische Verbindung zwischen Objekten bzw. Handlungen und den durch sie wirkenden Geistern systematisch aufgezeigt und dann legitimiert durch einen Vergleich mit der Inkarnation Gottes. Die Setzung, daß der allmächtige Gott sich in menschlicher, d. h. materieller Form gezeigt hatte (nämlich in Gestalt Christi zur Erde niedergestiegen war), machte die Ableitung möglich, daß sich dann auch Geister geringerer Ordnung materialisieren oder materiell wirksam werden könnten. Gewissermaßen auf halbem Weg zwischen dieser Welt, der sie angehört hatten, und dem Reich Gottes, in das sie eingegangen waren, sah man dabei die Heiligen, deren Reliquien, d. h. weltlichen Überreste, eine besondere Kraft zugeschrieben erhielten, da ihr spezifisch menschlicher Aspekt sie für andere Menschen als Vermittler besonders begreifbar, vorbildlich machte: Einige Erfahrungen waren Heiligen und Gläubigen durch das Leben schon gemeinsam, andere sollten durch den Umgang mit ihren Reliquien von ihnen geteilt werden. Um aber diesen Glauben nicht in polytheistische Dimensionen ausgreifen zu lassen, wurde von seiten der Kirche besonders darauf verwiesen, daß die Wirkung der angerufenen Mittler letztlich in der Hand Gottes läge. Diese Lehrmeinung sicherte das neu geschaffene theologische System ab, da durch das Konzept eines absolut freien und souveränen Gottes die Kausalität zwischen der Verehrung eines reliquaren Objektes und der ihm zugesprochenen Wirkung aufgehoben wurde. Die praktische Folge war, daß das Ausbleiben eines erwarteten Erfolges nicht notwendig zu Glaubensverlust führte, das System in die Lage versetzt wurde, augenscheinliche Widersprüche ohne innere Erschütterung zu verkraften: es blieb durch seine externe Determination gültig und unangreifbar.

Befassen wir uns nun aber mit den verschiedenen Zwecken, denen Amulette und Talismane im Zusammenhang des christlichen Glaubens dienen! Eine ihrer wichtigsten Funktionen ist auch hier der Schutz, die Abwehr von bösen Einflüssen aller Art. Wenn dabei wiederum der ›Böse Blick‹ eine besondere Rolle spielt, so weist dies auf das

39 ›Horse brass‹ in Form eines Halbmondes. 10 cm. England

stark mediterrane Erbgut der christlichen Auffassungen hin. Ferner wird bei Amuletten und Talismanen Schutz gesucht vor allen Arten von dämonischer Besessenheit, vor Krankheit und Fieber, vor Verwundung und plötzlichem Tod, vor Naturkatastrophen sowie anderen Arten von Unheil. Die einzelnen Formen von Amuletten und Talismanen spiegeln ebenfalls oft mediterranes Erbe wider. So werden Medaillons oder kleine Plaketten getragen, oft aus Gold, mit Steinen besetzt oder auch emailliert. Hohle Kapseln oder Anhänger führen die römischen Traditionen weiter, als typisch christliches Symbol kommt nun natürlich auch das Kreuz hinzu.

Historisch entwickelten sich christliche Amulette in Anlehnung an jüdische Gebräuche sowie an Hinweise im Alten Testament von Symbolen zu Gegenständen mit einer ihnen zunächst innewohnenden, dann durch sie wirkenden Kraft. Gegen diese Entwicklung stemmten sich in den ersten Jahrhunderten unserer Zeitrechnung die Kirchenväter recht energisch, und von den frühen Synoden wurden Strafen festgelegt, falls solche magischen Schutzmittel vom Klerus angewendet

40 ›Horse brass‹ in Kreuzform. 10 cm. England

würden. Doch konnte sich diese orthodoxe Linie, wie wir gesehen haben, nicht behaupten. In Ost-Rom wurde sie ab dem 6. Jh. nach und nach aufgegeben. Der Klerus begann, sich unter den Schutz von Amuletten und Talismanen zu stellen, die der Abwehr von Krankheiten ebenso dienten wie der Heilung und der Austreibung böser Geister. Solche magischen Schutzmittel wurden auch vom Kaiser und hohen staatlichen Würdenträgern benutzt und fanden z.B. in der Diplomatie Verwendung als Pfänder für freies Geleit.

Im Westen war die Entwicklung ähnlich. Verbote von Amuletten und Talismanen bezogen sich nunmehr lediglich auf das Tragen nichtchristlicher Formen, während die christlichen allgemein sanktioniert waren. Hier ist besonders das Kreuz zu nennen, das unverkennbar Amulettcharakter hat. Der fränkische Bischof und Geschichtsschreiber Gregor von Tours trug ein Kreuz, dessen Reliquareinsatz er ständig auswechselte, wohl um die unterschiedlichen, von den Heiligen ausgehenden Kräfte zu nutzen, und die auf die Wirkung von Amuletten zurückgeführten Wunder wurden immer zahlreicher – was den Glauben an sie weiter stärkte. Im späten Mittelalter erlebte dieser Glaube einen weiteren Aufschwung, da ihm durch den Handel mit Ablaßbriefen, also Schriftamuletten, neue Entfaltungsmöglichkeiten eröffnet wurden. In diesem Zusammenhang müssen auch die von den Karmelitern ab 1287 aufgebrachten Skapuliere gesehen werden, Tuchstreifen, die den Sterbenden umgelegt wurden, um ihnen einen leichten Tod sowie unmittelbaren Einzug in den Himmel zu sichern.

Im modernen römischen Katholizismus gibt es eine große Zahl von unterschiedlichen Amuletten und Talismanen, vor allem auch in der Form von Kreuzen und Medaillen, die mit bestimmten kirchlichen Vereinigungen, besonderen Heiligen, religiösen Festen und mit Wallfahrtsorten in Verbindung stehen. Solche Amulette werden durch die Kirche geweiht, erhalten ihre Kraft für den Gläubigen teilweise aber auch durch ihre Beziehung zu Gegenständen besonderer Verehrung, etwa Heiligenbildern oder Reliquien, und sollen ihre Träger vor allem Übel schützen. Besondere Verbreitung haben dabei die Christophorus-Darstellungen gewonnen, die vor den Gefahren des Straßenverkehrs bewahren sollen. Solche Medaillen, manchmal zusammen mit dem Fahrzeug gesegnet, werden oft nicht mit diesem verkauft (eine dem ›Sakralen‹ nicht gemäße Transaktion), sondern in einem neuen Fahrzeug weiterverwendet, vor allem natürlich dann, wenn sie sich ›bewährt‹ haben. Oft finden sie sich auch als Anhänger für den Autoschlüssel.

Amulette und Talismane kennt man aber ebenso im Protestantismus. Als Beispiel können die ehemals weit verbreiteten ›Schwertbriefe‹ oder ›Himmelsbriefe‹ dienen, die so genannt wurden, weil sie angeblich vom Himmel gefallen waren. Diese Briefe enthielten Gebete, Formeln, Namen und magische Zeichen, wurden um den Hals oder in der Tasche getragen und sollten vor allem Soldaten schützen. Andererseits behelfen sich viele Protestanten mit Amuletten, die eigentlich im katholischen Glauben zu Hause sind, da ihnen ihre Kirche wenig Gleichwertiges bietet.

Die Anwendung von Amuletten und Talismanen ist auch im Christentum nicht auf Personen beschränkt (Farbabb. 8; Abb. 36–40). Es wird z. B. das Vieh geschützt, das ebenso wie der Mensch durch böse Geister gefährdet ist. Hierzu sind dem Glauben nach Medaillen des hl. Antonius sehr geeignet, die dem Vieh umgehängt werden. Auch

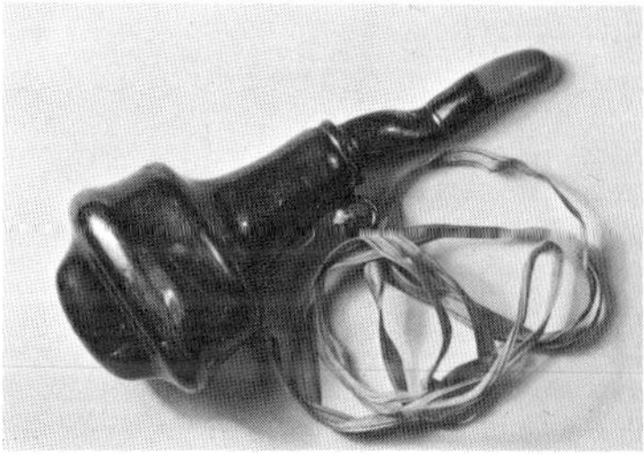

41 Kinderrassel. Schutzamulett aus Silber mit einer Spitze aus Koralle. 10,5 cm. England

Kuhglocken hatten ursprünglich den Zweck, durch ihr Lärmen die Geister zu verscheuchen. Denselben Gedanken bezeugt der schon erwähnte römische Brauch, Kindern kleine Rasseln zum Schutz umzuhängen, wie auch unser eigener, ihnen Rasseln zum Spielen zu geben (Abb. 41) – das pädagogische Element ist wohl sekundär. Schließlich wurden und werden alle Arten von Gebäuden unter magischen Schutz gestellt, besonders natürlich Wohnungen (Farbabb. 11, 24; Abb. 42). Bis heute sagt man in Fällen familiären Unfriedens, daß »der Haussegen schief hängt«, und Haussegen religiöser wie auch (teils sehr) profaner Art (Abb. 43) sind beinahe überall anzutreffen.

Mit dem Schutzcharakter von christlichen Amuletten und Talismanen verwandt ist ihre Funktion als Heilmittel. Dies ist von großer Bedeutung, da die frühe christliche Auffassung von Krankheiten magisch-religiös war – wie noch heute in vielen anderen Kulturen. Krankheiten waren danach auf das Wirken unguter spiritueller Einflüsse zurückzuführen, wodurch Amulette und Talismane sowie religiöse Handlungen verschiedener Art (Gebete, Aufsagen von Formeln, Behauchen und Salbungen) zum natürlichen Gegenmittel wurden. Ein wichtiger Teil der Krankenbehandlung bestand im Binden des Dämonen, damit dieser kein weiteres Unheil anrichten konnte. Dazu wurden Knoten geknüpft, archaische Amulettformen, die hier erneut Verwendung fanden; aber auch alle möglichen anderen Arten von Amuletten und Talismanen wurden (und werden) den Kranken umgehängt oder in ihre Nähe gebracht. Solche Heilpraktiken sind jedoch von der Kirche niemals einhellig gebilligt worden und waren teilweise als ›heidnisch‹ verrufen.

Eine Behandlung konnte auch darin bestehen, daß man den besessenen Kranken mit geheiligten Gegenständen (Amuletten und Talismanen) in Kontakt brachte, vor denen die krankheitsverursachenden Dämonen flohen. Teilweise versuchte man auch, sie auf andere Lebewesen zu übertragen, etwa auf Tiere oder Bäume. Schließlich wurden – in Fortsetzung einer vorchristlichen Tradition – Abbildungen der kranken Körperteile an heiligen Orten, meist also in Kirchen, angebracht, um die wohltätige Kraft der Stätte auf dem Weg über das Bild auf den Sitz der Krankheit zu ziehen. In diesen Zusammenhang gehören auch die Votivgaben, die man heute vor allem noch in Wallfahrtsorten findet. Wenn es sich um reine Dankesgaben handelt, haben sie ihren Amulettcharakter allerdings weitgehend verloren.

Das letzte Beispiel zeigt, daß Amulette und Talismane nicht nur zur Abwehr und zum Schutz eingesetzt werden, sondern auch, um gute und förderliche Kräfte auf den Benutzer zu konzentrieren. Von besonderer Bedeutung ist in diesem Zusammenhang das Urthema Fruchtbarkeit. Mit allgemeiner Verbreitung des christlichen Glaubens sah sich die Kirche mit einer Vielzahl von überlieferten Praktiken zur Förderung der Fruchtbarkeit von Mensch, Tier und Feld konfrontiert. Und während man anfangs natürlich versuchte, solche Praktiken zu unterdrücken, mußte das entstehende Vakuum doch auf die Dauer gefüllt werden – was nicht ohne die Bildung religiös-magischer Synkretismen abging. Als Beispiel können hier die verschiedenen, teils auf alte Umzüge zurückgehenden Prozessionen angeführt werden, in denen das Allerheiligste Amulettcharakter annimmt, denn die Prozession mit der geweihten Hostie durch die Felder sollte deren Fruchtbarkeit und eine gute Ernte sichern. Bekannt geworden ist der Blutritt von Weingarten in Württemberg, eine Prozession zu Pferde, in der als Reliquie Blut mitgeführt wird, das angeblich aus Christi Seite stammt. Prozessionen zu Ehren und mit den Reliquien verschiedener Heiliger hatten nach Auffassung der Gläubigen positiven Einfluß auf Erntewetter oder Trockenperioden. Letztere suchte man auch durch das uralte Ritual des feierlichen Badens oder Benetzens von Reliquien oder Heiligenstandbildern zu beenden. Unwetter wurden dagegen nach gläubiger Erwartung dadurch gebannt, daß ein Kreuz in alle vier Himmelsrichtungen gehalten und gleichzeitig Weihwasser in die Luft gesprenkelt wird.

Die Volksreligion des Mittelalters verwendete geweihte Hostien und Weihwasser direkt als Fruchtbarkeitsamulette. Mit Weihwasser oder Hostien wurden Felder magisch gedüngt, zerkrümelte Hostien sollten den Kohl vor Schädlingen bewahren, und es wird auch berichtet, daß Hostien, die zur Steigerung des Ertrages in einem Bienenstock deponiert worden waren, die Bienen (unter Mißachtung der wirtschaftlichen Motive des Imkers) auf wundersame Weise dazu brachten, eine kleine Kapelle aus Wachs zu bauen.

Was Empfängnis und Geburt betraf, so versprach man sich im christlichen Brauchtum günstige Wirkung von Alraunen und den Reliquien verschiedener Heiliger, etwa vom Gürtel St. Maginus' aus Tarragona. Für eine leichte Geburt sollten auch die Gürtel von St. Margaret, St. Hildegund von Mehre, St. Lucinus von Angers, der härene Gürtel St. Ludgardis, das Hemd St. Marias von Oiginies, der Stab St. Dominiks, Staub vom Körper St. Norberts und vieles andere mehr sorgen. Natürlich war nach der Geburt der magische Schutz des neuen Lebens von herausragender Bedeutung. Auf diesen Komplex werden wir an anderer Stelle eingehen, wie auch auf das Gebiet des Liebeszaubers, in dem Amulette und Talismane traditionell eine große Rolle spielen.

Die Geschichte von Amuletten und Talismanen im christlichen Leben stellt sich über lange Zeitabschnitte hin als Auseinandersetzung mit dem Erbe der verschiedenen überlagerten nicht-christlichen Traditionen dar, deren Symbole und magische Akte durch christliche ersetzt werden mußten, da die Bedürfnisse, denen sie entsprachen, echt waren und nicht einfach unbefriedigt bleiben durften. Im Laufe der Zeit wurden viele Gebräuche und Vorstellungen in christliche Idiome umgesetzt, aber nur zum Teil wirklich abgelöst, und ein großer Teil der Amulette, auf die man heute stößt, vereinigt christliche und nicht-christliche Traditionen in sich. Andere sind rein christlichen Ursprungs, bezeugen jedoch weiterhin ihre formale Verwandtschaft mit älteren Vorläufern. Schließlich ist ein nicht unwesentlicher Teil der in der Christenheit gebräuchlichen Amulette und Talismane unverändert aus anderen Kulturen übernommen. Es ist deshalb erforderlich, immer den spezifischen historischen Ort der betreffenden Gegenstände im Auge zu behalten. Auf die besondere Spannung zwischen Volksglauben und theologischem Dogma hat die Kirche teils abwehrend, teils integrativ reagiert. Selten ist der Klerus beim Volk

42 Hausname und beleuchtete Schutzplakette neben einer Haustür auf Malta

mit seinen Ermahnungen durchgedrungen, andererseits hat er sich gehütet, den Widerstand gegen Amulette und Talismane im allgemeinen zu predigen; vielmehr ist er nur dort aktiv geworden, wo er in ihnen Ausdrucksformen des Unglaubens sah. Christliche Amulette wurden dagegen mehr oder weniger akzeptiert. Der theologische Hintergrund dieser Entwicklung ist bereits beschrieben worden.

Kommen wir damit auf Amulette und Talismane nicht-christlichen Ursprungs zu sprechen, die im Christentum von Bedeutung (gewesen) sind. Der Glaube konnte aus einem stattlichen historischen Arsenal von Gegenständen auswählen, das praktisch alle in der Natur vorkommenden Objekte, Pflanzen, Tiere, Steine und Metalle, Teile des menschlichen Körpers etc. umfaßte. Steinen, vor allem Edelsteinen, wurde seit den mesopotamischen Hochkulturen besondere Kraft zugesprochen, und diese Traditionen setzten sich z. B. fort in der Verwendung von Amethysten in Bischofsringen; Heliotrop konnte, wie auch die Christen glaubten, unsichtbar machen, Bernstein war ein besonders beliebtes Amulett gegen Fieber und Gicht. Metalle, ebenso alte magische Elemente, fanden wegen ihrer besonderen astrologischen Bedeutung vor allem im 16. und 17. Jahrhundert wieder Verwendung. Es wurden unter bestimmten Konstellationen der Planeten Ringe gegossen, die als Amulette oder Talismane etwa zur Weissagung geschätzt waren, und überhaupt wurden mit dem Wiederaufleben des Interesses an der Astrologie ab dem 15. Jahrhundert solche Überzeugungen wieder wichtiger; die Sternzeichen erhielten ihre große Bedeutung als Amulette und Talismane zurück und haben sie bis heute behalten. Pflanzen wurden ebenfalls verwendet, wobei die Christen teils neue Namen christlichen Ursprungs für sie fanden oder auch gläubige Rechtfertigungen für ihren Gebrauch. So wurde z.B. plötzlich entdeckt, daß die schon den Druiden heilige Mistel kreuzförmig war, und eine Legende erklärte, wie das Johanneskraut durch einen Tropfen des Blutes Christi dazu kam, roten Saft zu haben. Viele Amulette und Talismane entstammten auch wieder dem Tierreich. In christlichen Gräbern fand man Skarabäen als Symbol der Auferstehung, und die Kirche hatte einen langen Kampf gegen die hergebrachte Verwendung von Tierschädeln zu führen, die Schaden von Haus und Hof abwehren sollten – war aber letzlich nicht ganz erfolgreich.

Als besonders wirksame Amulette und Talismane wurden von den Christen Teile des menschlichen Körpers angesehen. Hier ist etwa das Blut zu nennen, vor allem das Blut Christi, das als Reliquie, wie man glaubte, große Kraft besaß. Hierauf kommen wir noch zu sprechen. Auch Abbildungen und figürliche Repräsentationen sowie der Farbsymbolismus spielten eine große Rolle. Rot als Farbe des Blutes konnte angeblich Böses anzeigen, aber auch Krankheiten abwehren, Blau war schon bei den Hebräern eine Glücksfarbe. Viele Bildamulette sollten der Abwehr dienen: Bilder von Krähen, an den vier Ecken eines Feldes aufgestellt, hielten, so hoffte man, Krähen ab, Fliegen wurden durch das Tragen eines Ringes mit ihrer Darstellung verscheucht. Dieses Gedankengut stand in direkter Nachfolge klassischer Gebräuche. Auch bestimmte Gesten (etwa ›Feige‹, Hörnchenhand), die in der Abwehrmagie traditionell große Bedeutung hatten, kamen in Form von figürlichen Darstellungen wieder allgemein verbreitet als Amulette und Talismane vor (Farbabb. 12, 16; Abb. 44). Ebenso wurden Worte, Zeichen, Formeln und Namen verwendet, etwa der Name Alexanders des Großen, der das ganze Mittelalter hindurch als ein berühmter Zauberer angesehen wurde. Spezifisch jüdische Vorstellungen hatten ebenfalls ihren Einfluß, und die Namen Gottes, der Engel

43 Profane Haussegen aus dem Wallfahrtsort Kevelaer

und des Königs Salomon gewinnen in der christlichen Tradition besondere Bedeutung. Gerade König Salomon wurde immer wieder als der Urheber des magischen Wissens über Pflanzen und Mineralien hervorgehoben.

Bei den Amuletten und Talismanen eigentlich christlichen Ursprungs zeigt sich gegenüber den meisten nicht-christlichen Traditionen eine charakteristische Umwertung. Hervorragende Bedeutung erlangen Schriftamulette, an zweiter Stelle steht das Kreuz, und erst dann folgen die verschiedenartigen anderen Objekte.

Dem Namen Jesus wurde von den Christen seit jeher besondere Kraft zugeschrieben: In diesem Namen wurden Wunder gewirkt, wurde jeder ›heidnische‹ Zauber gebrochen. Oft wurde er in Form des Monogramms XP verwendet – auf Amuletten und Talismanen, an Kirchen, Häusern, Gräbern, etc. Da es sich hier nicht nur um ein Sinnbild des Glaubens handelte, sondern ganz bewußt um die schützende

44 Lebensgroßer schwarzer Holzarm, der die ›Feigen‹-Geste zeigt. Brasilien

Wirkung des Zeichens selbst in Anspruch genommen wurde, hat das Monogramm unbestreitbar eine Amulettfunktion.

Als Schriftamulette fanden auch seit dem Mittelalter biblische Texte aller Art Verwendung. Es entstanden dabei Theorien über die unterschiedliche Wirksamkeit einzelner Passagen. ›Favorit‹ war der Anfang des Johannesevangeliums, entweder die ersten vierzehn Verse oder auch nur der erste, gefolgt vom Gebet des Herrn. Auch die Psalmen hatten nach christlicher Auffassung eine besondere Wirkung. Benutzt wurden aber auch andere Texte aus der Bibel und der Liturgie, teils in geschriebener Form, teils auf Medaillen geprägt. Des weiteren zu nennen sind Gebete, in denen Jesus, sein Blut, sein Leichentuch, seine Wunden und auch bestimmte Heilige angerufen werden. Die Niederschriften solcher Gebete fanden ab dem späten Mittelalter als gedruckte Amulette vielfältige Verwendung.

Das auch heute noch am weitesten verbreitete christliche Amulett ist sicherlich das Kreuz. Auch dieses Zeichen hat nicht-christliche Vorläufer, doch ist deren Bedeutung im christlichen Glauben spurlos untergegangen. Kreuze finden sich in vielen Lebensbereichen als Bild, Symbol oder Geste (Abb. 6, 45). Drei von St. Hilarion in den Sand gezeichnete Kreuze retteten nach der Legende Epidauros vor einer Flutwelle, und von vielen Heiligen werden Wunder berichtet, die nur mit Hilfe des Kreuzes möglich waren. Der Volksglaube aber ging mit dem Kreuz recht undogmatisch um. So sollte ein abgebrochenes Stück eines Kruzifixes seinen Träger unverwundbar machen. In den Kreuzzügen hatte das Kreuz auf Mänteln und Wappen der Kreuzritter ebenfalls Amulettfunktion. Es bewahrte seinen Träger angeblich vor Gefahren, verlieh ihm den Sieg und hatte sogar heilende Wirkung. So wird berichtet, daß der Mantel eines Kreuzfahrers seiner daheimgebliebenen Frau zu einer leichteren Entbindung verhalf. In ähnlicher Weise wie das Kreuz finden auch Sakramente und Sakramentalien, etwa Weihwasser, geweihtes Öl oder Kerzenwachs als Amulette und Talismane Verwendung, z.B. im Glücks- oder Liebeszauber, dies besonders im 13. Jahrhundert.

Eine besondere Bedeutung kommt im Christentum dem Reliquienglauben zu. Die wichtigsten Reliquien waren dabei wohl von je her das Holz und die Nägel des Kreuzes Jesu. Sie dienten allerdings keineswegs immer nur religiösen Zwecken. Kaiserin Helena, die legendäre Entdeckerin des Heiligen Kreuzes, soll sogar aus seinen Nägeln für ihren Sohn, Konstantin den Großen, Teile des Pferdegeschirrs habe anfertigen lassen. Auch die Reliquien der Heiligen waren als Amulette und

45 St. Bridget-Strohkreuz, am Tag der Heiligen geflochten und dann 12 Monate über den Betten der Bauernhäuser aufgehängt. County Derry, Irland

46 Devotionalienhandel im Wallfahrtsort Kevelaer. 1983

Talismane äußerst begehrt; so wird aus Byzanz berichtet, daß es beim Tod des verehrten Mönchs Eustratios zu unschönen Szenen am Totenbett kam und der Leichnam praktisch geplündert, der Leiche selbst die Haare abgeschnitten und die Zähne herausgebrochen wurden. Naturgemäß war die Zahl der echten Reliquien dennoch begrenzt. Man ging deshalb dazu über, andere Gegenstände mit Reliquien oder auch nur mit den Grabstätten von Heiligen in Berührung zu bringen (›Berührungsreliquie‹), um ihnen so besondere Eigenschaften zu verleihen, d.h., sie zu Amuletten zu machen (Abb. 3). Heute läßt die katholische Kirche keine echten Reliquien mehr in Privathand geraten, sorgt aber für Ersatz in Form von Devotionalien (Abb. 46), Medaillen, Rosenkränzen etc., die teils an besonderen Orten geweiht werden und ihre Kraft nicht zuletzt aus ihrem Kontakt zu der betreffenden heiligen Stätte besitzen.

Zum Abschluß unseres kurzen Überblicks sind noch die Bilder und Figuren von Heiligen zu erwähnen, die nicht nur die Andacht fördern

47 Angebot an Heiligenfiguren in Kevelaer

sollen, sondern denen man eigenständige Kraft zuspricht. Der Volksglaube erwartet sich von ihnen Schutz für Haus und Hof, und so finden sie sich heute in bäuerlichen ›Herrgottswinkeln‹ ebenso wie als Zimmerschmuck (vor allem im Schlafzimmer) (Abb. 47) oder als spirituelle Bewehrung von Türen und Eingängen (Farbabb. 24). Statuen von *Schutz*heiligen wurden im Mittelalter überall errichtet, und viele Wunder wurden ihnen nachgesagt. Einige Heilige haben bis heute spezielle Aufgabengebiete; so schützt ein Bild des hl. Florian nach verbreiteter Ansicht das Haus vor Blitzschlag und Feuer. Es kamen auch gedruckte Bilder von Heiligen mit besonderen Gebeten oder Vorschriften auf, die, als Amulett getragen, Schutz gewähren sollten, etwa die sogenannten ›Pestblätter‹. Natürlich sind dabei Bilder, die wundersamen Ursprungs (also etwa ›nicht von Menschenhand gemalt‹, *Acheiropoieta*) sind, von besonderer Wichtigkeit.

Der Islam

Die Amulette und Talismane des Islam beziehen sich teils auf vorislamische Traditionen der missionierten Völker, teils auf die Lehren der Gnostiker und des Talmud. Vor allem Schriftamulette sind häufig, wir finden aber auch figürliche Abbildungen wie die ›Hand Fatimahs‹. Darstellungen des Menschen sind im Islam zwar verboten und im arabischen Ursprungsland auch sehr selten, in Persien und der Türkei (Ländern mit alten Bildtraditionen) aber auf magischen Objekten und in der Mystik sehr wohl bekannt. Über die Herstellung und den islamischen Umgang mit Amuletten und Talismanen sind wir u. a. durch die Schriften arabischer Gelehrter recht gut informiert.

Wohl gnostischer Herkunft ist die Lehre, daß man durch Kenntnis ihrer richtigen Namen Macht über die Geister gewinnen könne, die das Leben der Menschen wie auch ihre ganze Umwelt bestimmen. Hieraus entwickelte sich eine komplexe Angelologie, deren Ziel es war, die Namen aller Engel und Geister in ihrer Verbindung untereinander und zu den Dingen der Welt zu beherrschen. Dabei spielten die 99 Beinamen Gottes eine besondere Rolle, obwohl der hundertste und bedeutsamste, eigentliche Name den Sterblichen nach moslemischem Glauben unbekannt geblieben ist. Formeln, die solche Namen Gottes oder der Engel enthalten, werden traditionell von Geistlichen, insbesondere von Derwischen, die dafür ein Entgeld erhalten, auf Silber, Seide oder auch Porzellan geschrieben und mit wohlriechenden Substanzen bestreut. Das Schriftamulett wird in Leder gehüllt und dann an einer besonderen Stelle des Körpers getragen, oft unter dem linken Arm. Da es aber kaum möglich ist, gegen alle einzelnen Gefahren spezielle Amulette zu tragen, muß der Moslem sich in der Regel mit allgemeineren Schutzamuletten begnügen, bei denen die angelologischen Feinheiten allerdings etwas verlorengehen.

Bei der Herstellung anderer Schriftamulette spielen verschiedene Alphabete eine Rolle: Es werden hebräische, kufische, aber auch kryptographische, wenn nicht zum Teil frei erfundene Buchstaben verwendet, die man auch noch kalligraphisch verziert. Hier zeigt sich wieder gnostischer Einfluß, wie auch bei den offenbar sehr beliebten Zahlenquadraten, die spätestens seit dem 10. Jahrhundert in Gebrauch sind (Abb. 20). Daneben werden aber auch Amulette mit astrologi-

48 Koranmedaillons, die als Anhänger getragen werden. Türkei

49 Lampenförmiger Masallah-Anhänger, als Schutzamulett in Wohnungen und Autos angebracht. Türkei

50/51 Vorder- und Rückseite eines silbernen Amulettbehälters, der einen Miniatursarg enthält und an einem Lederband um den Hals getragen wurde. Sansibar

52 Amulett aus weißer Jade mit persischen Inschriften. Dieses Amulett wirkte gegen Schmerzen, wenn man es auf die betroffene Körperstelle auflegte. 6,5 cm. Persien

schen Symbolen eingesetzt. Schließlich finden wir im Islam Korantexte oder Miniaturausgaben des Koran (Abb. 48). Bestimmte Textstellen sollen gegen Krankheiten oder übernatürliche Anfechtungen helfen. Papiere mit solchen Texten werden sogar als ›Medizin‹ aufgebrüht und dem Kranken eingeflößt.

Unter den figürlichen Amuletten des Islam ist die schon erwähnte ›Hand Fatimahs‹ besonders bekannt, und man spricht ihr große Kraft zu. Dieses Amulett dürfte mit alten ägyptischen und babylonischen Formen verwandt sein. Die Hand wird von Mädchen und Frauen als Brosche oder Anhänger getragen, findet sich auf Medaillons eingraviert oder auch auf Banner gemalt. In Ägypten ist die ›Hand Fatimahs‹ oft blau – eine Farbe, die auch schon den Hebräern als glückbringend galt. Der besondere Anwendungsbereich des Handamuletts ist die Abwehr des ›Bösen Blicks‹ (Farbabb. 5, 6).

Fatimah war die Tochter Mohammeds mit seiner ersten Frau Kadijah. Der Prophet hielt diese beiden Frauen, zusammen mit der Jungfrau Maria und Asia, der ›Frau des Pharao‹, für die vollkommensten Frauen der Welt. In der ›Hand Fatimahs‹ symbolisiert der Überliefe-

53 Bunter Amulettbehälter aus Leder, den Pferde und Esel zum Schutz von Reiter und Tier um den Hals trugen. 9 cm. Nordafrika

rung nach der Daumen den Propheten, die Finger die vier Frauen, wobei innerhalb dieser Symbolik später die Positionen von Asia und Maria durch die Kinder aus Fatimahs Ehe mit Ali eingenommen wurden. Es gibt Versionen der Hand, in denen die verschiedenen Teile, auch die einzelnen Fingerglieder, numeriert und von jeweils spezifischer Bedeutung sind; die Zahlen werden etwa bei Weissagungen gebraucht.

Islamische Amulette werden in der Kleidung oder auch offen getragen (Farbabb. 9), etwa an einem Halsband. Die Amulettbehälter bestehen meist aus Leder, in der Türkei häufig aus Perlstickerei (Abb. 49), kostbare Ausführungen sind in Silber oder Gold gehalten (Farbabb. 7; Abb. 50, 51). Es gibt auch Amulette, die aus teils sehr wertvollen Edelsteinen bzw. Imitationen bestehen (Abb. 52). Amulette werden zum Teil in verschiedenen Kombinationen als Ketten getragen. Kinder erhalten traditionell ihre ersten Amulette, wenn sie 40 Tage alt sind und damit die Zeit ihrer rituellen Unreinheit vorüber ist. Amulette für Kinder sind oft einfacher gestaltet, sie bestehen z. B. aus einer Muschel oder einem Knochen in einem Ledersäckchen.

Schließlich werden auch Tiere sowie Fahrzeuge durch Amulette beschützt (Abb. 53). Auf diese Sitte werden wir bei der Behandlung des ›Bösen Blickes‹ nochmals zurückkommen.

Der Osten

Die Amulett-Traditionen des Ostens sind teilweise wenigstens ebenso alt und komplex wie ägyptische und sumerische, haben weite Verbreitung gefunden und sich dabei in vieler Hinsicht mit lokalem Volksglauben vermischt. Ferner zeigen sie sich auch durch die großen asiatischen Religionen beeinflußt. Dieser Tatbestand macht es im gegebenen Rahmen unmöglich, die verschiedenen Traditionen historisch oder regional genau einzugrenzen. Die folgenden Bemerkungen können daher nur beispielhaft sein und sind keineswegs als repräsentativ oder vollständig anzusehen. Insbesondere ist kein Versuch unternommen worden, die sich mit Amuletten und Talismanen befassenden einzelnen Lehren von Buddhismus, Lamaismus, Hinduismus, Taoismus, Konfuzianismus oder Schinto mit ihren zahlreichen Schulen, Orden und Sekten zusammenzufassen.

In Indien ist der Glaube an die Existenz guter und böser Geister allgemein verbreitet und der Schutz vor schädlichen Einflüssen, besonders auch dem ›Bösen Blick‹, eine Sorge, die den Alltag durchzieht. Praktisch alle bekannten Grundformen von Amuletten und Talismanen scheinen auch in Indien vorzukommen. Man verwendet neben Formeln und Zaubersprüchen als Amulette Steine, insbesondere Edelsteine, die verschiedensten Mineralien und Metalle, Pflanzen und Tiere bzw. Objekte tierischer Herkunft, Figuren und Abbildungen, Münzen, Schmuck, besondere Farben, Knoten, Lärminstrumente und alle Arten von Alphabeten einschließlich Zahlenquadraten, Schriftzeichen und Symbolen. Auch Reliquien sind in Indien bekannt (Abb. 54).

Einige alte indische Amulette und Talismane gehen auf vorbuddhistische Zeit zurück. Der Subkontinent ist Heimat sehr alter Religionen. Es hat im Industal schon um 2500 v. Chr. eine blühende Stadtkultur gegeben, von der angenommen wird, daß sie Verbindungen zum Zweistromland gehabt hat. Die historische Rückführung formal

54 Reliquienschrein aus dem Zahntempel in Kandy, Sri Lanka. Der darin enthaltene Zahn Buddhas ist eine der wichtigsten buddhistischen Reliquien und wird jährlich in einer Prozession durch die Stadt getragen

ähnlicher indischer Amulette und Talismane auf die Sumerer, z. B. im Falle von Hexagramm oder Hakenkreuz *(Swastika)*, ist jedoch durch zahlreiche Übernahmen und Synkretismen stark erschwert, wenn nicht unmöglich. Ein Amulett, das sich über die Zeiten behaupten konnte, ist der Glückselefant, der ursprünglich aus Ebenholz bestand und mit Elfenbeinzähnen versehen war. Dieser Glückselefant muß den Rüssel erhoben haben und sich damit den Kopf berühren. Dem Haus bringt er angeblich Glück, wenn man ihn der Eingangstür gegenüber aufstellt.

Mit dem Buddhismus kamen Buddhafiguren, aber auch Symbole wie Lotosblüte und Rad des Gesetzes als Amulette in Gebrauch; sie sind bis heute sehr populär. Auch die verschiedenen hinduistischen Gottheiten dienen als Amulette und sollen ihren Besitzern Schutz bieten. Vor allem Ganescha, der elefantenköpfige Gott, ist als Überwinder aller Schwierigkeiten im Volksglauben beliebt. Zwar wird Schiwa häufig durch seinen Dreizack versinnbildlicht, doch werden die Götter des hinduistischen Pantheons in der Regel nicht durch ihre Attribute symbolisiert, sondern figürlich dargestellt.

Von großer Bedeutung ist auch im Osten die Astrologie. Es gibt in Indien wie in China eine große Zahl von Talismanen mit den Zeichen des Zodiak. Auf Ceylon, einer Hochburg des Sternenglaubens, werden in einem Behälter aufgerollte besondere Schriftamulette getragen, die aus einem 3–4 cm breiten und etwa einem Meter langen Palmblattstreifen bestehen, der das persönliche Horoskop des Trägers verzeichnet. Es sind Exemplare bekannt, die über 4000 Jahre alt sein sollen.

Eine noch stärkere Bedeutung als in den beiden Hauptrichtungen des Buddhismus (Hinayana und Mahayana) haben Amulette und Talismane in jenen Regionen, in denen der Buddhismus sich zum Lamaismus gewandelt hat, in Tibet, Ladakh, Bhutan, teilweise auch Nepal. Hier trägt praktisch die gesamte Bevölkerung, Männer, Frauen und Kinder, ein Amulett oder eine ganze Kette von Amuletten um den Hals oder auf der Brust und vertraut auf ihre Wirkung.

Solche Amulette bestehen in der Regel aus zwei Teilen, dem Amulettbehälter und seinem Inhalt, wobei aber auch der Behälter selbst als eigenes Amulett angesehen werden kann. Amulettbehälter sind mehr oder weniger reich verziert. Sie bestehen aus Holz, Bein oder Kupfer. Wohlhabende besitzen auch Behälter aus Silber, die sehr kunstvoll gearbeitet sind und gleichzeitig als Schmuckstücke dienen. Sie sind wohl auch mit Türkisen besetzt, die als Stein selbst wieder Amulettcharakter haben. Türkis ist die ›glückliche Farbe‹ und soll vor dem ›Bösen Blick‹ schützen; zu Ketten aufgezogen und immer wieder als Haar- und Hutzierat benutzt, ist der Türkis der meistverwendete Schmuckstein der lamaistischen Regionen. Oft sind in die Amulettbehälter auch mystische Zeichen eingraviert, etwa das heilige Buchstabenzeichen ›om‹ oder das sogenannte ›Zeichen der zehn Mächtigen‹, die Glück bringen und Schutz gewähren sollen. In den Amulettbehältern selbst finden sich sehr unterschiedliche Gegenstände, etwa Weizenkörner, Reliquien eines Heiligen, niedergeschriebene Gebetsformeln oder Götterfiguren, die in Papierstreifen eingewickelt sein können, die ebenfalls wieder mit Gebetsformeln beschriftet sind. Kinder erhalten ihr erstes Amulett in einer religiösen Zeremonie, die etwa ein Jahr nach der Geburt abgehalten wird. Dabei betet man für ein glückliches Leben und hängt dann dem Kind sein Amulett, ein kleines Säckchen mit magischen Sprüchen und Formeln gegen Krankheiten und böse Geister, um den Hals.

Besondere Unternehmungen erfordern besondere magische Maßnahmen. So trägt ein Tibetaner, der sich auf eine weite und gefährliche Reise begibt, ein spezielles Schutzamulett bei sich, das manchmal auf den Ärmel seines Mantels genäht und erst nach seiner glücklichen Heimkehr wieder entfernt wird.

Andere Amulette schützen das Haus. An der Haustür wird eine Gebetsstange errichtet, oder es werden Gebetsfahnen am Dach aufgehängt. Der Geruch von Wacholderzweigen, die in Tongefäßen verbrannt werden, soll Dämonen abschrecken, das Haus heimzusuchen. Des weiteren glaubt man, daß Bündel von Tuchfetzen, Blättern und Weidenruten, außerhalb der Wohnung plaziert, anziehend auf jene Geister wirken, die Krankheiten bringen, so daß sie nicht in das Haus eindringen. Ihrer Abwehr dient auch eine weiß-blaue Swastika über der Tür, umgeben von heiligen Symbolen. Obwohl all diese Vorsichtsmaßnahmen und Geisterfallen ausreichen sollten, die Familie vor jedem Übel zu bewahren, klebt man zusätzlich Gebetsformeln, die im örtlichen Kloster auf Papier gedruckt werden, an die Außenseite der Haustür und an die Innenwände des Hauses.

Tibetanische Schriftamulette druckt man mit alten Holzstöcken, die in überlieferter Form geschnitten werden. Sie werden mit Ausnahme einiger Glücksamulette von einem Lama gefertigt, der ihnen auch durch bestimmte Handlungen und Rituale ihre Kraft gibt. Man hat vier Hauptarten solcher Schriftamulette unterschieden, denen einige Untertypen zugeordnet sind.

Die erste Art besteht aus Linien, Reihen oder Mustern von Buchstaben, Versen oder Wendungen, deren Bedeutung oft nicht übersetzbar ist. Solche Amulette werden entweder zusammengefaltet und als Schutzamulette getragen, als Schriftrollen Gebetsmühlen eingelegt, bei der rituellen Einweihung von religiösen Figuren in ihnen versiegelt oder aber aufgerollt und als Medizin gegessen. Zur zweiten Art gehören Glücksamulette mit Symbolen, Zeichnungen oder Zaubersprüchen. Sie werden entweder an Decken oder Wände von Tempelräumen geklebt oder auf Baumwolltuch gedruckt und als Gebetsfahnen verwendet bzw. auf Papier gedruckt und im Wind fliegen gelassen.

Auch trägt man sie am Körper, um Glück, Reichtum und Zufriedenheit zu erlangen. Die dritte Art von Schriftamuletten dient der Abwehr von Dämonen und Krankheitsgeistern und wird bei verschiedenen magischen Ritualen sowie als Hilfsmittel in kritischen Situationen benutzt. Diese Amulette bestehen meist aus einer zentralen Figur – einer Person, einem Tier oder einem bestimmten Dämonen –, umrahmt von Zaubersprüchen in genau festgelegten Mustern; sie können aber auch ganz abstrakt gehalten sein und nur Muster, Figuren und Zahlen enthalten. Beim Vollzug dieser Riten werden sie offen ausgelegt, als persönliche Schutzamulette getragen aber sind sie normalerweise aufgefaltet und mit bunten Fäden zusammengeknüpft.

Als vierte Art – ein Grenzfall des Schriftamuletts – sind die sogenannten *Mandalas* zu nennen, visuelle Darstellungen von esoterischen Konzepten, auch als ›Psychokosmogramme‹ bezeichnet. Sehr komplex aufgebaut, bestehen solche Mandalas meist aus konzentrisch geordneten Zonen, in die nach festen Regeln Schutzgottheiten, Buddhas, Lamas, magische Formeln, Buchstabenmuster etc. eingefügt sind. Man findet die ›Psychokosmogramme‹ an den Wänden oder Decken von Tempelräumen, wo sie bei bestimmten Ritualen und Übungen gebraucht werden. Darüber hinaus werden sie als persönliche Meditationshilfe benutzt und schließlich als besonders wirksame Schutzamulette getragen.

Von Tibet nach China. Dort gingen aus einer bunten Vielfalt von spirituellen Strömungen und Glaubensgemeinschaften drei große religiöse Traditionen hervor: Taoismus, Buddhismus und Konfuzianismus. Der Konfuzianismus war bis zur Gründung der Volksrepublik China die offizielle Staatskonfession und kannte keine eigentlichen Götter, weshalb er auch weniger als Religion denn als Moralphilosophie zu bezeichnen ist. Verehrt wurde der Kaiser als Nachfolger Konfuzius', ferner Sonne, Mond sowie die persönlichen Ahnen.

Der Taoismus ist die Quelle vieler chinesischer Amulette und Talismane. Diese Religion soll etwa 200 v. Chr. begründet worden sein und ist im Laufe der Zeit die chinesische Volksreligion geworden. Der taoistische Götterhimmel ist sehr umfangreich, straff hierarchisch durchorganisiert und eines Beamtenstaates (wie des klassischen chinesischen) würdig. Für alle Angelegenheiten und Zuständigkeiten gibt es verschiedene Gottheiten, die angerufen werden. Ihnen droht aber ein

55 Tafelbild einer um Milchfluß bittenden Frau zur Anbringung in einem Tempel. Japan

sehr menschliches Schicksal. Wenn sie nämlich die Bitten der Gläubigen nicht mehr erfüllen und auch eine Intervention bei der vorgesetzten Gottheit keine Ergebnisse bringt, können sie durch einen ihrer zahlreichen Stellvertreter ersetzt werden. Dieser himmlischen Verwaltungsorganisation gemäß sind die taoistischen Amulette hauptsächlich Schriftamulette, in denen den jeweiligen Gottheiten befohlen wird, der Bitte ihres Besitzers nachzukommen. Es ist nicht bekannt, ob solche Amulette auch in dreifacher Ausfertigung getragen werden müssen, sie haben jedenfalls über die Kultur Chinas hinaus keine besondere Bedeutung erlangt. Der Konfuzianismus hat auf den Taoismus vor allem über das *I-Ching* Einfluß gehabt. Dies ist das wichtigste von vier alten Büchern religiösen und philosophischen Inhaltes, auf die Konfuzius seine Lehre aufbaute. Man sagt dem I-Ching, das alles Wissen der Welt enthalten soll, manchmal ein sehr hohes Alter nach. So wird es dem legendären Kaiser Fo-Hi zugeschrieben (3486 v. Chr.), es ist aber wahrscheinlicher, daß es aus dem 3. Jh. v. Chr. stammt. Das I-Ching wird als Orakelbuch verwendet, ist aber auch die Basis von Schriftamuletten für die verschiedensten Zwecke.

56 Amulett der Nichiren-Sekte, das als Schutzmittel gegen Augenbeschwerden getragen wurde. Der Text ist auf Goldpapier gedruckt, und das faltbare Amulett hat einen violetten Stoffrücken. 10,2 cm. Miyanashita, Japan, 1907

Aus dem chinesischen Buddhismus ist vor allem der *Ho-Tei,* ein sehr populäres Amulett, bekannt. Es stellt eine lächelnde, kahlrasierte Figur in einer gelben Robe dar, die über dem enormen Bauch offensteht. Sie wird auch als ›lachender Buddha‹ bezeichnet, soll aber einen buddhistischen Mönch aus dem 6. Jahrhundert darstellen, der sein Leben angeblich den Armen und vor allem den Kindern widmete. Es gibt daher viele Abbildungen, die ihn mit einem Kind auf dem Rücken oder auf der Schulter zeigen, das er unter großer Gefahr durch einen reißenden Fluß getragen haben soll. Es handelt sich hier um eine Entsprechung zur Christophorus-Legende, die vielleicht sogar historisch ist. Ho-Tei-Amulette werden aus Holz, Messing oder auch aus Elfenbein hergestellt und sollen vor allem dann Glück bringen, wenn man ihnen über den Bauch streicht.

Auch in Japan sind alle Grundformen von Amuletten und Talismanen bekannt (Abb. 55). Japaner tragen sie zum persönlichen Schutz vor Unglück und Krankheit bringenden Dämonen, gegen Mißgeschicke aller Art, ferner Erkrankungen, die nicht auf Dämonen zurückgeführt werden, aber auch gegen Hexerei. In gleicher Weise werden Ernten, Haustiere, Schiffe und Häuser gesichert, in denen verschiedene Amulette entweder als gut sichtbare Warnung an böswillige Geister gleich an der Eingangstür aufgehängt sind, weitere aber im Hausschrein vor Verunreinigung bewahrt werden. Mit unterschiedlich religiösem Charakter kennt man *o-mamori* (›ehrenwerter Schutz‹), mitgeführte persönliche Amulette, die vom Klerus sanktioniert, wenn nicht verkauft werden, *o-fuda*, ähnliche Amulette zur Befestigung an Häusern und *majinai*, eine Klasse von eher magischen oder sekulären Amuletten, die teils nach alten Zauberbüchern hergestellt werden.

Die traditionelle japanische Kleidung kennt kaum Schmuckelemente wie Anhänger, Ringe, Ketten etc., so daß Amulette nicht diese Formen annehmen können. Auch *netsuke*, Kleinplastiken, mit denen der Tabaksbeutel am Gürtel befestigt wurde und die sich für solche Verwendung anbieten, haben nur selten Amulettcharakter; eine Ausnahme ist ein kleiner Flaschenkürbis, der als Schutzmittel gegen Fallverletzungen getragen wird, insbesondere von Kindern und alten Leuten.

Wie bereits erwähnt, sind Schriftamulette in Japan besonders verbreitet und gehen wohl auf buddhistische Quellen zurück (Abb. 56). Papierstreifen werden in Schwarz mit einem heiligen Text oder dem Bild der angerufenen Gottheit bedruckt sowie dem ihnen eigenen Verwendungszweck, in einen Umschlag gefaltet und dieser mit einem roten Echtheitssiegel des ausgebenden Schreines versehen. Manche dieser Amulette haben aber auch unterschiedliche Funktionen. Die Suitengu-Schreine verkaufen einen Papierstreifen, der mit fünf kaum noch zu erkennenden Sanskritzeichen bedruckt ist. Dieses Amulett wird zum allgemeinen Schutz getragen, kann aber auch, Buchstabe für Buchstabe, bei Krankheiten verzehrt oder zur Weissagung verwendet werden.

Religiöse Amulette und Talismane werden von ihren Benutzern nach Möglichkeit bei einer Wallfahrt zu den Ausgabeschreinen erworben, werden aber von vielen Pilgern auch als Geschenke für Familie und Freunde mitgebracht. Man zieht es vor, die Amulette jährlich zu erneuern, wobei die alten dann auf rituell ›reine‹ Weise vernichtet werden, etwa in fließendem Wasser oder in einem ebenfalls ›reinen‹ Feuer.

Der Schintoismus, bis 1945 Japans Staatsreligion, in der die Verehrung der Natur, der Ahnen und Heroen sowie die Heiligkeit des Kaisers von besonderer Bedeutung sind, besitzt ein Amulett, das die in aller Welt bekannte Form des Knotens aufgreift. Der ›Schinto-Knoten‹ ist in komplizierter Form in eine dicke Seidenschnur mit zwei Quasten gebunden und soll die Vereinigung der alten religiösen Traditionen darstellen. Mit diesem Symbol der Verständigung zwischen den Glaubensgemeinschaften soll unser kurzer Überblick über einige traditionelle Amulette und Talismane aus aller Welt abgeschlossen sein.

III Corriger la fortune: die Glücksbringer

Glück und Pech

Stellt man sich die Frage, welches wohl die beliebtesten Amulette und Talismane in unserer Gesellschaft sind, kann über die Antwort eigentlich kein Zweifel bestehen: sicherlich sind es die Glücksbringer. Der Glaube an die Schicksalsmächte Glück und Pech ist vermutlich so alt wie die Menschheit selbst und universell verbreitet; die Römer verehrten sogar die *Fortuna populi Romani* als Staatsgöttin! Kulturelle, aber auch individuelle Unterschiede zeigen sich freilich bei den verschiedenen Erklärungen für die Ursachen (oder Urheber) von Glück und Pech. Angesichts der historischen Vielfalt solcher Traditionen wollen wir an dieser Stelle erst gar nicht den Versuch unternehmen, ›Glück‹ oder sein Gegenteil, ›Pech‹, einer ideographischen Bestimmung zu unterziehen, noch über die Beziehung von ›Glück‹ zu ›Glückseligkeit‹ o. ä. räsonieren. Begnügen wir uns mit folgenden Überlegungen: Trotz des Fortschritts der Wissenschaften und der technischen Disziplinen ist es nach wie vor nur in seltenen Fällen möglich, die beabsichtigten (und die ebenso wichtigen unbeabsichtigten) Konsequenzen menschlichen Handelns mit ausreichender Gewißheit vorhersehbar zu machen. Fast alle Aspekte des Alltagshandelns, d. h., des täglichen konkreten Verhaltens der Menschen in ihrer sozialen und natürlichen Umwelt, sind durch mehr oder minder große Unwägbarkeiten charakterisiert. Wenn man sich über dieses Element der Unwägbarkeit, des Zufalls, das sich in der Regel einer genaueren Beschreibung entzieht, Rechenschaft ablegt, was offenbar wegen der notwendigen projektiven Korrektur von Eigen- und Fremdverhalten laufend erforderlich ist, wird es bei positivem, d. h., vom Standpunkt des Beurteilenden her gesehen erwünschtem Ausgang kurz als ›Glück‹ bezeichnet, im entgegengesetzten Fall als ›Pech‹. Es handelt sich hier um ebenso summarische wie diffuse Erklärungs- oder Rechenschaftsmuster, die sich genaugenommen weniger auf den Handelnden als auf situative Elemente, also das Zusammenspiel von Handlung mit äußeren Umständen beziehen. Zu diesen kann im gegebenen Fall auch das schicksalhafte Eingreifen übernatürlicher Wesen oder Kräfte gehören. Da die Lebenssituationen ständig wechseln, die betroffenen Personen jedoch immer wieder solche Erfahrungen machen, werden sie oft selbst zum Sitz von Glück und Pech gemacht: Das ›Glückskind‹ ist damit geboren, aber auch der ›Pechvogel‹!

Man sieht, daß Glück und Pech ideologische Konzepte sind, die beliebig interpretierbar und damit manipulierbar sind; das Glück des einen ist oft genug des anderen Pech. Ähnlich verhält es sich mit dem oft beschworenen ›Glück im Unglück‹, das von Hans Sachs als das »Glück der alten Weiber« verspottet wurde und den Franzosen schlechthin zum *bonheur allemand* geriet. Ein anderer Aspekt solcher Relativität ist dieser: Mancher wird es vorziehen, den Ausgang einer Unternehmung mit der Wirkung der unwägbaren Größen ›Glück‹ und ›Pech‹ zu verknüpfen, als sein eigenes Handeln damit zu identifizieren. Die Gründe für diese Art der Rechtfertigung können ganz verschieden sein; der eine will vielleicht keinen Neid hervorrufen, ein anderer keine Aufmerksamkeit auf sich lenken oder ein Fehlverhalten verschleiern. Bei erfolgreicher Manipulation greifen Glück und Pech auf Kosten nüchterner Reflexion dann schnell auf Bereiche über, in denen sie bisher noch keine Bedeutung hatten: Fortuna findet neue Jünger.

Aus diesen Überlegungen folgt, daß das Glück und damit die glückbringenden Amulette und Talismane vor allem dort eine wichtige Rolle spielen, wo die Ausgänge von Handlungen oder Verhaltensweisen besonders schwierig voraussagbar sind, d. h., wo viele unkontrollierbare oder schlecht zu beeinflussende Faktoren wirken. Diese Charakterisierung trifft in Gesellschaften mit nur geringen Mitteln der Umweltbeherrschung in Vergangenheit und Gegenwart auf die meisten Lebensbereiche zu. Die Befriedigung der elementaren Lebensbedürfnisse erfordert daher nicht nur rationale Handlungen, sondern auch Unterstützung im magisch-religiösen Bereich, u. a. durch Amulette und Talismane. Diese finden also verbreitete Verwendung

57 Kommerzieller Amulettanhänger in Form eines Wünschelbrunnens. Cornwall, England, 1982

bei Jagd und Fischfang, in Ackerbau und Viehzucht, in Handel und Gewerbe, im Schutz von Leib und Leben sowie nicht zuletzt bei der Reproduktion der eigenen Art. Auch der engere Bereich der Religionsausübung darf nicht vergessen werden, in dem z. B. Omen und Augurien in Gestalt von Amuletten und Talismanen eine besondere Rolle bei der Beeinflussung der Zukunft haben. Hier zeigt sich eine direkte Verbindung zu den Glücksbringern im Spiel, die seit jeher wichtig gewesen sind.

Wohl langfristig bedingt durch die Entwicklung effizienterer Formen der Umweltbeherrschung hat sich das Anwendungsfeld von Glücksbringern in unserer eigenen Kultur etwas verändert. Die tägliche Beschaffung der Lebensmittel ist von vielen Unwägbarkeiten (zumindest im Bereich der Natur) befreit, doch hat sich die Verwendung bestimmter Amulette und Talismane erhalten, z. B. bei Jägern und Anglern. In der Liebe spielen Amulette und Talismane einmal bei der Werbung eine Rolle, zum anderen werden sie eingesetzt, um die Fruchtbarkeit der Partner zu sichern. Im Erfahrungsfeld von Leben und Tod, das die Gefahren des Straßenverkehrs ebenso einschließt wie Krieg oder Krankheit, haben sich Glücksbringer zum Teil auf religiöse Symbolik konzentriert. Viele andere sind vor allem unter dem Einfluß der modernen Medizin weitgehend verdrängt worden; in der Tat haben die Ärzte dem Glauben an die Wirkung von Amuletten und Talismanen in kurzer Zeit weit mehr Boden entzogen als kirchliche Aufklärung in Jahrhunderten. Allenfalls behaupten Amulette ihre Stellung im volksmedizinischen Umgang mit einzelnen Leiden, die entweder geringfügiger Art sind (Warzen) oder die durch ihre Gefährlichkeit oder Langwierigkeit (Rheuma) die imaginative Auseinandersetzung besonders herausfordern. Generell aber gilt die Regel: neue Risiken schaffen auch neue Glücksbringer.

Schließlich darf gerade heute ein Anwendungsbereich von Glücksbringern nicht vergessen werden, der ihn gewissermaßen in seiner reinen Form, nämlich als Beeinflusser des Zufalls präsentiert: das Spiel. Amulette und Talismane sind Spielern unentbehrliches Requisit, Glückssymbole finden sich auf Lottoscheinen und Losen. Und selbst den Sportlern, die die Leistung des menschlichen Körpers bis an die Grenzen der Meßtechnik kalkulierbar gemacht haben, gilt der heilige Satz: ohne Maskottchen keine Meisterschaft. So trägt etwa der

1 *Maneki neko.* Die ›einladende Katze‹ ist ein Amulett japanischer Geschäftsleute, die es in Läden, Gaststätten und Teehäusern aufstellen, um Kundschaft anzulocken. 3,2 cm

2 Halsband eines Kindes aus rotem Stoff zur Abwehr des ›Bösen Blicks‹. Das anhängende Beutelchen enthält die Nabelschnur des Kindes. Japan

3 Japanisches Amulett mit 50 Figürchen der heiligen Hirschkuh des Kasuga-Tempels in Nara, das gegen Kopfschmerzen im Haar getragen wurde. Nara, Japan

4 Kette aus getrockneten Samenkapseln, Andenken an eine Pilgerfahrt. Sie wurde von einem Japaner während der Arbeit als Amulett gegen eine steife Schulter getragen. Yokohama, 1907

5 Rot emaillierter, silberner Anhänger in Form einer Hand mit Halbmond, Fünfstern und anderen Symbolen sowie Markierungen der Fingergelenke, die nordafrikanischen Tätowierungen entsprechen. 2,5 cm. Toledo, 1915

6 Filigranring aus Algerien mit Fatimahand als Schutzamulett

7 Arabischer Amulettbehälter aus vergoldetem Metall mit farbigen Glassteinen besetzt, der zur Aufnahme eines Korantextes diente

8 Goldfarbenes europäisches Amulett für Hunde als Schutz gegen die Tollwut. Die Rückseite zeigt einen Hundekopf. 2,3 cm

9 Brosche einer Kabylenfrau mit augenförmigen Anhängern und roten Steinen. Dieses Amulett wurde von der Kabylenfrau immer dann an der Vorderseite ihrer Kopfbedeckung getragen, wenn ihr Sohn krank war

10 Ein Satz Amulette, die an einer Kinderkappe angebracht wurden. 5 cm. Kanton, um 1903

11 Beleuchtete Porzellanplakette der hl. Familie neben einer Haustür auf Malta

12 Armband aus Korallen- und Metallperlen, dazwischen kleine Händchen, die die ›Feigen‹-Geste zeigen. Dieses Amulett ist orientalischer Herkunft und schützte seinen Träger vor dem ›Bösen Blick‹

13 Halsband aus verschiedenen Steinanhängern, das von einer spanischen Frau als Still- und Menstruationsamulett auf der Brust getragen wurde. Toledo, 1910

14 Schnur mit blauen Glasringen, die in Rumänien als Amulett gegen den ›Bösen Blick‹ getragen wurden. 4,5 cm. 1937

15 Halskette aus grünen Glasaugen, die in Palästina gegen den ›Bösen Blick‹ getragen wurde. 11 cm

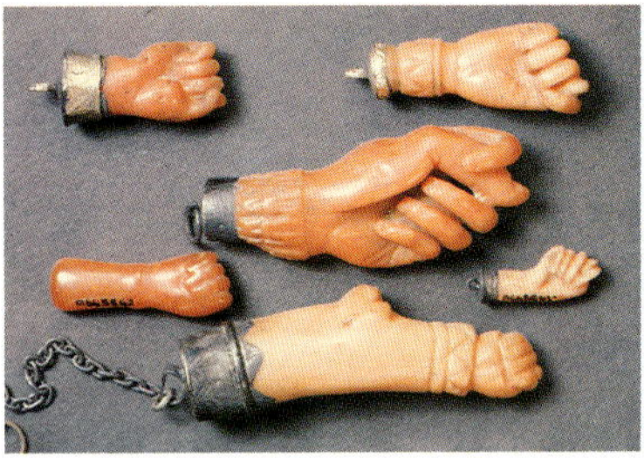

16 Sammlung von roten Korallenhändchen mit der ›Feigen‹-Geste gegen den ›Bösen Blick‹

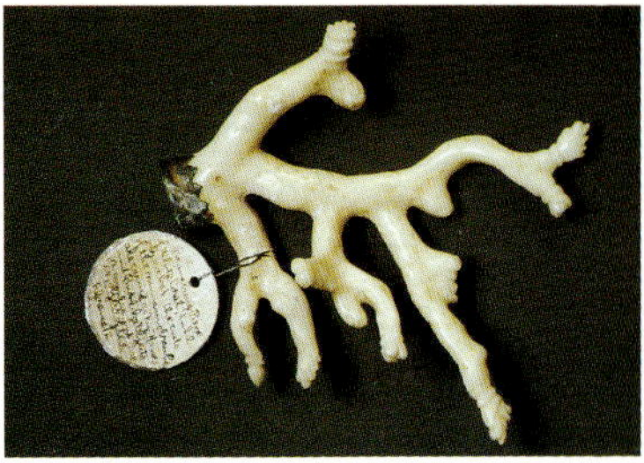

19 Weißer Korallenast in einem Silbersockel. Die Astspitzen sind als ›Feigen‹ oder Knospen geschnitzt. 9 cm. Italien

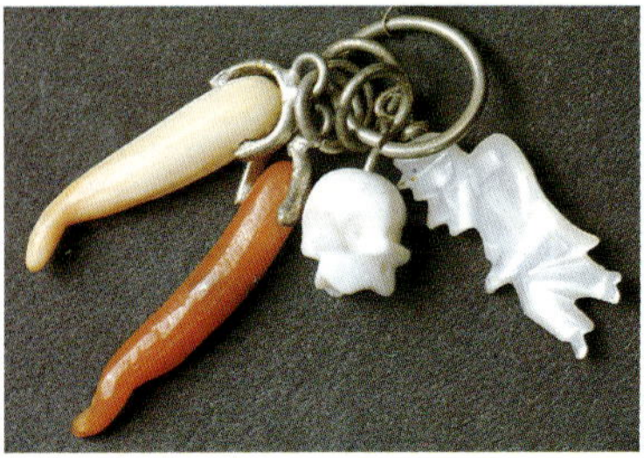

17 Verschiedene Amulettanhänger für Glück und gegen den ›Bösen Blick‹; rotes und weißes Hörnchen, Totenschädel und *gobbo,* dessen Buckel für Glück berührt oder gerieben wird. Italien

18 Bündel von Schlüsseln aus Blei an bunten Wollfäden, aus der Kapelle von St. Tugen in der Bretagne. Die Schlüssel werden am 24. Juni von Priestern geweiht und von der Bevölkerung gegen Rheuma und Schmerzen aller Art getragen. Sie bieten aber auch allgemeinen Schutz, besonders vor tollwütigen Hunden. 3,5 cm. Bretagne, 1934

20 Anhänger aus einem Walzahn aus Neuseeland. Diese Amulette werden von Maoris getragen und sammeln durch die Generationen *mana* an

22 Rote Korallenhand, die einen Rautenzweig hält. Dieses Amulett hat einen goldenen und mit Steinen eingelegten Sockel und wurde als Anhänger getragen. Italien

21 Amulett aus Knochen in Form eines Fisches, von beiden Seiten verziert. 20 cm. Alaska

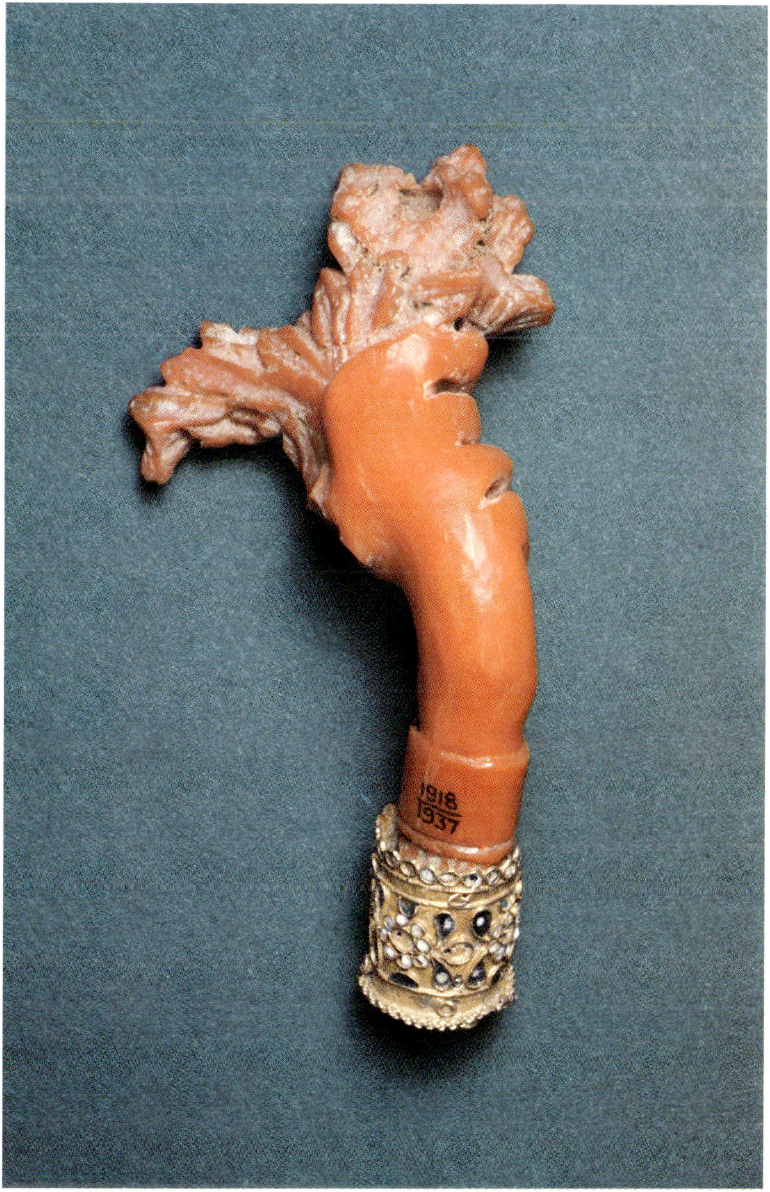
1918
1937

23 Glückshaube, die in England an Emigranten als Amulett gegen die Gefahr des Ertrinkens verkauft wurde. 1867

24 Haussegen und Kruzifix mit angehängten Maiskolben über einem Hauseingang in Innsbruck

berühmte Golfspieler Tony Jacklin bei Turnieren immer einen miniaturisierten Wunschbrunnen bei sich (Abb. 57), und ein Kollege verteidigte seinen Glücksbringer mit dem Hinweis, daß Aberglaube so lange zu besserem Golf führe, wie man selbstkritisch genug bleibe, schlechtes Spielen nicht allein auf das Versagen des Maskottchens zu schieben.

Wir wollen uns in den folgenden Abschnitten genauer mit Form und Funktion von Glücksbringern beschäftigen. Zuvor ist jedoch die Frage zu stellen, ob nicht vielleicht der Mensch selbst sich Glücksbringer sein kann und ob Menschen, die mehr Glück haben als andere, durch bestimmte Merkmale ausgezeichnet sind. Hier stoßen wir auf die populäre Theorie über die bestimmten Eigenschaften der sogenannten ›Glückshaube‹, mit der manche Menschen auf die Welt kommen (vgl. das ›Glückskind‹ im Märchen vom »Teufel mit den drei goldenen Haaren«). Was liegt also näher, als mit diesem Beispiel zu beginnen?

Die Geburt eines Glückskindes

Die Geburt eines Menschen, der Beginn eines neuen Lebens, wird überall auf der Welt als ein schicksalhafter Moment weitreichender Bedeutung angesehen, nicht nur für die Familie selbst, sondern auch für die ganze Gemeinschaft. Alles was mit der Geburt zusammenhängt, äußere Umstände, Ort und Zeit, kann folgenreich sein, ist daher auszulegen und zu erklären, vor allem, wenn es ungewöhnlich, bemerkenswert ist. Was Aufmerksamkeit erregt, kann sich dabei von Fall zu Fall unterscheiden. So gibt es Gesellschaften wie auch Individuen, die dem Sternzeichen, unter dem ein Kind geboren wird, schicksalsformende Einflüsse beimessen. Doch kann die Astrologie auch von anderen Faktoren ausgehen, und in manchen Gesellschaften ist die Kunst des Horoskopes nie entwickelt worden. Eines zeigt die Literatur jedoch ganz klar: Den körperlichen Besonderheiten des neugeborenen Kindes wird überall peinlich genaue Aufmerksamkeit geschenkt, und man versucht, auf dieser Grundlage Prognosen über seinen zukünftigen Lebensweg zu stellen. In diesem Zusammenhang interessiert uns hier die sogenannte ›Glückshaube‹.

Wenn bei der Geburt ein Blasensprung ausbleibt, überzieht die Embryonalhaut (oder Teile davon) den Kopf des Kindes haubenartig. Dies ist die ›Glückshaube‹ oder ›Glückshaut‹. Ein solches Ereignis ist nicht häufig und wird daher in vielen Kulturen beachtet und allgemein als ein Hinweis angesehen, daß dem Neugeborenen in seinem Leben viel Glück widerfahren werde. Es ist daher nicht verwunderlich, daß die Glückshaube nicht nur dazu genutzt wird, die Zukunft des Kindes vorherzusagen (Amniomantie), sondern auch als Amulett dient. Die Wirkung eines solchen Amuletts scheint sich einmal auf die Abwehr von Krankheiten zu erstrecken, allgemein aber glaubte man, daß sie Glück aller Art auf den Besitzer ziehe. Hier und da haben sich aber noch andere thematische Schwerpunkte gebildet: Insbesondere in Rechtsgeschäften soll der Besitz einer Glückshaube gute Erfolge zeitigen.

In Deutschland ist der Glaube an die besondere Wirkung der Glückshaube alt und weit verbreitet. Sie wurde ehemals sorgfältig aufgehoben, oft in ein Band eingenäht und dem Kind umgehängt. In Königsberg begleitete die Glückshaube ein Kind auch zu seiner Taufe. Entsprechende Vorstellungen und Gebräuche sind aber auch etwa von den Isländern, Wallonen, Dalmatiern, Franzosen, Böhmen, Ungarn und Schweizern bekannt und haben dort ebenfalls Formen, die sich mit den unsrigen gut vergleichen lassen. Da das Angebot an Glückshauben natürlich knapp war, die Nachfrage nach solchen Amuletten jedoch sehr rege, mußten die um die Zukunft ihres Nachwuchses besorgten Mütter bei der Geburt gut darauf aufpassen. In Hessen z. B. entwendeten Hebammen, wie es in Berichten heißt, gerne die Glückshauben, um sie ihren eigenen Kindern zu geben, und mancherorts entwickelte sich geradezu ein lebhafter Handel mit dem seltenen Gut, mit dem die Hebammen ihre schmalen Einkünfte aufzubessern suchten. Die Attraktivität der besonderen Ware lag in ihrer fast universellen Anwendbarkeit: So nahmen in Oldenburg die jungen Männer ihre Glückshaube mit, wenn sie das Herz eines Mädchens brechen wollten, aber auch, um bei der Gestellung zum Militärdienst freigelost zu werden. Wenn das Amulett hierbei versagte, konnte es seinen Träger immerhin im Kriegsfall vor Hieb, Stich und Schuß schützen.

Bemerkenswert ist die Verwendung des Glückshauben-Amuletts im Gerichtswesen. Hier sollte es seinem Träger Glück im Rechtsstreit bringen und insbesondere durch die Gabe der Beredsamkeit zu einem günstigen Prozeßausgang beitragen. Diese Vorstellung ist seit der Antike bekannt; schon im alten Rom wurden Glückshauben an Advokaten verkauft. Das obligate Studium des römischen Rechtes scheint insbesondere für Fortbestand und Verbreitung dieses Prozeßamulettes unter den europäischen Juristen gesorgt zu haben. So in Dänemark, wo noch in der Mitte des 18. Jahrhunderts Hebammen Glückshauben an Advokaten verkauften, die sich von ihrem Erwerb Erfolge bei der Verteidigung ihrer Mandanten versprachen. Und in England erschien noch 1848 eine Anzeige in der *Times*, in der ein Anwalt eine Glückshaube zu kaufen suchte. Warum man sich von ihrem Besitz die Gabe der Beredsamkeit und somit überzeugende Plädoyers versprach, diese Frage kann wohl nicht mehr endgültig geklärt werden. Es wird sich aber weniger um eine originäre Identifikation des Rechtsstreites mit dem Bereich der Geburt und den daran geknüpften Vorstellungen und Erwartungen gehandelt haben, als um eine Übertragung eines allgemein wirkenden Glücksamuletts auf ein einzelnes Anwendungsgebiet. Deutlich engere Parallelen zum Geburtsvorgang zeigt dagegen die Verwendung von Glückshauben in einem anderen Fall. Vor allem zur Zeit der Auswanderungsbewegung in die Vereinigten Staaten eröffnete sich in Europa nämlich ein großer Markt für Glückshauben, die als Amulette gegen den Tod durch Ertrinken verkauft wurden (Farbabb. 23).

Ebenso mit der Entstehung neuen Lebens verbunden und damit von ähnlicher Bedeutung wie die Glückshaube ist die Nabelschnur. Sie wird in vielen Kulturen als Amulett für das Kind aufbewahrt (Farbabb. 2), findet anderswo auch Verwendung in Geburtsritualen, die z. B. Auskunft über das zukünftige Schicksal des neuen Erdenbürgers geben sollen.

Die Nabelschnur hatte von jeher einen besonderen Platz im Amulettglauben, insbesondere der Volksmedizin. Dazu einige Beispiele. In Franken wurde einem Kind die Nabelschnur sechs Jahre nach seiner Geburt in einer Eierspeise gehackt zu essen gegeben, um ihm den Verstand (quasi in einer zweiten Geburt) zu öffnen; in Hessen wurde sie in die Kleider der Kinder eingenäht, damit sie nicht verlorengingen, wobei offenbar der Gedanke des Bandes angesprochen ist; vergleichbar mit den hessischen Bräuchen wurde sie dem Kind in Ostpreußen an seinem ersten Schultag mitgegeben, um seine Lernfähigkeit zu stei-

58 Hufeisenförmiger Anhänger, verziert mit Blumen in Blau, Weiß und Grün. 3 cm. Italien

gern. Die Nabelschnur half aber auch gegen Unpäßlichkeiten, entweder als Medizin gegeben, etwa als Pulver gegen Krämpfe (Memelgebiet) oder aber als Amulett in einen goldenen oder silbernen Ring gefaßt und am linken Ringfinger getragen. Auch in dieser zweiten Form sollte sie wieder Bauchkrämpfe lindern: ein Amulett kindlichen Ursprungs gegen kindertypische Beschwerden.

Im Falle des Nabelschnuramuletts wiederholt sich interessanterweise die von der Glückshaube her bekannte Beziehung zum Rechtsleben. Daß es sich hierbei nicht um eine rein europäische Vorstellung handelt, die den Einfluß römischer Kultur, insbesondere römischer Rechtspflege demonstriert, zeigt die Beobachtung, daß solche Amulette auch in Asien traditionell eine Rolle spielen. So wird auf Celebes die Nabelschnur vor allem von männlichen Erstgeborenen getrocknet und wegen ihrer vermeintlichen Wirkung in Rechthändeln aufgehoben. Gleichlautende Berichte besitzen wir von Kalmücken und Mongolen, von denen außerdem überliefert ist, daß ein solches Amulett hieb- und stichfest machen soll.

Wie Glückshaube und Nabelschnur in so vielen Kulturen zu Glücksbringern wurden, ist nicht genau zu erklären. Ein allgemeiner Grund wird wohl der Umstand sein, daß alles, was so direkt mit der Menschwerdung zu tun hat, als kraftvoll und vital angesehen wird. Das demonstrieren nicht nur solche Verfahren wie die Amniomantie, so wird z.B. aus dem indonesischen Raum berichtet, daß dort Nabelschnur und Nachgeburt als über Lebenskräfte verfügende ›Begleiter‹, ja sogar als nicht voll entwickelte Geschwister angesehen werden, von deren richtiger ritueller Behandlung das Lebensschicksal der Neugeborenen abhängt.

Im Umfeld der Geburt gibt es noch eine Vielzahl von anderen Gebräuchen, in denen Amulette und Talismane eine wichtige Rolle spielen; so diente z. B. die Taufe über lange Jahrhunderte als christlicher Rahmen für magische Praktiken aller Art. Es war, um hier einige Beispiele zu nennen, in allen Gegenden Deutschlands üblich, dem Kind auf dem Weg zur Taufe verschiedene Dinge mitzugeben, die ihm in seinem späteren Leben Glück bringen sollten. Im Vogtland legte man dem Patenbrief z. B. verschiedene Geldnoten und Münzen bei, das sogenannte ›Glücksgeld‹, um den Täufling für alle Zukunft finanzieller Sorgen zu entheben. Ein Stück Brot, das man bei der Taufe weihen ließ, sollte lebenslang vor Hunger schützen. In Basel war man um das leibliche Wohl des Kindes besonders besorgt und steuerte zu dem Brot bei der Taufe noch ein Stück Käse bei.

Das Glück dieser Erde ...

Unter den Glücksbringern, die in unserer Kultur gebräuchlich sind, steht das Hufeisen sicherlich mit an erster Stelle (Abb. 58). Wenn man sich erst einmal daran gewöhnt hat, darauf zu achten, begegnet es einem beinahe überall als Gegenstand oder Symbol. Mit dem Glauben an die glückbringenden Eigenschaften des Hufeisens stehen die Deutschen aber keinesfalls allein, denn er ist praktisch über die ganze Welt verbreitet. Dieser Umstand verwundert zunächst, da das Beschlagen von Pferden keine alte und allgemein übliche Technik ist; eine Erklärung dieses Phänomens muß also sehr weit angelegt sein. Daß das Hufeisen in verhältnismäßig kurzer Zeit solch erstaunliche Verbreitung als Glücksbringer erlangt hat, liegt vielleicht daran, daß sich in

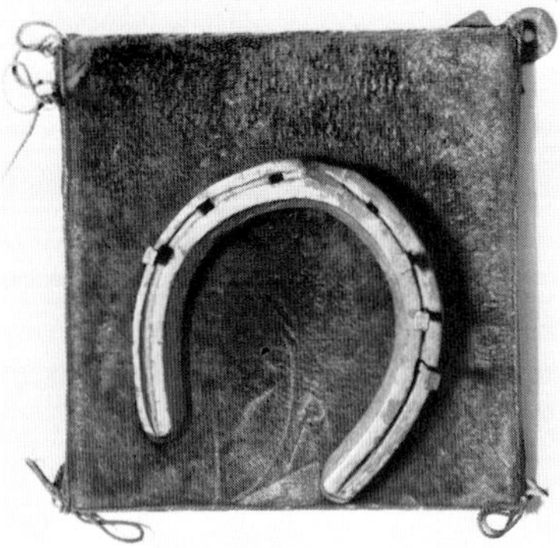

59 Hufeisen mit einigen Nägeln auf einem Kissen zum Aufhängen. England

ihm verschiedene sehr alte und geläufige Ideen in einer gefälligen neuen Kombination präsentieren. Das Hufeisen vereinigt in sich die Vorstellungen über die zauberbrechende Macht des Eisens (in der manche Autoren sogar ein Überbleibsel aus der Steinzeit sehen) und über die besonderen Kräfte von gefundenen Gegenständen; dazu kommt als weiterer Aspekt die von alters her magisch ›besetzte‹ Form des Halbmondes. Diese drei Momente sind gängiges Gedankengut in aller Welt, was möglicherweise auf anthropologische Konstanten hinweist.

Hufeisen müssen gefunden werden, man darf sie aber nicht suchen. Das Finden allein bringt schon Glück, ganz besonders aber, wenn die Umstände dafür eigentlich nicht günstig sind. Sind schon Hufeisen an sich selten, so sind solche, in denen sogar noch Hufnägel stecken, ein ganz besonders glückverheißender Fund (Abb. 59). Aber auch Bruchstücken eines Hufeisens traut man einige Wirkung zu.

Für das richtige Vorgehen beim Finden eines Hufeisens und seine anschließende Verwendung hat der Volksglaube zahlreiche Vorschriften und Empfehlungen. Man darf z. B. keinesfalls einfach an

60 Altes Hufeisen, als Glücksbringer vergoldet, bzw. bronziert und mit einer roten Schleife geschmückt. London

einem Hufeisen vorübergehen. Wenn man es aus irgendwelchen Gründen nicht mit nach Hause nehmen kann, soll man wenigstens dreimal darauf treten. Nimmt man es aber mit, darf man es weder mit der Hand aufheben noch auf dem Heimweg sprechen. Zu Hause findet das Hufeisen dann einen besonderen Platz und wird auch verziert (Abb. 60). Wie viele andere Amulette und Talismane befestigt man es besonders an Türen und Toren oder auf den Schwellen, es trennt also Innen und Außen als magische Grenzmarke. Über den Zeitpunkt und die Art der Anbringung gibt es wiederum unterschiedliche Vorstellungen; manche Tage, z. B. der Silvesterabend oder der Karsamstag, gelten als besonders geeignet.

In den meisten Gegenden Deutschlands war es wenigstens früher üblich, ein gefundes Hufeisen mit der Öffnung nach unten aufzuhängen. Manchmal wurde aber auch das Gegenteil empfohlen, damit das Glück in das Hufeisen ›hineinfallen‹ konnte. Bei waagerechter Anbringung, also meistens auf einer Schwelle, gingen die Ansichten über die richtige Plazierung ebenso auseinander. Einerseits hieß es, die

61 ›Glücksbogen‹ aus Hufeisen am Eingang der alten Eheschmiede von Gretna Green, Schottland

Öffnung des Hufeisens müsse nach innen zeigen, um das Glück im Hause zu bewahren und alles Unglück fernzuhalten; andererseits forderte man eine umgekehrte Ausrichtung mit der Begründung, das Glück werde sich entfernen, wenn man das Hufeisen so herum anbrächte, wie das Pferd mit ihm ausschreite. Offenbar hat hier jede Ansicht eine gute Rechtfertigung, die verschiedenen Erklärungen sind funktional gleichwertig.

Am Beispiel des Hufeisens läßt sich einmal mehr zeigen, welch unterschiedliche Effekte einem Amulett zugesprochen werden können. Die Erwartungen sind groß: Der Besitz eines Hufeisens bringt, so heißt es, Glück, vor allem Eheglück (Abb. 61). Er sichert angeblich aber auch Nahrung, Brot und Gewinn. Das Hufeisen hält nicht nur Unglück fern, sondern schützt gegen alles Böse, gegen Hexen und Zauberei (Frontispiz, Abb. 38), den Teufel und alle Unholde, vor Feuer und Blitzschlag wie vor Krankheiten. Hufeisen finden sich aber auch an Fahrzeugen, wo sie vor den Risiken und den Gefahren des Straßenverkehrs schützen sollen (Abb. 1). Man legte sie Kindern in die Wiege, Männern in den Sarg und, in Samt eingenäht, in die Wäschetruhe. Man

62 Neujahrsdekoration aus Marzipan. Schweiz

fertigte Armreifen aus ihnen und aus Hufnägeln Fingerringe, die den Träger und seine Familie vor Krankheit und Krieg bewahren sollten. Und eher noch zugenommen hat die Verwendung von Hufeisen als Glückssymbol (Abb. 62) auf Glückwunschkarten, Kuchendekorationen, Anzeigen und vielem mehr.

Glücksklee und ›Glücksklee‹

Auch das vierblättrige Kleeblatt, der sogenannte ›Glücksklee‹, ist uns von den verschiedensten Geschenkartikeln und Glückwunschsendungen her vertraut. Die Werbung bedient sich seiner ausgiebigst. Wie das Hufeisen stellt er einen so verbreiteten und allgemeinen Glücksbringer dar, daß beide häufig in Kombinationen auftreten, und sicher können sich beide Formen heute gegenseitig ersetzen oder Symbolkomplexe bilden. Das vierblättrige Kleeblatt ist nicht nur im ganzen deutschen Sprachgebiet als glückbringend bekannt, sondern auch im europäischen Ausland und in Nordamerika. Wie auch im Fall des Hufeisens ist einer der Gründe für die hervorragende Stellung dieses Glücksbringers sicherlich der, daß vierblättriger Klee in der Natur sehr selten und zudem noch schwer zu finden ist. Heutzutage ist die Nachfrage nach Glücksklee so stark geworden, daß zwei vierblättrige Sauerkleearten, die in Mexiko heimisch sind, in Europa im großen Stil kultiviert werden.

Aber nicht nur seiner Seltenheit, auch seiner Kreuzesform wegen gilt vierblättriger Klee als Glücksbringer, da das Kreuz im christlichen Glauben alles Böse und jeden Zauber bricht. Besonders wirkungsvoll soll das Kleeblatt sein, wenn es vor Sonnenaufgang gepflückt wurde. In Zusammenhang mit der Kreuzesform stehen sicher auch fromme Vorstellungen, wonach ein solcher Fund am Himmelfahrtstag oder an Fronleichnam einen leichten Tod und die Seligkeit sichert.

Die religiöse Symbolik des Glücksklees ist jedoch nur noch von sekundärer Bedeutung. Erhalten, ja gesteigert hat sich dagegen seine profane Funktion als Glücksbringer im Spiel, besonders in der Lotterie, der er geradezu als Wahrzeichen dienen kann. Schon ein Rezept aus dem 16./17. Jahrhundert empfiehlt dem, der Fortüne sucht, einen Beutel aus Maulwurfshaut, gefüllt mit Hummelwachs und einem vierblättrigen Kleeblatt, bei sich zu tragen. Noch wesentlich vielfältigere Wirkungen verspricht man sich von anderen Praktiken: Vor Antritt einer Reise in die Schuhe gelegt, soll vierblättriger Klee vor Müdigkeit

63 Kleeblatt-Aufkleber

bewahren und einen erfolgreichen Reiseverlauf gewährleisten; in die Kleider genäht schützt er angeblich vor allen Gefahren. Solchem Zweck dienen auch die kleeblattförmigen Autoaufkleber (Abb. 63) oder Anhänger für die Autoschlüssel. Ein großer Autohersteller hat das symbolträchtige Kleeblattmuster sogar in die Karosseriegestaltung einbezogen: eine Verbeugung des rationalen Technikers vor dem Glauben an die alten Schicksalsmächte?

Ein abschließendes Beispiel soll zeigen, daß der Besitzer vierblättrigen Klees auch auf Liebesglück hoffen kann (oder konnte). So wird aus Landshut berichtet, daß, wenn der persönliche Liebreiz eines Verliebten nicht ausreichte, seiner Werbung zum Erfolg zu verhelfen, er der Angebeteten, ohne daß sie es merkte, ein vierblättriges Kleeblatt in die Schuhe legte; nunmehr, so glaubte man, müsse sie dem Verliebten unweigerlich nachlaufen. Über die Erfolgschancen dieser Methode mag man sich heute streiten, doch sollte es wundern, wenn sie nicht noch ihre Verfechter hätte: Auch das Fensterln ist ein alter Brauch, der sich nicht hat verdrängen lassen!

Sternguckerei

Viele früher in sehr spezifischen Zusammenhängen verwendete Amulette und Talismane sind heute ihres eigentlichen Wirkkreises beraubt und zu allgemeinen Glücksbringern geworden. Eine solche Entwicklung kennzeichnet auch die Astrologie, obwohl sie in den beiden letzten Generationen wieder große Anziehungskraft und neue Freunde gewonnen hat. Die Medien tragen astrologisches Gedankengut in alle Haushalte, und man hat dies als Antwort auf das psychische Sicherheitsbedürfnis einer Gesellschaft interpretiert, die durch Kriege, Wirtschafts- und Sozialkrisen stark erschüttert worden ist. So verstanden wundert es nicht, daß das persönliche Horoskop wieder starke Beachtung findet (eine Form davon ist der spöttische Unglaube); auch ein großer Teil der heute verwendeten Glücksbringer ist astrologischer Natur. Dabei spielen Symbole eine wichtige Rolle, die meist als Anhänger getragen werden, aber auch bestimmte traditionelle Schmuck- und Edelsteine, die in besonderer Beziehung zu den Planeten und den

›Häusern‹ des Tierkreises stehen sollen. Die Lehre von diesen ›Glückssteinen‹ oder auch ›Monatssteinen‹ ist sehr alt und geht auf die Kulturen des Zweistromlandes und Ägyptens zurück. Dabei gibt es neben der glückverheißenden Zuordnung von Sternzeichen und Steinen auch Steine, die sich für den Träger verhängnisvoll auswirken sollen. Dabei ist nicht an Preziosen wie z. B. den Hope-Diamanten zu denken, die ihren verschiedenen Besitzern angeblich immer nur Unglück gebracht haben. Wird dort nämlich der Grund des Unglücks im Stein selbst gesucht, so daß, anders gesagt, der Besitz des Diamanten die Konstante in verschiedenen glücklosen Lebensschicksalen ist, so bringt ein Stein im astrologischen Sinn dann Unglück, wenn durch seine Eigenschaften die Beziehung zwischen Träger und Sternen erschüttert wird. Für unser Thema ist im übrigen von Interesse, daß sich eine Verwendung von Juwelen als astrologische Monatssteine von der als Amulette und Talismane mit magischen Eigenschaften, die auf den Besitzer übertragen werden sollen, nicht exakt trennen läßt.

Da die Traditionen, mit denen wir es im Bereich der Astrologie zu tun haben, teilweise sehr alt sind, andererseits auch immer wieder neue entstehen, sind Widersprüche zwischen den verschiedenen Systemen, die sich in den Kulturen des Altertums und der Neuzeit historisch entwickelt haben, unübersehbar. Die Babylonier ordneten ihre Glückssteine, die sich durch farbliche Merkmale voneinander unterschieden, den ihnen bekannten sieben Planeten zu; der Sonne gelbe, goldene Steine: Topas und Chrysolith; dem Mond klare, weiße: Diamant, Opal, auch die Perle; dem Mars rote: Rubin, Jaspis und eine Unterart, Blutstein; dem Merkur den Achat; dem Jupiter blaue Steine: Amethyst, Türkis und Saphir; der Venus grüne: Smaragd; dem Saturn schließlich schwarze: Onyx, Obsidian und Gagat. Zwölf Monatssteine sind seit den Ägyptern in Gebrauch, doch ist die ursprüngliche Zuordnung nicht mehr bekannt.

Auf der Grundlage der alten Sternenlehre entwickelten sich im Laufe der Jahrhunderte zahlreiche neue astrologische Konzeptionen, die meistens in ihren Zeichensystemen die orientalische Herkunft herauskehrten. Einheitlichkeit und Systematik waren weniger gefragt. Daher stoßen wir nicht nur im Mittelalter, sondern auch heute noch auf verschiedene Systeme, alle mit dem gleichen Anspruch auf Wirksamkeit; verhältnismäßig übereinstimmend setzen sie aber im März mit dem Sternzeichen des Widders ein: Widder: Jaspis; Stier: Saphir; Zwillinge: Chalzedon; Krebs: Smaragd; Löwe: Sardonyx; Jungfrau: Sardion; Waage: Chrysolith; Skorpion: Beryll; Schütze: Topas; Steinbock: Chrysopras; Wassermann: Hyazinth; Fische: Amethyst. Die angeführte Zuordnung ist recht geläufig, manchmal treten aber auch noch andere Steine auf, z.B. Achat, Rubin, Opal, Türkis, Karneol oder Bergkristall. Auch bei den astrologischen ›Glückssteinen‹, heute wie ja auch früher gleichzeitig Schmückstücke, liegt die Individualität in der Vielfalt.

Die Furcht vor unglückbringenden Kombinationen zwischen Steinen und Geburtszeichen ist zwar gegenwärtig nicht mehr so weit verbreitet wie einst, doch sind Vorstellungen, nach denen man zu bestimmten Gelegenheiten einzelne Steine nicht verschenken sollte, Allgemeingut. Betroffen sind auch Perlen: In vielen Gegenden Deutschlands vermeidet man es bis heute, sie zu Hochzeiten zu verschenken, da jede Perle eine Träne bedeuten soll.

Sicher ist einer der Gründe für die Beliebtheit von Amuletten und Talismanen in Form von astrologischen Glücksbringern der, daß die verwendeten Steine einen so hohen Schmuckwert besitzen. Wer bei ihnen Unterstützung in der Führung seines täglichen Lebens sucht, sich jedoch nicht gern als Sternengläubiger zu erkennen geben will, kann seine Motive so recht wirkungsvoll verdecken. Edelsteine lassen sich unverfänglich als Schmuck tragen und entziehen ihre tiefere Bedeutung dem neugierigen Auge. Und auch dort, wo sie ihn zu erkennen geben, bezeugen sie immerhin noch die Kultiviertheit und Bildung ihres Trägers: Die Astrologie ist heute einmal mehr gesellschaftsfähig. ›Monatssteine‹ werden daher auch gerne, zum wiederholten Mal in ihrer Geschichte, in Ringe oder Anhänger gefaßt getragen und z.B. bei Geburten verschenkt. Während es sich hierbei in der Regel um einfache Glückssymbole handelt, bei denen astrologische Wirkungen keine oder nur eine sehr untergeordnete Rolle spielen, werden auch in unseren Tagen noch bei Juwelieren spezielle Talismane bestellt, die unter astrologischen Gesichtspunkten genau auf den späteren Träger abgestimmt sind. Bei der Befriedigung solcher Bedürfnisse bedienen sich die Astrologen heute natürlich modernsten Marketings; im Randfeld der großen Katalogfirmen existiert ein eigener Versandhandel in Sachen Schicksal!

Auf dem weiten Gebiet der astrologischen Glücksbringer spielen aber nicht nur die ›Monatssteine‹ selbst eine wichtige Rolle. Große Beliebtheit haben auch figürliche Darstellungen der Sternzeichen in Form von Löwen, Fischen, Widdern etc. sowie die astrologischen Symbole selbst auf Anhängern, Ringen oder Medaillen gefunden. Es gibt sie natürlich in vielfältigen Formen und Materialien und in unterschiedlich wertvollen Ausführungen. Sie werden bei verschiedenen Gelegenheiten verschenkt und sind gerade gegenwärtig besonders en vogue. Trotz des verbreiteten Glaubens an Horoskope ist dies aber sicherlich in erster Linie auf ihre Schmuckfunktion zurückzuführen, die die Bedeutung als Amulett oder Talisman überlagert hat. Damit teilen die astrologischen Amulette und Talismane das Schicksal zahlreicher anderer Objekte dieser Art.

Alraune/Mandragora/Ginseng

Werfen wir zur Abrundung des Berichtes über Glücksbringer noch einen Blick in die Vergangenheit auf ein besonders eigentümliches Beispiel, dessen Ursprung im Orient liegt, das aber dann auch in Europa heimisch wurde. Die Rede ist von einer Wurzel, der Alraune, einem uralten Amulett, einem Talisman von besonderen Eigenschaften. Sie soll ihrem Besitzer Glück bringen, und zwar vor allem in der Liebe und bei Geschäften. Noch zu Anfang dieses Jahrhunderts wurden im Berliner Kaufhaus Wertheim dem Publikum Glücksalraunen angeboten, die zu Reichtum, Gesundheit und Liebesglück verhelfen, vor Inkubus und Sukkubus, also teuflichen Liebespartnern, schützen sollten und auch Erfolg in Prozessen und bei der Schatzsuche versprachen: fürwahr Amulette mit vielseitigen Anwendungsmöglichkeiten, für die es einen entsprechenden Markt gegeben haben muß und die zumindest das Kaufhaus nicht enttäuschten.

Der Glaube an die glückbringende Wirkung der Alraune stammt aus Asien, wo er auch heute noch verbreitet ist. Was aber sind die Eigenschaften dieser Wurzel, warum erlangte sie solche Bedeutung? Die Gründe hierfür sind von zweierlei Art. Einmal haben sie mit den pharmakologischen Eigenschaften dieser Pflanze zu tun. Die u. a. im

64 Siegwurz oder ›Allermannsharnisch‹, in Europa als Alraunenersatz verwendet

Mittelmeerraum heimische Alraune *(Mandragora officionarum)* ist nämlich ein giftiges Nachtschattengewächs; die in ihr enthaltenen narkotischen Substanzen sind der Medizin (und auch dem Volksmund: »Er hat Alraun gegessen!«) von alters her bekannt und sollen schon von den Babyloniern genutzt worden sein.

Viel wichtiger aber (und auch augenfälliger) ist der zweite Grund. Die Alraune hat nämlich annähernd Menschengestalt, da ihre Wurzel in Form von zwei Beinen gestaltet ist. Diese Eigenschaft ist die Quelle zahlloser Märchen und Erzählungen, die das Thema in großer Vielfalt ausspinnen und in denen die Alraune zu menschenähnlichem Verhalten erwacht. Die Gestalt der Wurzel führte natürlich dazu, daß aus der Alraune Püppchen gefertigt wurden, die man als Amulette oder Talismane benutzte. Entsprechungen zu gewissen anatomischen Merkmalen führten zu einer Unterscheidung von Alraunen nach Geschlechtern. Eine solche Unterscheidung war auch bei den ähnlich verwendeten Ginsengwurzeln möglich, für die teils kostbare und mit Edelsteinen besetzte, anthropomorphe Behälter hergestellt wurden.

Aus dem Orient importierte Alraunen, für die früher Phantasiepreise gezahlt wurden, waren im Gegensatz zu heimischen Produkten immer unbekleidet. Die Bekleidung der in Deutschland hergestellten Alraune war wohl im wesentlichen deshalb notwendig, weil die Mandragorawurzel bei uns nicht wächst und die Alraunenverkäufer auf andere Wurzeln, etwa des gelben Enzian, zurückgreifen und ihnen formal etwas nachhelfen mußten. Dem Volksglauben nach entsteht die Alraune aus dem Samen oder dem Urin von Gehängten, und wie im Fall zahlreicher anderer Arten von Amuletten und Talismanen erhöht diese Assoziation ihre Wirkung noch.

Die alten Griechen, denen die pharmakologischen Wirkungen der Alraune ebenso bekannt waren wie vor ihnen schon den Ägyptern, machten von ihr vor allem als Narkotikum bei Operationen Gebrauch, schätzten sie andererseits aber auch als Aphrodisiakum. Beide Traditionen setzte das Mittelalter fort, und der hl. Hildegard von Bingen verdanken wir eine genaue Beschreibung der verschiedenen magischen Wirkungen der Wurzel. Sie erklärte sie vor allem damit, daß gerade ihrer Menschengestalt wegen der Teufel eher in ihr wohne als in anderen Pflanzen! Besitz einer Alraune soll auch ein Anklagepunkt im Prozeß der Jungfrau von Orleans gewesen sein.

Die Menschengestalt der Alraune war aber nicht nur Anlaß zu manchen Erzählungen, sondern auch zu besonderen Anweisungen für den Umgang mit ihr. So haben wir aus verschiedenen Kulturen, in denen sie eine Rolle spielt, Berichte, daß die Wurzel in dem Moment, in dem sie aus der Erde gerissen werde, wie ein Mensch vor Schmerz schreie. Dieser Schrei soll für den Sammler die schlimmsten Folgen haben, Wahnsinn, ja sogar den Tod, so daß spezielle Sicherungsmaßnahmen getroffen werden mußten. Oft diente ein Hund als ›Sündenbock‹, dem die freigelegte Alraunenwurzel an den Schwanz gebunden wurde; er riß sie aus und mußte dann auch den schrecklichen Schrei der Alraune ertragen, der nur für den Frevler selbst hörbar sein soll.

Als Amulett hatte die Alraune noch eine Reihe von anderen Wirkungen. Sie sollte etwa unverwundbar machen (eine der erwähnten Ersatzformen der Alraune ist die Wurzel des treffend benannten ›Allermannsharnisch‹; Abb. 64), aber z.B. auch der Weissagung dienlich sein. Man glaubte nämlich, an ihr die zukünftigen Ereignisse absehen zu können, da jede Veränderung an ihrem Besitzer sich vorher an dem aus der Wurzel geschnitzten Püppchen ankündigen würde. Schließlich stand die Alraune auch im Ruf, fruchtbar zu machen. Diese Fama wurde wohl besonders durch das alte Testament gefördert, das berichtet, wie die unfruchtbare Rachel nach dem Genuß der Früchte der Alraune (in der Bibel *Dudaim* genannt) von Jakob ein Kind empfing. Bei uns in Europa glaubte man Fruchtbarkeit vor allem dadurch zu gewinnen, daß man sich einen solchen Talisman unter die Bettdecke legte. Welchen hervorragenden Platz gerade diese Wirkung der Alraune in der mittelalterlichen Vorstellungswelt einnimmt, ersieht man aus einem englischen Bestiarium, das für den damaligen (wie den heutigen) Leser erstaunliche Enthüllungen über das Liebesleben der Elefanten enthält: Nur nach dem Genuß der Alraune soll es die grauen Kolosse nach Zärtlichkeit verlangen.

Wenn man abschließend die Entwicklung der Glücksbringer überblickt, zeigt sich eine allgemeine Tendenz fort von den esoterischen Geheimlehren und den damit verbundenen komplizierten Verhaltensanweisungen, die bis über das europäische Mittelalter hinaus Gültigkeit hatten. Statt dessen haben die heute verwendeten Amulette und Talismane einen stark öffentlichen Charakter. Der schon fast inflationäre Gebrauch einiger weniger Glücksbringer hat sie großenteils zu einfachen Symbolen verfallen lassen, bei denen Vorstellungen über den Objekten selbst innewohnende Eigenschaften und Wirkungen nur noch in begrenztem Umfang eine Rolle spielen. Diese Säkularisierung löst sie zwar aus ihren spezifischen Traditionskomplexen, erschließt ihnen dabei aber neue Anwendungsfelder und sorgt für ihre Zukunft.

IV Eigenschaften und Fähigkeiten

Vorüberlegung

Den Amuletten und Talismanen aller Zeiten ist eines gemeinsam: Sie besitzen nach Ansicht der Benutzer eine Wirkung, die mit ihnen verbunden ist (und wird) und die nutzbar gemacht werden kann. Diese funktionale Minimalbeschreibung führt uns natürlich nicht sehr weit, bewahrt uns aber vor einigen Irrtümern. Denn Vorstellungen von einer ihnen innewohnenden ›Kraft‹, auch von einer ›magischen Kraft‹, die in personifizierter Form, etwa als ›Geist‹ (allerdings nicht nur) abendländische Interpreten schnell bei der Hand haben, sind komplexe kulturelle Abstraktionsleistungen ontologischen Zuschnitts und ohne genaue Prüfung nicht auf andere Gesellschaften übertragbar. Oft genug wird über Art, Rechtfertigung oder dynamische Prinzipien der Amulette nicht weiter reflektiert. Aber auch in diesen Fällen teilen sie mit differenzierteren animistischen oder theologischen Konzeptionen ein wesentliches Merkmal: Als materielle Objekte fixieren sie das Wirkungsprinzip in Zeit und Raum und machen es damit zugänglich. Dies entspricht essentiellen menschlichen Kommunikationsgewohnheiten. Amulette und Talismane ermöglichen damit den relativ unproblematischen Umgang mit solchen Wirkungsprinzipien in konkreten Situationen und entsprechen damit Bedürfnissen, die wahrscheinlich allgemein-menschlich, universell sind; die Modalitäten solchen Umgangs lassen sich in den verschiedenen Kulturen und Philosophien verfolgen.

Die Wirkungen, die in Amuletten und Talismanen erschlossen werden können oder die Einflüsse, die von ihnen ausgehen, äußern sich, wie die bisherigen Beispiele zeigen, in einer Vielzahl von Bereichen, denen nur gemeinsam ist, daß sie besondere Interessenlagen ihrer Benutzer repräsentieren, die bis hin zu solchen wirtschaftlicher Natur reichen (Farbabb. 1; Abb. 65). In diesem Kapitel interessiert uns vor allem der Komplex der körperlichen und geistigen Fähigkeiten des Menschen, die durch Amulette und Talismane Grundlegung oder Unterstützung finden. Wir wollen uns also z.B. mit den Vorstellungen über ihre Bedeutung für Wohlbefinden und Gesundheit befassen, wie sie Krankheiten abwehren oder heilen, Fruchtbarkeit mehren, die Sinne schärfen und ähnliches mehr (Farbabb. 3, 4, 13, 18; Abb. 55, 56, 66–69). Auch einige weitere Eigenschaften, die sie verleihen sollen, werden kurz besprochen. Überschneidungen mit den anderen Kapiteln sollen dabei nach Möglichkeit vermieden werden, sind aber wegen der engen Beziehung der Themen nicht ganz auszuschließen.

Krieg und Frieden

Eine Untersuchung der direkt auf die menschlichen Fähigkeiten bezogenen Einflüsse von Amuletten und Talismanen beginnt am besten bei den Forderungen des täglichen Lebens. Diesen stellt sich der Mensch nicht unvorbereitet, Erziehung und Erfahrung geben ihm Verhaltensmuster und Techniken der Problemlösung an die Hand, die ihm auch in ständig wechselnden Situationen nützlich sind. Zu diesen Vorgaben gehören auch Amulette und Talismane.

In der Literatur über das friedfertige Volk der Inuit wird uns berichtet, daß an der Hudson Bay Eltern ihren Töchtern Stücke eines Rentierfells an die Handgelenke binden, damit sie geschickte Schneiderinnen und Näherinnen von Pelzen und Fellen werden. Leider aber haben solche häuslichen Verwendungsarten von Amuletten und Talismanen nicht in gleichem Maße das Interesse der (meist männlichen) Berichterstatter gefunden wie jene Amulette, die für die Jagd oder gar im Krieg eingesetzt werden. Dies sind allerdings auch Bereiche, in denen die Stärkung der notwendigen Fähigkeiten als besonders akutes Bedürfnis empfunden wird, und so haben sich gerade solche Amulette und Talismane bis in unsere Tage behauptet.

In allen bekannten Gesellschaften ist die Jagd, in geringem Maße der Fischfang, eine Domäne der Männer. Dabei wird in den meisten Reiseberichten dieser Beitrag zum Lebensunterhalt stark überschätzt, denn

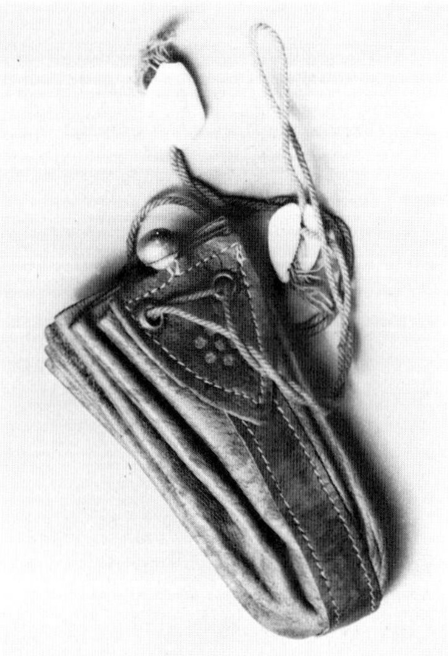

65 Lederbeutel mit einer Doppelnuß und zwei alten russischen Münzen. Dieses Amulett bewirkte, daß seinem Besitzer nie das Geld ausging. 7 cm. Kazan, Rußland

66 Schwarzes Jadeamulett mit einer Inschrift und der Abbildung eines Mannes auf der einen, der einer Frau auf der anderen Seite. Dieses Amulett verhalf den sassanidischen Königinnen zur sicheren Geburt ihrer Kinder. 4 cm. Persien

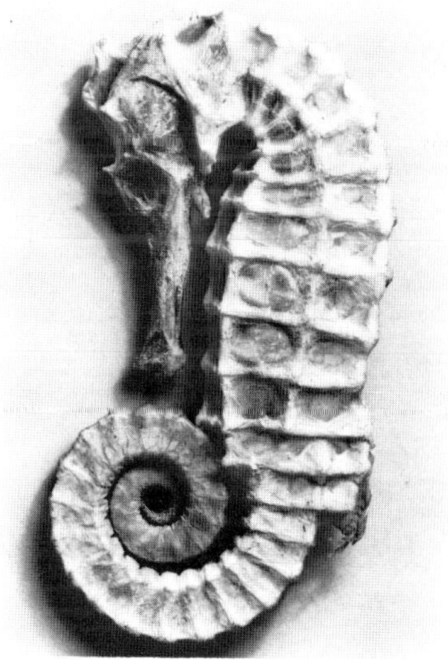

67 Getrocknetes Seepferdchen, das stillende Fischersfrauen auf der Brust trugen, um den Milchfluß zu erleichtern. 4,3 cm. Chioggia, Italien

in vergangenen wie gegenwärtigen Jäger- und Sammlergesellschaften schafft die kaum beachtete Sammeltätigkeit der Frauen und Kinder die wesentliche wirtschaftliche Grundlage, auf der die Männer ihrer Zeit und Ressourcen raubenden und vielen Zufällen ausgesetzten Tätigkeit nachgehen können. Bei der (gesellschaftsimmanenten) Überbewertung der Leistungen, die die Männer für das Gemeinleben erbringen, ist die Entwicklung von auf ihre Alltagswelt konzentrierten besonderen magisch-religiösen Vorstellungen und dazugehörenden exklusiven rituellen Verhaltensmustern gänzlich unvermeidlich. Hiervon sind auch Amulette und Talismane betroffen, die zugleich dem männlichen Schmuckbedürfnis nachkommen, also mehr als nur eine magische Rüstung für die Jagd darstellen.

Da sich die Jagd in der Regel auf bestimmte Tierarten konzentriert, ist es zu verstehen, daß viele der verwendeten Amulette und Talismane zu der erwünschten Strecke in direkter Beziehung stehen: Es werden oft Fell, Haut, Krallen, Zähne, Knochen oder Hörner eines schon erlegten Tieres verwendet, wenn man Tiere der gleichen Art erfolgreich jagen möchte.

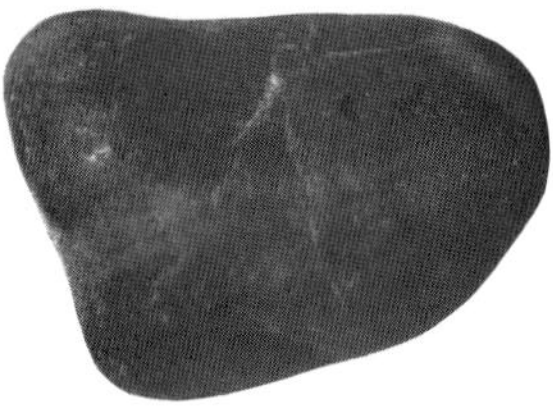

68 Amulettstein einer jungen verheirateten Frau zur Auslösung der Menstruation. 4 cm. Tanta, Ägypten

Die Inuit der Hudson Bay nähen sich als Jagdamulett die Schwanzspitze eines Karibus, also eines Rentiers, in die Kleidung, wenn sie dieses Tier erbeuten wollen. Eine Wolfslippe, als Amulett mitgetragen, verleiht dem Jäger, so glaubt man, darüber hinaus die nützliche Fähigkeit, wie ein Wolf zu heulen. Die aufgeschreckten Karibus laufen ins Wasser, wo sie leicht vom Boot aus gejagt werden können. Auf der Robbenjagd dagegen helfen Robbenzähne, die am Hemd angebracht werden, und eine Robbennase an der Vorderseite der Jacke lockt angeblich die Robbe an. Den Inuit Alaskas sollen grob angefertigte Steinfiguren von Walen beim Walfang gute Dienste leisten (Farbabb. 21). Sie werden entweder an einem Halsband getragen oder auch vorn an der Jacke befestigt. Bei der Hirschjagd wiederum kommt das Rentiergeweih als Amulett zum Einsatz. Bärenzähne, am Hemd getragen, machen die Jungen angeblich furchtlos vor Bären – eine fragwürdige Tugend, da den Bären wohl jede Einsicht in die Wirkung dieses Amulettes abgesprochen werden muß! Weniger risikoreich ist hier ein anderes Verfahren. Die über die Jahre angesammelten Qualitäten eines Mannes, die ihn zu einem großen Jäger machen, versucht der hoffnungsvolle Eleve nämlich dadurch zu erlangen, daß er als Amulett auf der Jagd eine Locke von dessen Haar mitführt. In diesem Zusammenhang vergleichbar sind die bei uns bekannten Vorstellungen über die Identifikation von Haar und Lebenskraft; schon in der Bibel findet sich eine Reihe von Beispielen dafür (Samson, Esau).

Amulette und Talismane tierischen Ursprungs sollen ihren Benutzern noch eine Vielzahl von anderen Eigenschaften verleihen. So glauben Malaien traditionell, daß eine seltene Art von Bergziege das klettertüchtigste Tier sei und vor allem die Fähigkeit besitze, sich nach einem Absturz durch Lecken sofort wieder zu heilen. Sie tragen daher die getrocknete Zunge dieses Tieres als Amulett gegen Sturzgefahr bei sich und bestreichen nach einem Sturz damit ihre Verletzungen.

Was die Rolle von Amuletten und Talismanen in der Kriegsführung betrifft – ein wohl unvermeidliches Thema –, so kann uns ein Beispiel aus dem Leben der amerikanischen Prärieindianer als Einstieg dienen. Deren Kriegsschilde waren oft mit magischen Objekten behangen oder auch mit spezieller Bemalung versehen. Die Sioux in Dakota wählten vor allem solche Muster, die übernatürliche Kräfte symbolisierten. Sie wurden ihnen oft durch einen besonderen Traum geoffenbart, folgten aber auch allgemein verbreiteten Vorstellungen. So bildete man Spinnen, Eidechsen und Schildkröten ab, weil diese Tiere nicht leicht zu töten sein sollten – eine im Krieg natürlich besonders geschätzte Eigenschaft. Bei den benachbarten Assiniboin fertigten die Schamanen

69 Sog. ›Krampfnüsse‹, die als Amulett gegen Krämpfe bei der Arbeit in der Tasche getragen wurden. England

70 Amulettbeutel eines Schwarzfuß-Indianers aus dem Fuß eines Wasservogels, mit magischen Medizinen gefüllt. 6 cm

besondere Amulette für den Krieg, und zwar aus den Ingredienzen, die die einzelnen Krieger ihnen brachten. Solche Amulette besaßen also in hohem Maße individuelles Gepräge (Abb. 70–72). Das Kriegsamulett eines Arapaho z. B. bestand aus einem Armband von Dachs- und

71 Paul Showeway, Häuptling der Cayuse (Oregon), im traditionellen Schmuck

72 Pe-toh-pee-kiss, ›Adlerrippe‹, Schwarzfuß-Indianer mit Lanze, an der zwei Medizinbeutel hängen

Taschenrattenfellen mit einer Eulenklaue, einigen Glöckchen, Federn, Samen und weiteren Fellstreifen. Das Dachsfell sollte dabei die Fähigkeit besitzen, die Geschwindigkeit des Pferdes zu steigern, die Klaue helfen, die Feinde zu ergreifen, die Bewegung der Federn (hilfsweise?) den Feind vertreiben, die Glöckchen schließlich stellten den Kampfeslärm dar; die Wirkungen der anderen Elemente sind nicht bekannt.

Natürlich kennen wir Kampf- und Kriegstalismane auch aus der europäischen Geschichte. Einige Beispiele wurden bereits aufgeführt, etwa die sogenannten ›Schwertbriefe‹ (vgl. S. 68). Ähnlich zu verstehen ist das sogenannte ›Grafenamulett‹, nach Philipp von Flandern auch ›Graf-Philipp-Segen‹ genannt. Hierbei handelt es sich um ein im 16. und 17. Jahrhundert verbreitetes Schriftamulett, das seinem Träger Unverwundbarkeit verleihen und bei Verletzungen (wiederum hilfsweise?) Stillung der Blutung bewirken sollte. Aber auch noch im Ersten Weltkrieg wurden aus Hufnägeln industriell gefertigte ›Kriegsglücksringe‹ über das Kriegshilfebüro des k. u. k. Ministeriums des Innern zum Stückpreis von zwei Kronen vertrieben, die ihren Besitzern angeblich Schutz vor den Gefahren im Krieg gewährten!

Von diesem Anwendungsfeld ist es kein weiter imaginativer Schritt zu Amuletten und Talismanen, die ihren Besitzern übernatürliche Eigenschaften verleihen sollen. Verbreitet ist etwa das Motiv eines Amulettes, das unbesiegbar macht. Aus der Geschichte (oder aus Geschichten) sind Waffen bekannt, denen man solche Fähigkeiten nachsagte, und man kann annehmen, daß auch ein großer Teil der Waffendekorationen und Zierate ursprünglich Amulettcharakter hatte. Wenn schon nicht Unbesiegbarkeit, dann war Unsichtbarkeit eine erstrebenswerte Eigenschaft des Kriegers, die man sich durch magische Hilfsmittel wie Tarnkappen und andere Amulette und Talismane verschaffen konnte. In Deutschland war z.B. die Vorstellung weit verbreitet, daß der Besitz eines Donnerkeils unsichtbar mache. Abseits des ›Feldes der Ehre‹ war in Diebeskreisen noch bis um die Jahrhundertwende eine getrocknete Leichenhand sehr geschätzt, die ›Glorienhand‹, die, als Kerze benutzt, die Eigenschaft haben sollte, die Bewohner eines Hauses in tiefen Schlaf zu versetzen, solange sie brannte. Solche magischen Objekte sind oft von der herbeieilenden Polizei bei leichtgläubig-unvorsichtigen Einbrechern sichergestellt worden und sind Thema einer eigenen Folklore.

Schon verschiedentlich haben wir auf die Bedeutung von Amuletten und Talismanen in der Kinderzeit hingewiesen (vgl. S. 109f.). Gerade hier sind durch die körperliche, geistige und soziale Entwicklung zahlreiche Risiken oder auch nur Beschwerlichkeiten gegeben, denen man mit Hilfe von Amuletten und Talismanen begegnen will. Manche an sich harmlose Kinderkrankheit ist fast unvermeidbar, kaum zu behandeln und zieht sich unangenehm in die Länge (Abb. 73, 74); und gerade bei den Unpäßlichkeiten, die teilweise mit bestimmten Lebensaltern einhergehen, zeigt sich, daß Amulette und Talismane (für die Eltern zumindest) oft die einzige Möglichkeit darstellen, ihrer Unruhe, ihrem Mitgefühl Ausdruck zu verleihen. Ihre Wirkung, so würden wir sagen, liegt dabei vor allem darin, daß sie die Eltern beruhigen und ihnen den Eindruck geben, »alles getan zu haben«. Diese Ruhe überträgt sich dann auch heilsam auf die Kinder. So stellten die Yuchi, ein im Südosten der Vereinigten Staaten lebender Indianerstamm, ein besonderes Amulett her, das ruhelosen Kindern Schlaf bringen sollte. Dieser Zustand wird von den Eltern wenigstens so sehr geschätzt wie von den Kindern, kann aber offenbar nicht rational erzwungen werden. Die Yuchi nähten eine Insektenpuppe fest in ein Stück Leder ein. Dieses Beutelchen verzierte man dann auf der einen Seite mit blauen und weißen Perlen in Form einer Schildkröte, deren Extremitäten durch kleine überstehende Perlschnurstücke gebildet wurden. Die Doppelwirkung dieses Amuletts beruht auf der symbolischen Kombination von zwei Tierarten, die einen großen Teil ihrer Existenz in Ruhestellung verbringen.

Ein anderes Problem der Kinderzeit – für Kinder wie Eltern – ist das Zahnen. Auch hier finden Amulette und Talismane weit verbreitete Anwendung (Abb. 75, 76). In Deutschland war noch im letzten Jahrhundert allgemein die Vorstellung gängig, daß der schmerzhafte Vorgang des Zahnens durch das Tragen von Halsketten mit roten Korallen oder Pfingstrosensamen gefördert werden konnte. Diese Samen wurden sogar mancherorts als ›Zahnperlen‹ bezeichnet. Denselben Namen gaben die Buren in Südafrika einer Halskette aus grauen Samenkörnern, die sie ihren Kindern als Zahnamulett umhängten, aber auch verschiedene eingeborene südafrikanische Stämme kannten diesen

73 Bambussegment mit 100 Löchern, das über der Tür aufgehängt wurde, um ein Kind vor dem ›Hunderttagehusten‹, also dem Keuchhusten, zu bewahren. Japan, 1916

Brauch. In einer ganzen Reihe von regionalen Vorstellungen innerhalb des deutschen Sprachraums spielten vor allem Zähne selbst bei der magischen Erleichterung des Zahnens eine besondere Rolle. In Franken hängte man dem Kind bei zunehmendem Mond den Zahn eines einjährigen Fohlens um den Hals, oder man legte einen Hosenknopf und die getrocknete Nabelschnur unter sein Kopfkissen. In Thüringen fing der Vater einen Maulwurf, drückte ihn mit der Hand tot, schlug ihm entweder mit dem Beil eine Pfote ab oder biß sie ab, und nähte sie in ein Beutelchen, das dem Kind umgehängt wurde. In Schwaben gab es ein ähnliches Amulett, bestehend aus dem abgebissenen Kopf einer Maus. In der deutschen Schweiz rieb man dem Kind mit Blut aus dem Kamm des Haushahns das Zahnfleisch ein. Dabei verwendete man das Vorderbein einer Kröte oder Schermaus, das dem Kind danach als Amulett an einem Band um den Hals gehängt wurde. In Mecklenburg schließlich legte man dem Kind einen blutigen Zwirnsfaden um, den man einer lebendigen Maus, die danach wieder laufen gelassen wurde, durch beide Augen gezogen hatte. Die besondere Verbindung des Zahnens mit diesem Nager findet sich in vielen deutschen Kinderreimen, und auch von anderen Völkern besitzen wir ähnliche Berichte.

Außer besonderen körperlichen Fähigkeiten sollten und sollen den Kindern auch geistige Fähigkeiten durch Amulette und Talismane übertragen werden (die ihre Hersteller wenigstens nicht mit dem Tierschutzgesetz in Konflikt bringen). Hier seien einige Beispiele von Maßnahmen zur magischen Intelligenzförderung genannt. Wenn im Vogtland zu einer Kindestaufe ein Patenbrief ins Haus kam, klemmte man ihn zwischen einen Deckenbalken und die Zimmerdecke. Dies sollte die Lernfähigkeit des Kindes steigern. Ähnlich ein Brauch, der aus der deutschen Schweiz berichtet wird. Dort steckte man dem Kind bei der Taufe ein beschriebenes Stück Papier unter die Haube, damit es gelehrig würde. In der Altmark griff man zu dem gleichen Mittel mit dem Ziel, dem Täufling das Lesenlernen zu erleichtern. Man wird hier an den vielen Schülern erteilten Rat erinnert, sich die Bücher doch einmal über Nacht unter das Kopfkissen zu legen, an den traditionellen Platz für viele Arten von Amuletten!

Schließlich steht natürlich eine Vielzahl von Amuletten und Talismanen in direktem Zusammenhang mit dem Wunsch nach Gesundheit und langem Leben. So nähten sich die Inuit ein Stück von einem alten Herdstein in die Kleidung; denn wenn das Feuer auch noch so mächtig ist, so hat ihm der Stein doch widerstanden.

In diesem Zusammenhang wird oft auch die Nabelschnur als Amulett und Talisman benutzt, wie es von den Inuit ebenfalls berichtet

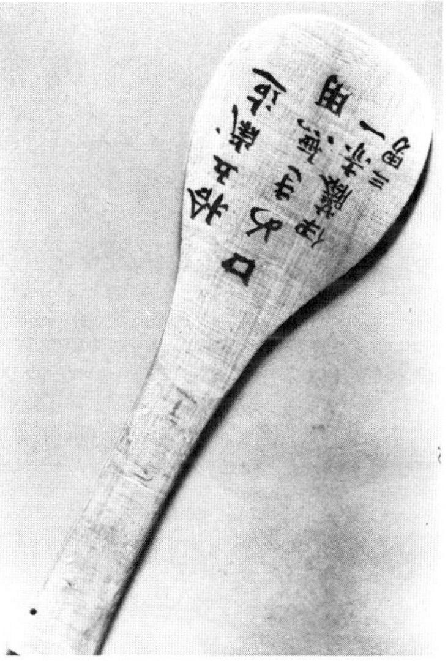

74 Hölzerner Reisspatel, dessen Inschrift ihn mit einem bestimmten Kind verbindet. Dieses Amulett wurde nach einer kurzen Zeremonie über der Tür angebracht, um das Kind vom Keuchhusten zu heilen. Yokohama, Japan, 1916

75 Halsband mit weißen Muscheln, das Kindern als Amulett für leichteres Zahnen umgehängt wurde. Kazan, Rußland

76 Halsband mit Perlen aus Efeuholz, das als Amulett zur Förderung des Zahnens getragen wurde. Europa

wird; ihre vitale Bedeutung, die sich im Geburtsvorgang manifestiert, bleibt in ihr erhalten und soll dem Benutzer wirksame Hilfe sein.

Zur Stärkung der Gesundheit waren in Arabien Halsbänder verbreitet, die entweder aus prähistorischen Speerspitzen bestanden oder auch aus Imitationen aus Glas, Achat oder Karneol. Solche Amulette waren angeblich besonders gut »für das Blut« und wurden in beträchtlichen Mengen von Mekka nach Südosteuropa exportiert, wo sie bei der Bevölkerung in hohem Ansehen standen. Auf weitere Beispiele kommen wir noch in den folgenden Abschnitten zu sprechen.

Von Metallen und edlen Steinen

Die übertragbaren besonderen Eigenschaften von Edel- und Schmucksteinen sowie Metallen sind schon einige Male erwähnt worden. Im folgenden sollen weitere Beispiele für solche Amulette und Talismane vorgestellt werden, wobei der Hinweis wiederholt werden muß, daß sich auch hier wieder Bedeutungskomplexe gebildet haben, die eine Erörterung an anderer Stelle ebenso ermöglicht hätten. Eine geschlossene Behandlung der verschiedenen Funktionen erscheint jedoch sinnvoll und praktisch.

An erster Stelle unter den Metallen, die als Amulette und Talismane verwendet werden, steht sicherlich das Gold, das nicht nur seines Wertes, sondern auch seiner Reinheit und Farbe wegen seit jeher geschätzt wird. Es fand in Altertum und Mittelalter vielseitige Verwendung als vermeintlich hochwirksames Arznei- und Stärkungsmittel. So ließen sich reiche lombardische Fürsten bestimmte Gerichte mit dem als herzstärkend angesehenen Blattgold überziehen; die erschwinglichere, durch Eigelb vergoldete Imitation, die *costoletta alla milanese,* ist die Ahnherrin des eher bürgerlichen Wiener Schnitzels. Gold bot als Amulett oder Talisman auch im besonderen Maße Schutz gegen Zauberei. In dieser Funktion wurde es u.a. von Verwundeten und Kindern benutzt. Aus Bayern und aus Böhmen besitzen wir Berichte, daß dort ein goldener Ring als Amulett gegen den ›Bösen Blick‹ am Hals getragen wurde. Gold, besonders in Form eines Trauringes in die Kinderwiege gelegt, schütze das Kind angeblich auch vor den Gefahren

78 Glücksbringer, bestehend aus einem durchlöcherten Stein und einem alten Eisenschlüssel. Croydon, England ▷

79 Kleiner Eisenschlüssel mit hohlem Anhänger in Form einer Eichel aus Knochen. Dieses Amulett hing an einer Zimmerwand und schützte vor Blitzschlag. Eichel 4 cm. London, 1913 ▷

77 Eiserner Türgriff mit phallischem Emblem gegen den ›Bösen Blick‹. Geschlossen 14,5 cm. Ronda, Spanien

des ›Beschreiens‹ (vgl. S. 154f.) sowie davor, gegen einen Wechselbalg vertauscht zu werden.

Gold spielte traditionell also eine wichtige Rolle in der Abwehr von Krankheiten. Wer an Rotlauf oder Gelbsucht litt, beide durch Verfärbungen der Haut auffällig, sollte – wie u.a. aus der Steiermark berichtet wird – entweder einen goldenen Ring oder eine Goldmünze am Hals tragen bzw. sich in einem goldenen Becher spiegeln. Allgemein gegen Krankheiten, besonders aber gegen Ohrenkrankheiten und Rheumatismus, trugen früher viele schlesische Bauern einen goldenen Ring oder Knopf im Ohrläppchen, in der Volksmedizin des Rheinlandes wurde ein solcher Ring gegen Augenkrankheiten sowie zur Erhaltung der Sehkraft eingesetzt. Das Tragen von Ohrringen bei beiden Geschlechtern ist also nicht allein auf ein allgemeines Schmuckbedürfnis zurückzuführen, wenn dieses auch sicherlich nicht zu unterschätzen ist und heute unumstritten im Vordergrund steht. Als ein letztes Beispiel soll aus der Landwirtschaft auch noch der Glaube erwähnt werden, daß der Weizen schön gelb wird und das Feld gegen Hexerei

78

79

geschützt ist, wenn der Sämann bei seiner Arbeit einen goldenen Ring trägt. Über die Bedeutung von Eisen in Amuletten und Talismanen ist ebenfalls schon berichtet worden, so daß hier nur einige weitere Beispiele angeführt werden sollen. Eisen und Stahl haben angeblich auch zauberbrechende Kraft, die sich noch verstärkt, wenn diesem Metall eine besondere Form gegeben wird. In dieser Kombination liegt die spezielle Wirkung eines Hufeisens, einer Axt oder einer Schere, eines Nagels, Ringes oder Schlüssels (Abb. 77–80). So fertigte man im Alpengebiet aus gefundenen Nägeln Eisenringe, die ihre Besitzer nicht nur vor Anfechtung durch Spuk und Geister schützen sollten, sondern auch vor Epilepsie, Gicht, Fieber und anderen Krankheiten. Und einmal mehr meinte man, daß Amulette und Talismane dann eine zusätzliche Wirkung erhielten, wenn sie mit dem Tod in Verbindung stünden, besonders mit plötzlichem, gewaltsamem Tod. Reste der vorzeitig erloschenen Lebenskraft sollten auf die Amulette übergehen. Aus Nägeln, die auf dem Friedhof gefunden wurden (und eigentlich nur von Särgen stammen konnten), fertigte man in manchen Gegenden

80 ›Männlicher‹ Eisenschlüssel, den andalusische Frauen um den Hals, aber auf dem Rücken zwischen den Schultern hängend, tragen, wenn sie abstillen wollen. Hier spielen u. a. die Gedanken des Abschließens und der Umkehrung eine Rolle. 13,5 cm. Madrid, 1920

kleine Kreuze an, die von den Hebammen vertrieben wurden und vor allem die Kinder vor Verhexung schützen sollten. Sargnägel waren ein ›probates‹ Mittel gegen Gicht und vor allem Zahnschmerzen. Die Scheren schließlich, die man in Schwaben verstorbenen Frauen mit in den Sarg gab und die schon aus diesem Zusammenhang, aber auch ihrer Kreuzesform wegen Amulettwirkung hatten, waren, wenn sie später beim Ausheben neuer Gräber gefunden wurden, sehr gefragt als Grundmaterial für Amulettringe gegen Krämpfe und Gicht.

Nicht fehlen darf der Hinweis auf die immer wieder beschriebene Wirkung von Silber auf Zauber und Hexerei, verschiedene Krankheiten und Unpäßlichkeiten (Abb. 81–86) (besonders ›Erbsilber‹), ferner auf Kupfer (Abb. 87, 88), dem in verschiedenen Kulturen, einschließlich unserer gegenwärtigen, günstiger Einfluß auf rheumatische Erkrankungen zugeschrieben wird. Der Vertrieb von Kupferarmbändern muß heute eine recht lukrative Angelegenheit sein, wenn man nach den vielen Anzeigen in Zeitschriften und nach den Geschäftsauslagen urteilen will. Die Entdeckung ihrer ›Heilkraft‹ ist aber nicht neu, denn schon in der Volksmedizin hat man von Rheumatismus geplagten Menschen eine Kupfermünze in die Schuhe gelegt, die ja überhaupt eine beliebte Wirkstätte für Amulette sind.

Edelsteinen sind schon immer besondere Qualitäten nachgesagt worden, die meistens mit ihrer Härte und ihrer Farbe sowie ihrer Seltenheit in Verbindung gebracht wurden; klein und unauffällig zu tragen, sind sie ebenso praktische wie wirkungsvolle Amulette und Talismane, magisch und schmückend zugleich. Sie sollten nicht nur

81–84 *Cimarute* aus Silber mit verschiedenen Symbolen als Amulette gegen den ›Bösen Blick‹. Neapel

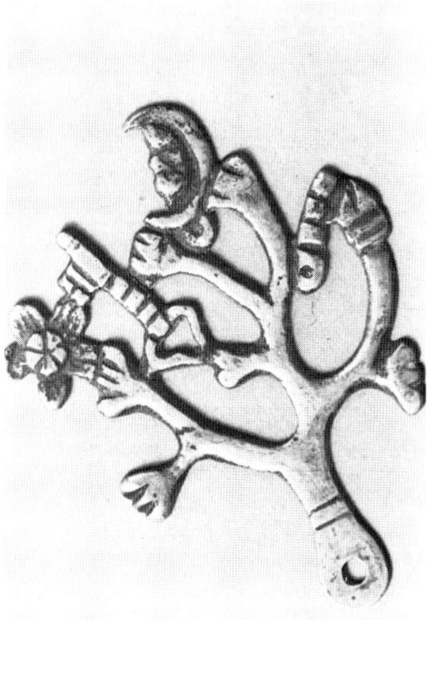

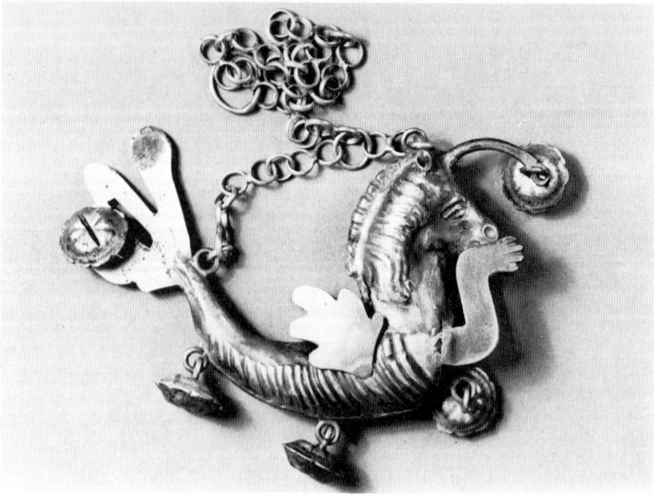

85 *Cavallo marino,* silbernes Seepferdchen, das mit Glocken behangen den Kindern als Amulett gegen den ›Bösen Blick‹ umgelegt wurde. 10 cm. Neapel, Jahrhundertwende

vor Krankheiten schützen, sondern auch Heilkraft besitzen. Grüngelbe Steine wie der Chalzedon oder der Beryll wurden beispielsweise als wirksam gegen Gallen- und Leberkrankheiten angesehen, rote wie Karneol und Jaspis als blutstillend. Ein Stein von einmaliger Härte wie der Diamant hatte angeblich die besondere Eigenschaft, seinen Besitzer unbesiegbar zu machen. Man versprach sich von solchen Amuletten und Talismanen aber auch charakterbildende Einflüsse. Chrysolithe trug man gegen Zornesausbrüche, den Saphir, weil er zu Keuschheit verhelfen sollte, und den verschiedenen Monatssteinen werden ähnliche Einflüsse auf den Charakter wie das Schicksal ihrer Träger noch heute nachgesagt. Schließlich sollte sich die intime Verbindung von Stein und Besitzer nach alter Vorstellung auch darin zeigen, daß das Amulett ihn durch äußere Veränderungen, etwa in Farbe oder Glanz, vor drohenden Gefahren warnte; solche Amulette werden als ›Indikationsamulette‹ bezeichnet.

Der Rubin wurde schon von alters her seiner Farbe und seines Glanzes wegen sehr geschätzt. Im Mittelalter hielt man ihn für ein wirk-

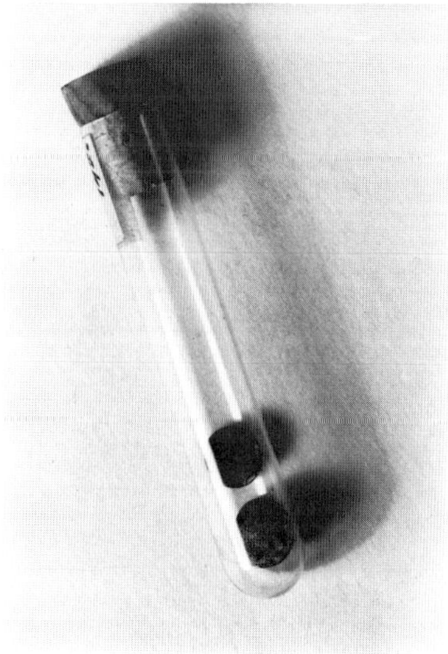

86 Zwei kleine Silberscheiben, die als Amulette unter der Haut getragen wurden. Man fand sie bei einer Obduktion. 0,6 cm. Burma

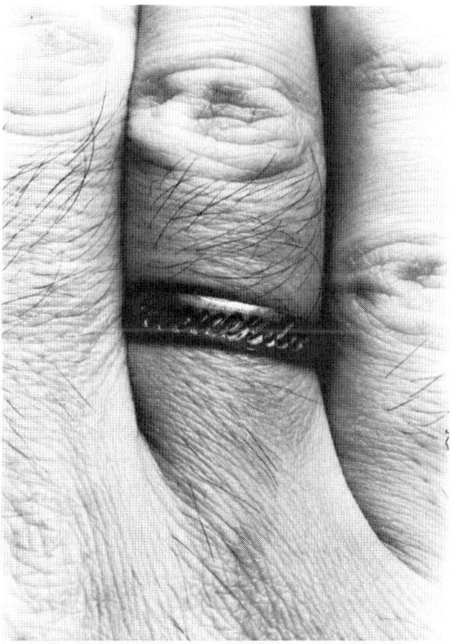

87 Ring, der aus ›allen Metallen‹ bestehen soll. Solche Ringe wurden aus Kupfermünzen gefertigt, die Joseph Bonaparte ausgegeben hatte. Als Amulett ist er gegen Epilepsie gedacht

88 Geprägtes Kupferschälchen, das als Amulett gegen Infektion mit der Cholera getragen wurde. 6 cm. Neapel

sames generelles Schutzamulett. Er sollte die Eigenschaft haben, Krankheiten zu vertreiben, Gifte zu neutralisieren, schädliche Dünste an sich zu ziehen und Anfechtungen übernatürlicher Art wie auch der Mißgunst zu wehren. Den Kreuzrittern war der Rubin ein beliebtes Liebespfand, ferner sollte er seinem Besitzer verlorene Kraft zurückbringen und ihm Heiterkeit, Frohsinn und Glück schenken. Wer sich mit ihm die Augen wischte, dem wurden sie angeblich ebenso klar wie der Stein selbst. Rubin wie auch Granat warnten ihre Träger durch Eintrübung vor drohendem Unglück; der Granat teilte nicht zuletzt die Fähigkeit, das Gemüt heiter und positiv zu stimmen. Darüber hinaus sicherte der Besitz eines Granates den Erfolg auf Reisen und in gerichtlichen Auseinandersetzungen. Überhaupt handelt es sich hier um ein Amulett, das allen Geschäften und Unternehmungen seines Besitzers Erfolg verleihen sollte. Dem Amethyst sagte man nach, daß er auf der Jagd Glück bringe, er diente aber auch als Schutzamulett im Krieg. Im Mittelalter wurde besonders seine gifthemmende Wirkung gerühmt. Diese erstreckte sich zwar auch auf die in unseren Breiten verhältnismäßig geringe Gefahr des Bisses giftiger Schlangen, bezog sich jedoch meistens auf ein Gift ganz anderer Art und Darreichungsform: Wer nämlich bei einem Zechgelage nicht betrunken werden wollte, trug einen Amethyst am Fingerring oder legte ihn sich auf den Nabel. Da auch heute die Suche nach einem Wundermittel, das Alkoholgenuß ohne nachteilige Folgen möglich macht, keinesfalls nachgelassen hat, sei der Amethyst hiermit wieder ins Gespräch gebracht!

Lust und Liebe

Die in Amuletten und Talismanen ruhenden Eigenschaften werden auch im Bereich der Liebe sehr geschätzt, und die Einflüsse des Liebeszaubers auf das Kultur- wie das Sozialleben sind außerordentlich vielfältig (Abb. 16). Sogar ein Empiriker wie Francis Bacon, dem wir vor allem einen folgenreichen Entwurf einer Wissenschaftstheorie verdanken, hat sich ernstlich mit der Astrologie (wie auch der Astronomie) befaßt. Er war der Ansicht, daß ein Mann, der ein Planetensiegel als Amulett trug, leichter die Liebe eines Mädchens erringen könnte, aber auch mehr Mut entwickelte und auf See und im Kampf geschützt wäre.

Der Schuh als Fruchtbarkeitsamulett tritt als Symbol schon im Altertum, in griechischen, ägyptischen und etruskischen Sagen auf. Im deutschen Volksglauben entwickelte der Schuh sich geradezu zum Sinnbild für das weibliche Geschlechtsteil und damit auch zum besonderen weiblichen Geschlechtszeichen. Noch heute verbreitet ist der Brauch, frisch Verheirateten alte Schuhe nachzuwerfen. Man findet ihn u. a. in England, Schottland, Dänemark, Nordafrika und der Türkei. Von den Inuit wird berichtet, daß sie ihren Frauen englische Schuhsohlen umhingen, um sie fruchtbar und schwanger zu machen, weil sie das englische Volk für besonders stark und fruchtbar hielten. Chinesische Frauen, die schwanger werden wollten, holten sich als Amulett einen geweihten Schuh aus dem Tempel der Kindergöttin. Wenn daraufhin ein Kind geboren wurde, stiftete die Mutter dem Tempel ein neues Paar Schuhe. Die große Bedeutung von Schuhen als Fruchtbarkeitssymbole zeigt sich auch, wenn sie als Amulette gegen den ›Bösen Blick‹ verwendet werden, der im Verständnis aller Kulturen, die diese Form des Zaubers kennen, in besonderer Weise frucht-

89 Blaurote Miniaturschuhe aus Filz als Glücksbringer. Solche Amulette brachten auch Zufriedenheit, Wohlstand und ein langes Leben. 13 cm. England

barkeitshemmend wirkt. Schließlich muß in diesem Zusammenhang auch auf Glücksbringer in Form von Miniatur- oder Kinderschuhen hingewiesen werden, die sich heute oft als Automaskottchen finden (Abb. 89, 90).

Zur Erlangung bzw. Sicherung der Fruchtbarkeit sind natürlich insbesondere phallische Amulette und Talismane in Gebrauch (Abb. 29–31). Wie wohl allen Völkern galt auch den Germanen der Phallus als ein magisches Fruchtbarkeitssymbol, und aus früher Zeit sind in Deutschland ithyphallische Figuren bekannt, von deren Verehrung unfruchtbare Frauen Kindersegen erhofften. Solche Vorstellungen haben sich zu allen Zeiten behauptet. In Bayern werden z. B. heute noch die sogenannten ›Marderboanl‹ getragen, in Silber gefaßte Penisknochen von Mardern und Iltissen, die die Manneskraft erhöhen sollen.

In vielen Gegenden Deutschlands und Rußlands, im angloamerikanischen Raum, aber auch, wie wir bereits gesehen haben, im klassischen Griechenland und in Rom, ist oder war es üblich, bei der Hochzeit Getreidekörner oder Reis auf das Paar zu werfen, um so dessen

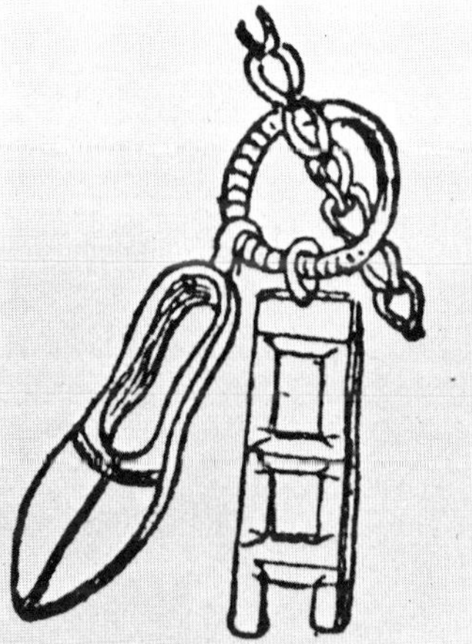

90 Anhängsel eines goldenen Halsbandes aus Siebenbürgen

Fruchtbarkeit zu sichern (Abb. 13). Solche Körner, wie auch Nüsse, sind durchaus als Amulette und Talismane zu verstehen, zumal sich deutlich Parallelen zu Amuletten gegen den unfruchtbar machenden ›Bösen Blick‹ zeigen. Ihre Verwendung bei Hochzeiten ist auch aus vielen Kulturen Asiens bekannt. Das Werfen von Konfetti und Blumen (Abb. 91) kann man als eine moderne Ersatzform ansehen, wobei der ursprüngliche Symbolismus allerdings zunehmend verdeckt wird.

Beliebt waren Amulette und Talismane auch schon immer als Aphrodisiaka, also als Mittel zur Anregung des Geschlechtstriebs bzw. der Potenz. Die meisten Amulette dieser Art entstammen dem Pflanzen- oder Tierreich, und natürlich steht die Übertragung besonderer Kräfte hier mit den Praktiken zur Förderung der Fruchtbarkeit, aber auch der Empfängnisverhütung in enger Beziehung. Plinius berichtet, daß die römischen Männer sich für unwiderstehlich attraktiv hielten, wenn sie an einem Armband als Amulett den rechten Hoden eines Esels trugen. Ähnlich imaginativ war ein anderes Amulett, nämlich ein am linken Oberarm getragenes Armband, bestehend aus dem Darmende einer weiblichen Hyäne. Dieses Amulett soll auf das

91 Blumenstreuen nach der kirchlichen Trauung

Gefühlsleben der Frauen solch verheerende Wirkung besessen haben, daß sie jede Zurückhaltung in den Wind schlugen und seinem Träger auf der Stelle folgten. Ging es schließlich an das Zeugen von Nachkommen, griffen die römischen Männer zu einem weiteren Amulett, das aus Haaren hergestellt war, die man einer Mauleselin aus dem Schwanz gerissen hatte. Bei seiner Verwendung wurden Frauen angeblich auch gegen ihren Willen schwanger. Man gewinnt hier zweifellos den Eindruck, daß die römischen Männer ihr Liebesleben recht eigenwillig und selbstherrlich bestimmten, sollte aber nicht vergessen, daß die Anwendung solcher Amulette und Talismane keineswegs auf die Männerwelt beschränkt war; wir sind hierüber wieder einmal nur besser informiert.

Im deutschen Liebesleben spielte u.a. der Beifuß eine große Rolle. So glaubte man, in Frauen Begierde erwecken zu können, wenn man ihnen Beifuß unter das Kissen oder das Bett legte. Frauen banden sich Beifuß aber auch als Fruchtbarkeitsamulett an die Schenkel. Heute wird dieses Kraut wohl nur noch indirekt verwendet, nämlich in der Küche: Liebe soll ja durch den Magen gehen! Ein ähnliches Schicksal teilt übrigens der Liebstöckel (in Salzburg ›Luststecken‹ genannt), ein u. a. in Franken, Oberbayern und Schlesien bekanntes Amulett, mit dem eine Frau ihren Geliebten an sich fesseln wollte. Während die Deutschen sich also mit Küchenkräutern zu ›becircen‹ suchten und manches Wunderkräutlein die Liebesglut schürte, fanden in Frankreich Edelsteine Verwendung. Dort glaubte man, daß Jaspis und Smaragde ihrem Besitzer erotische Kraft einträgen.

Amulette und Talismane wurden aber auch zur Empfängnisverhütung verwendet. Wieder ist es Plinius, dem wir entsprechende Indiskretion aus dem Bereich des antiken Liebeslebens verdanken. Er versichert uns, daß die Römerinnen zu diesem Zweck auf die Wirkung eines Säckchens voll Hasenkot vertrauten, das sie um den Hals trugen; gleiche Dienste tat ein Beutelchen aus Mauleselleder, in dem Katerhoden aufbewahrt wurden. Aus Deutschland ist ein wohl einmaliges Amulett gegen unerwünschte Empfängnis bekannt, und hoffentlich ist es immer im Rezeptstadium geblieben! Danach sollte man die großen Zehen eines Kindes, ehe sie zum ersten Mal den Boden berührt hatten, abtrennen, in Silber fassen lassen und der Frau um den Hals hängen. Ein wirksameres Mittel zur nachhaltigen Beeinträchtigung des Liebeslebens kann man sich wohl kaum vorstellen. Wir wollen über ähnliche Rezepte den Mantel des Schweigens decken und über eine andere Verwendungsweise von Amuletten und Talismanen sprechen.

V Der Schutz vor übernatürlichen Gefahren

Natürliches und Übernatürliches

Die Abwehr von natürlichem und übernatürlichem Unheil durch Amulette und Talismane bildet das Gegenstück zu dem bisher behandelten Komplex der Übertragung von positiven Eigenschaften. Das Begriffspaar ›natürliches Unheil‹/›übernatürliches Unheil‹ stellt dabei eine forschungspraktische Konstruktion dar; es handelt sich also nicht um eine Opposition, die von den Amulettbenutzern selbst nachvollzogen werden müßte. Die Vorstellungswelt der einzelnen Kulturen und Religionen über die Arten, Ursachen und Wirkungen von übernatürlichem Unheil ist ebenso reich wie widersprüchlich. Es finden sich aber generelle Motive, die über sehr weite Teile der Erde verbreitet (gewesen) sind und zum Teil eine ganz erstaunliche historische Tiefe haben.

Faktisch betroffen ist dabei nicht immer nur das Individuum, sondern oft auch der Bereich der zwischenmenschlichen Beziehungen. Das ist z.B. bei den Vorstellungen über den ›Bösen Blick‹ bzw. die ›Böse Zunge‹ der Fall. Ihre Analyse zeigt, daß sie auf der elementaren Erfahrung beruhen, daß Neid und Mißgunst soziale Beziehungen korrodieren. Bei dem Komplex ›Böser Blick‹ handelt es sich um eine in magische Begriffe gekleidete Theorie über ein soziales Phänomen, wobei sich zeigt, daß Amulette eine wesentliche gesellschaftspolitische Funktion besitzen können. Mit den recht aggressiven Mitteln der sozialstrukturellen Sanktion wie direkte Anschuldigung, Abbruch von Beziehungen, Ausstoßen etc. ist einer Erscheinung wie z.B. ›Mißgunst‹ natürlich nur schlecht oder unter hohen Kosten für die Gemeinschaft beizukommen, da es sich wesentlich um innere Einstellungen handelt, und man wird nur in eklatanten Fällen hierin Zuflucht nehmen. Leichter erscheint es, mit einer geeigneten Ideologie die Ursachen solcher Phänomene depersonifiziert in eine überindividuelle Sphäre zu verlagern, um dann auch mit anderen Mitteln gegen sie angehen zu können. In der Tat kommt statt der Ursache dann die Wirkung ins Blickfeld; die Person, individueller Träger von Emotionen, wird zum (meist) unfreiwilligen Vehikel einer diffus wirkenden, d. h., nur in Ausnahmefällen an Individuen festzumachenden übernatürlich-unheilvollen Kraft, und damit wird die allein auf Wirkungen bezogene magische Prophylaxe durch Amulette und Talismane zum geeigneten Gegenmittel.

Wir haben schon in verschiedenen Zusammenhängen feststellen können, daß die Verwendung magischer Schutzmittel dort von besonderer Wichtigkeit ist, wo Übergänge und Einschnitte, also Geburt, Hochzeit, Tod, die menschlichen Geschicke bestimmen. Die von den verschiedenen Kulturen dabei beachteten Gebräuche werden als ›Passageriten‹ bezeichnet. Von der erfahrungsgemäß labilen Übergangssituation erwartet man sich besondere Gefahren, und so sind auch besondere Schutzmaßnahmen sehr verbreitet. Dies gilt vor allem für die Geburt selbst und für die frühe Kindheit (Farbabb. 10).

Der Einsatz von magischen Schutzmitteln muß u. a. im Zusammenhang mit den kulturspezifischen Theorien über Krankheit und Gesundheit interpretiert werden, wenn man sie richtig verstehen will. In der Regel kommen Amulette und Talismane nicht allein zur Anwendung, doch haben sie die medizinische Praxis der Kulturen in unterschiedlichem Maße geprägt und sind nicht von ihr zu trennen. Über lange Zeit hinweg hat überall in Europa eine solche Einheit von Medizin und Magie bestanden. Erst in jüngster Zeit beginnt sie sich aufzulösen, doch auch heute noch nehmen manche Menschen in Ergänzung naturwissenschaftlich fundierter medizinischer Versorgung zu magischen Mitteln Zuflucht, teils mit der Minimalbegründung, solche Zusatzmaßnahmen »könnten ja nicht schaden!«

Die exakte medizinische Erforschung der verschiedenen Vorgänge um Zeugung und Geburt eines Kindes ist auch heute bei weitem noch nicht abgeschlossen. Es darf daher nicht überraschen, daß die Fragen von Empfängnis und Geschlechtbestimmung, die Gefahren der Entbindung für Mutter und Kind sowie eine hohe Kindersterblichkeit (sie betrug vor 100 Jahren in einzelnen Teilen Deutschlands immerhin über 40% im ersten Lebensjahr) zu den unterschiedlichsten Maßnah-

92 Beim Essen am Wegesrand entzogen sich früher viele Abessinier unter ihrem Schal *(shama)* der Gefahr des ›Bösen Blicks‹ von Passanten

men geführt haben. Wir wollen aus diesem interessanten Komplex zunächst nur einzelne Aspekte, in denen es um ›übernatürliche‹ Phänomene geht, darstellen. Beginnen wir mit den Vorstellungen über den ›Wechselbalg‹ und dem Schutz der Kinder vor dem ›Verhexen‹!

Mütter gegen Hexen

Es kommt immer wieder vor, daß Kinder geboren werden, die den allgemeinen Normen aufgrund geistiger oder körperlicher Mißbildungen nicht entsprechen. Solche Kinder, die sich nicht normal entwickeln oder unerwartete Reaktionen zeigen, werden in vielen asiatischen und europäischen Völkern als ›Wechselbalg‹ bezeichnet. Man nimmt an, daß kurz nach der Geburt das gesunde Kind von Hexen oder anderen mythischen Wesen gegen ein anderes, vollkommen ähnliches, ausgetauscht worden ist, eben gegen den ›Wechselbalg‹. Diese Vorstellung ist auch überall in Deutschland anzutreffen. Ebenso verbreitet sind die verschiedenen magischen Vorkehrungen gegen einen solchen Kindestausch.

In den Legenden von ›Wechselbälgen‹ spiegelt sich die Sorge der Mutter um ihre Stellung in der Familie und besonders um ihre Beziehung zum Ehemann. Bei jeder Geburt ist es immer nur die Mutterschaft, die unumstößlich feststeht, während die Vaterschaft prinzipiell anfechtbar ist. In vielen Kulturen mußte der Ehemann seine Vaterschaft deshalb ausdrücklich anerkennen. In einer Zeit, in der der Glaube an magische Unholde und teuflische Liebespartner allgemein war, hatte eine Mutter natürlich Interesse daran, kritisierbare Abweichungen des Kindes von der Norm, unter Umständen von der zu erwartenden Ähnlichkeit mit dem Vater, rechtfertigen zu können. Da keine medizinische Theorie – in unserem heutigen Sinne – zur Erklärung zur Verfügung stand, mußte eine solche Rechtfertigung zwangsläufig ein starkes magisches Element enthalten. Hier leisteten die im magischen Weltbild verankerten Vorstellungen über ›Wechselbälge‹ gute Dienste. Allerdings dürfen wir bei unserer Erklärung nicht vergessen, daß die Bevölkerung nicht bewußt nach einer Rationalisierung suchte, sondern daß sie Magie und Medizin, natürliche und mythische Umwelt als Kontinuum verstand.

Der Glaube an die Existenz von ›Wechselbälgen‹ ist sowohl bei germanischen als auch bei slawischen Völkern weit verbreitet, wir finden ihn aber auch im Orient oder beispielsweise bei den Ungarn. Entsprechend verschieden sind natürlich die jeweiligen Theorien, sowohl was die Entstehung, das Aussehen, das Schicksal als auch die Abwehr eines ›Wechselbalges‹ betrifft. Gemeinsam ist ihnen, daß die Gefahr eines Unterschiebens in der Regel kurz nach der Geburt endet. Oft entspricht das Ende der Gefährdung dem Zeitpunkt der Taufe oder einer funktional äquivalenten rituellen Aufnahme in die Gemeinschaft. Im übrigen wird nach einer kurzen Phase der Beobachtung durch die Mutter oder die Familie in der Regel feststehen, ob das Kind als ›normal‹ oder als ›Wechselbalg‹, also als anomal, eingeordnet werden muß. Später auftretende Auffälligkeiten können dann durch andere Begründungen gerechtfertigt werden.

Die Schutzmittel magischer Art, die gegen die Bedrohung des Kindes durch Umtausch eingesetzt wurden, umfaßten Worte, Handlungen

93 Schwarze Hand aus Gagat, die St. Peter mit Buch und Schlüssel sowie einen Halbmond mit Gesicht zeigt. Amulett mit phallischem Charakter, u. a. gegen den ›Bösen Blick‹. 13 cm. Spanien, 16. Jh.

und Gegenstände, also Amulette und Talismane, wobei hier natürlich vor allem die letzteren interessieren. An Steinen verwendeten z. B. die Neugriechen den Jaspis, die Brandenburger Echinit, den ›Krötenstein‹, eigentlich ein versteinerter Seeigel, im Vogtland nahm man Serpentin, den ›Schreckstein‹. Diese Amulette wurden dem Kind in die Wiege gelegt. Auch Salz spielte eine Rolle. In der Rheinpfalz streute man dem Kind Salz hinter die Ohren oder auch in die Windel, in Ungarn steckte man Brot und Salz in die Windel und legte einen Schlüssel ins Bett.

In vielen Gegenden wurden auch Metalle als Amulette und Talismane verwendet. Wohl an erster Stelle stand dabei das ›zauberbrechende‹ Eisen; christliche Motive sollten dem Amulett dabei oft zusätzliche

Wirkung geben. Um das Kind zu schützen, legte man in der Schweiz zwei Messer kreuzweise unter das Kopfkissen in der Wiege oder aber ein Stück Holz, in das man Gabel und Messer kreuzweise gesteckt hatte. Die Masuren verwendeten statt dessen einen Stahl, die Böhmen ein Messer, auf dem ein Kreuz abgebildet war, die Bayern eine Schere, die aufgeklappt ebenfalls kreuzförmig ist. Verbreitet war auch die Sitte, ein Messer in die Tür oder in den Türpfosten zu stoßen. Auf der Insel Rügen bekam ein Kind ein Messer mit in das Bett, damit es dem ›Saalhund‹, der örtlichen Verkörperung des Bösen, den Kopf abschneiden könnte. In Hessen und Westfalen war wieder die Kreuzesgestalt wichtig, die auf der Haustürschwelle mit Axt und Besen ausgelegt wurde. In Westfalen insbesondere mußte die Hebamme auf dem Rückweg von der Taufe über dieses Kreuz schreiten. Der Besen hat hier wohl seine besondere Bedeutung, da er noch öfter im Brauchtum auftritt. So wurde in Franken zur Prophylaxe ein Besen verkehrt herum an die Tür gestellt, und wenn ein ›Wechselbalg‹ entdeckt würde, mußte

94 Tunesische Beduinenfrau mit zahlreichen Amuletten und Gesichtstätowierung, nach einer alten Postkarte. Algerien

er in verschiedenen Gegenden Deutschlands mit einem (alten) Besen aus dem Haus gefegt werden.

Amulette und Talismane auf pflanzlicher Grundlage sind ebenso weit verbreitet. Hier sind vor allem die ›zauberbrechenden‹ Pflanzen zu nennen: Löwenmaul, Sumpfscharfgarbe, früher als ›Dorant‹ bezeichnet, sowie ›gemeiner Dost‹, nämlich wilder Majoran. Diese Pflanzen, aber auch schwarzer Kümmel, wurden dem Kind mit in die Wiege gelegt, sollten aber, wenn sie bei sich geführt wurden, auch die Wöchnerin vor den Angriffen der bösen Geister schützen.

Auch Kleidungsstücke spielen eine Rolle als Amulette und Talismane gegen ›Wechselbälge‹. In Brandenburg legte man dem Kind zu den beschriebenen Pflanzenamuletten einen rechten Hemdsärmel und einen linken Strumpf mit in die Wiege. In Thüringen sollte das Kind dadurch vor Unheil bewahrt werden, daß man entweder ein Männerhemd vor das Fenster hängte oder eine Frauenschürze vor der Tür ausbreitete. In Königsberg schließlich erhoffte man Glück für das Kind, wenn es in das Hemd des Vaters gewickelt wurde. Man kann diese Sitten unter Hinweis auf vergleichbare Phänomene wie das Handauflegen dahingehend deuten, daß durch seine enge Verbindung mit den teils auf der Haut getragenen und dadurch kraftvollen Kleidungsstücken Erwachsener das Kind vor Unheil, das für seine Lebensphase typisch ist, beschützt werden kann. Es ist in der Tat häufig zu beobachten, daß gerade die Übertragung von guten Eigenschaften auf dem Weg der Berührung, des körperlichen Kontaktes angestrebt wird. (Auch der Arzt be*hand*elt!)

Neben den geschilderten Objekten wurden aber auch ›abstrakte‹ Amulette und Talismane verwendet. So glaubte man in weiten Teilen Deutschlands an die Wirkung eines roten Bandes, das dem Kind um den Hals oder den Arm gelegt wurde, in Thüringen sicherte man das Türschloß zum Zimmer des Kindes Tag und Nacht mit einem blauen Schürzenband. Im Vogtland zog man einen Kreidestrich zwischen zwei Bodendielen vor dem Bett der Wöchnerin, damit der ›Wechselbalg‹ diese magische Schutzgrenze nicht überschreiten könnte und das Kind vor Vertauschung geschützt wäre. In der deutschen Schweiz und in Tirol schließlich malte man in gleicher Absicht einen Drudenfuß oder ein Pentagramm auf die Wiege, in der Schweiz auch ein Kreuz. Damit kommen wir zu den von der Kirche beeinflußten Aspekten des

Brauchtums, in dem Schriftamulette, aber auch Pflanzenamulette eine besondere Rolle spielten. In der Rheinpfalz wurde das Kind bei jedem Wickeln mit einem am Bettvorhang hängenden Lorbeerstrauß bekreuzigt und mit Weihwasser besprengt, in alemannischen Häusern an der Wiege ein Strauß mit neun verschiedenen Kräutern und ein sogenannter ›Benedictus-Pfennig‹ aufgehängt, um das Kind vor jeder Behexung zu schützen. In vielen katholischen Gegenden Deutschlands gab man dem Kind ein geweihtes Wachslicht mit in die Wiege. Als Amulette und Talismane gegen übernatürliches Unheil dienten auch Bibeln und Gesangbücher, die entweder in die Wiege oder unter das Kopfkissen der Mutter gelegt wurden. Diese Sitte ist in vielen deutschsprachigen Gebieten, aber auch in Ungarn belegt. Im sächsischen Erzgebirge fügte man dem Gesangbuch noch ein schwarzes Tuch bei, das zusätzlich gegen Krämpfe helfen sollte. Wie viele solcher Bräuche heute noch befolgt werden, ist aber schwer zu sagen.

Auch bei anderen Völkern wurden (und werden) zum magischen Schutz der Kinder vor Verzauberung und Verwechslung Amulette und Talismane verwendet. In Nordungarn nagelte man drei Kreuze von Osterpalmen an die Tür der Wöchnerinnenstube, in Griechenland behängte man die Wiege mit Knoblauch, aus Rußland wird berichtet, daß um das Hemd des Kindes auf bestimmte Weise ein Faden geknotet und dieses Bündel nachts an die Türschwelle gelegt würde, um magisches Unheil abzuhalten. Diese Liste ließe sich fortführen, doch wollen wir auf andere Gefahrenquellen für das Wohl des Kindes zu sprechen kommen, die zu einem zentralen Komplex der Vorstellungen von übernatürlichem Unheil überleiten.

»Unberufen!«

Große Gefahren drohen dem Kind auch durch das sogenannte ›Berufen‹ oder ›Beschreien‹. Dabei kann es sich sowohl um Verfluchungen oder Verwünschungen handeln als auch um Lob (besonders: übertriebenes Lob), das unbeabsichtigt den Neid und die Mißgunst von Geistern und Dämonen heraufbeschwört. Die darin steckende Vorstellung von der Macht des Wortes ist ebenso alt wie verbreitet und dokumentiert

95 Hochzeitsschmuck mit vielen Silber- und Glasornamenten, Reliquarien und Amuletten aus Gagat. Salamanca, Spanien

sich – mit genau entgegengesetzter Wirkung – in der Umgangssprache auch in verschiedenen nach wie vor geläufigen Formeln wie »Unberufen!«, »Unbeschrien!«, die nachteilige Folgen einer unvorsichtigen oder verfrühten Äußerung verhindern sollen. Oft werden solche Formeln begleitet von Handlungen wie dem Abklopfen (auf Holz). In vielen Kulturen gehen die Vorstellungen über das ›Berufen‹ in denen über den ›Bösen Blick‹ auf, doch scheinen sie in Deutschland insgesamt verbreiteter zu sein als letztere. Befassen wir uns aber mit den verschiedenen Abwehrmaßnahmen materieller Art!

In Königsberg wurde den Kindern als Amulett gegen die Gefahren des ›Berufens‹ früher ein blaues Bändchen ins Bett gelegt. Anderswo in Deutschland und der Schweiz mußten solche Bändchen jedoch rot sein. Auf dieser Farbe beruhte auch die angenommene Schutzwirkung von Korallen (Abb. 41), die oft mit ins Kinderbett gegeben wurden. Die Mütter wie auch die Paten hängten dem Kind gerne Korallenhalsbänder um, die zusätzlich noch das Zahnen fördern sollten. Auch in Böhmen legte man dem Kind etwas Rotes um den Hals und bedeckte es auf dem Wege zur Taufe gegen die Gefahren des ›Berufens‹ mit einem roten Tuch. In der Lausitz erhielten die Kinder von ihren Paten einen roten Seidenfaden, der um den Patenbrief gebunden wurde, oder sie bekamen nach der Taufe Korallen. Im sächsischen Erzgebirge schließlich gab man dem Kinde beim Entwöhnen ein langes Band aus roter Seide.

Gegen das ›Berufen‹ sollten ferner auch die bereits beschriebenen magischen Schutzmittel gegen das Unterschieben eines ›Wechselbalges‹ und gegen den Zauber allgemein helfen, also Amulette und Talismane aus Eisen, Salz sowie Gebetbücher und Bibeln. Aus der katholischen Kirche ist als Schutzamulett ein *Agnus Dei* bekannt, das aus Wachs, Balsam und Chrisam angefertigt und dem Kind umgehängt wurde.

Der ›Böse Blick‹

Die Bedeutung des Auges im Volksglauben geht einmal auf seine Rolle im Prozeß der zwischenmenschlichen Kommunikation zurück, zum anderen hat sie ethnologische Ursachen. Der Glanz des Auges hat dazu geführt, daß man in ihm Feuer, eine eigene Kraft vermutete. Schon von den Griechen (etwa bei Aristoteles) wurde dem Auge eine nach außen gerichtete Lichtwirkung zugesprochen, die den Sehprozeß überhaupt erst ermöglichte. Diese Sehtheorie, die sich auch in den indischen und arabischen Traditionen findet, hat sicher einen starken Einfluß auf die medizinischen Konzeptionen des europäischen Mittelalters gehabt und über diese auf die Volksmedizin und den Volksglauben gewirkt.

Menschen mit auffälligen Augen, Augenkranken, Schielenden und auch Einäugigen wird seit je besondere Sehschärfe nachgesagt, die sich aber auch durch verschiedene künstliche Mittel, darunter die Verwendung von Amuletten und Talismanen, gewinnen lassen soll. Scharfsichtigkeit, eine Voraussetzung mancher Betätigungen (wie der Jagd), verleihen angeblich u.a. die folgenden Amulette und Talismane: Farnblüte, Schlangenkraut, Springwurzel, vierblättriger Klee, ein Gründonnerstagsei, das Herz eines dreijährigen Kindes. Als Amulett dienen ferner Teile scharfsichtiger Tiere. In Tirol etwa wird am Hut Adlerflaum getragen.

Die besondere Sehkraft kann verschiedene Formen annehmen. So soll es Menschen geben, die – teilweise mit Unterstützung von Amuletten und Talismanen – Unsichtbare und Geister sehen können oder das sogenannte ›zweite Gesicht‹ haben, d. h., räumlich oder zeitlich Entferntes wahrnehmen. Solche besonderen Fähigkeiten werden regional unterschiedlich, teils positiv, teils negativ, beurteilt.

Von besonderem Interesse in diesem Zusammenhang ist jedoch nicht der magische Aspekt der Sehkraft, der dem Sehenden selbst Vor- und Nachteile bringt, sondern die Wirkung des Auges nach außen, auf Menschen, Tiere und Objekte.

Noch am unverfänglichsten ist die Wirkung des durchdringenden Blickes, der fast allen bedeutenden Persönlichkeiten nachgesagt wird. Man nimmt an, daß das Auge in der Lage ist, Strahlen auszusenden, durch die die betreffende Person befähigt wird, der Umwelt ihren Willen aufzuzwingen. Solche Theorien werden dabei z. T. auf neuestem populärwissenschaftlichem Stand gehalten, man sprach in der Vergangenheit von ›hypnotischen‹ oder ›elektromagnetischen‹ Strahlen und zur Zeit der ersten Kernspaltungsversuche auch von einer ›Radioaktivität‹ des Auges. Entsprechende Berichte über einen ›lähmenden Blick‹ gibt es aber auch von Tieren, vor allem von der Schlange.

Durch die Zauberkraft des Auges sollen auch Gegenstände beeinflußt werden können: Uhren halten an (Kärnten), Magnetnadeln werden abgelenkt und Pendel zum Schwingen gebracht (Deutschland). Eine besondere Wirkung hat angeblich der Blick menstruierender

96 Augendarstellungen über dem Eingang von Blenheim Palace. Woodstock, England

Frauen – er soll Spiegel trüben. Dies hängt mit einer verbreiteten volksmedizinischen Theorie zusammen, wonach die Menstruation als Absonderung schlechter und verdorbener Körpersäfte verstanden wird. Es entsteht ein ›Blutdunst‹, der seiner Leichtigkeit wegen im Körper nach oben steigt, eben in den Kopf, und dann durch die Augen nach außen strömt. Dieser ›Blutdunst‹ verdickt sich auf Spiegeln und zerstört sie. Der Mechanik dieses Modells entspricht auch die Konzeption des ›Bösen Blicks‹. Der beschriebene ›Blutdunst‹ soll in der Lage sein, über die Augen in den Körper eines anderen Menschen einzudringen, wodurch dieser erkrankt, da sein eigenes Blut verändert wird. Den ›Bösen Blick‹ besitzen jedoch nicht nur menstruierende Frauen, sondern auch solche Menschen, deren schlechte Eigenschaften, etwa Zorn, Eifersucht und Neid, die Seele verderben und den Körper beeinflussen, so daß dieser über das Auge Schaden anzurichten sucht.

Unter den Besitzern des ›Bösen Blicks‹ gibt es solche, die ihn unbewußt gebrauchen, andere setzen ihn bewußt ein, gefährlich sind jedoch beide. Mit dem ›Bösen Blick‹ kann man geboren sein, man kann ihn aber auf verschiedene Weise unbeabsichtigt oder auch mit Absicht erwerben. Nicht allen Menschen kann man den Besitz dieser schädlichen Eigenschaft ansehen, Merkmale sind aber z. B. eine auffällige Augenpartie, ›Zeichnung‹ durch Augenkrankheiten, physiologische Besonderheiten, Augenfarbe (oft blau) oder besonders buschige sowie zusammengewachsene Augenbrauen. Oft liegt der ›Böse Blick‹ auch in der Familie oder wird kollektiv bestimmten sozialen (Rand-)Gruppen zugeschrieben, etwa alten Frauen, Witwen oder Bettlern, die existentiell auf die Gunst der Gemeinschaft angewiesen sind. In diesen Gruppen wähnt man meistens auch Hexen zu Hause. Man sagt den ›Bösen Blick‹ aber auch Gelehrten, Ärzten und Priestern nach, wohl wegen ihrer Beschäftigung mit als magisch interpretierten – weil unverständlichen – Dingen.

Der ›Böse Blick‹ wirkt in vielfältiger Weise auf seine Umwelt. Da er häufig als Ausdruck von Neid angesehen wird, befällt er vermeintlich zumeist das besonders Schöne und Gute. Dabei sind Männer häufiger betroffen als Frauen (vielleicht weil diese in vielen Kulturen nicht so stark am öffentlichen Leben teilnehmen), Kinder sind stärker gefährdet als Erwachsene. Im ›Bösen Blick‹ wird die Ursache einer Vielzahl von Krankheiten gesehen, von Kopfweh, Magenschmerzen, Krämpfen, Ohnmacht und Augenleiden über Syphilis, Impotenz und Unfruchtbarkeit bis zu Lähmungen, Schwindsucht, Herzfehlern und geistiger Umnachtung, um nur eine Auswahl zu nennen. Schließlich verursacht der ›Böse Blick‹ angeblich auch den Tod. Tiere und Pflanzen wie die ganze Umwelt sollen ebenfalls vom ›Bösen Blick‹ betroffen sein; es heißt, daß Kühe unter seinem Einfluß keine Milch mehr geben und daß Pflanzen welken und keine Frucht mehr tragen. Unglücksfälle aller Art geschehen, Spiegel zerbrechen, Bilder fallen von den Wänden, Quellen versiegen, oder die Erde bebt. Außer den Menschen sagt man den ›Bösen Blick‹ noch Dämonen, mythischen Wesen wie Riesen und Zwergen, aber auch Toten sowie Statuen und Bildern nach.

Der Glaube an den ›Bösen Blick‹ ist sehr alt und heute praktisch über die ganze Welt verbreitet. Den Völkern sind verschiedene Methoden bekannt, ihn zu diagnostizieren und auch den Verursacher ausfindig zu machen. Uns interessieren hier aber mehr die Mittel zum Schutz vor seiner Einwirkung und zur Heilung seiner Folgen. Solche Mittel sind neben unterschiedlichen Vorsichtsmaßnahmen (Abb. 92) in beiden Fällen sehr oft Amulette und Talismane, was sicherlich wesentlich damit zusammenhängt, daß die Gefahren des ›Bösen Blickes‹ überall

97 Hausamulett aus Viterbo. Dieses Amulett aus rötlicher Terrakotta zeigt eine Frauenhand in einer Abwehrgeste, über die ein Hufeisen aufgehängt ist. Es diente wohl der Abwehr des ›Bösen Blicks‹, wie die Inschrift »Invidia crepa« (etwa »Neid zerplatze«) zeigt. 18 cm. Italien, 1929

und ständig lauern, die Abwehrmaßnahmen also permanent wirksam sein müssen. Diese Forderung erfüllen Amulette und Talismane besser als Worte und Handlungen, die beide aber durch Amulette und Talismane verkörpert werden oder einen Teil ihres Anwendungskomplexes bilden können.

Die Fülle der magischen Mittel gegen den ›Bösen Blick‹ ist, bedingt durch die enorme Verbreitung dieses Glaubens, kaum zu übersehen. Hier kommen praktisch alle bekannten Arten von Amuletten und Talismanen vor (Abb. 77, 85, 93–95). Eine formal gut einzugrenzende Gruppe sind Augen, sowohl in Form von Gegenständen oder Abbildungen des Auges selbst als auch in Form von augenähnlichen Objekten (Farbabb. 15), Ornamenten (Farbabb. 9; Abb. 96) oder Symbolen. Solche Amulette haben dieselbe Verbreitung wie die Vorstellungen über den ›Bösen Blick‹! Als Material wird dabei immer wieder Glas benutzt, und gläserne Augenamulette werden im Mittelmeerraum bis heute häufig getragen. Aus Hebron ist ein Augenamulett gegen den ›Bösen Blick‹ bekannt, das als ›Auge des Haushahns‹ bezeichnet wird. Unter Berufskraftfahrern in der Türkei sind gegenwärtig blaue und

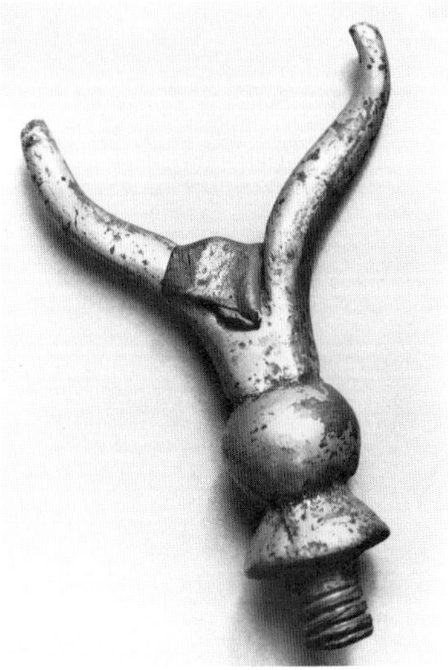

98 Hörnerpaar aus Metall mit Schraubgewinde für ein Pferde- oder Eselgeschirr. Dieses Amulett gegen den ›Bösen Blick‹ wurde in einem Haus in Mascali, Sizilien, aufbewahrt. Bei dem Vulkanausbruch im November 1928 hielt der Lavafluß kurz vor dem Haus an. 5,5 cm

grüne Glasaugen gegen den ›Bösen Blick‹ in Gebrauch, die teils ungefaßt sind, teils Fassungen aus Silber oder anderen Metallen haben. Solche Amulette, daneben auch Aufkleber mit einem Auge von blauer Farbe, sollen nicht nur den Fahrer, sondern auch sein Gefährt, LKW, PKW oder Bus, schützen. Augenamulette kennen wir aber auch schon aus klassischen Zeiten, und wir finden sie in den entferntesten Erdteilen, wo sich lokale Formen entwickelt haben. In Indien etwa soll das Auge auf einer Pfauenfeder, wenn es an den Knöchel gebunden wird, bei der Heilbehandlung helfen.

Die Abwehrkraft einer Reihe von Amuletten gegen den ›Bösen Blick‹ liegt, wie wir bereits gesehen haben, in ihrer besonderen Farbe, meistens Rot oder Blau. Rot scheint mehr im Westen vorzuherrschen, Blau im Orient (Farbabb. 14). Die schon angesprochenen türkischen Kraftfahrer schützen ihre Fahrzeuge nämlich auch durch blaue Perlen aus Glas oder Keramik sowie durch kleine Plastikperlen und Knöpfe, die wieder Augenformen haben. Solche blauen Amulette verschiedener Art werden aber genauso an Maulesel- und Pferdegeschirren angebracht.

In Europa, und zwar nicht nur im Mittelmeerraum, sind dagegen vor allem rote Amulette gegen den ›Bösen Blick‹, aber auch gegen andere Gefahren verbreitet. Dabei spielt immer wieder die Koralle eine Rolle, nach griechischer Sage entstanden aus dem herabgetropften Blut des abgeschlagenen Hauptes der Medusa, deren ›Böser Blick‹ von den Alten so gefürchtet wurde. Korallenamulette erhalten im Volksglauben oft auch eine besonders starke Wirkung durch die Kombination dieses Materials mit spezifischen Formen, insbesondere phallischer Symbolik, wie im Fall des Korallenhörnchens (Farbabb. 16, 17, 22). Ein solches Hörnchen trug der französische Dichter und Kunstkritiker Théophile Gautier stets am Halse. Vor allem hoffte er, sich dadurch vor dem ›Bösen Blick‹ Jacques Offenbachs zu schützen, vor dem er sich so sehr fürchtete, daß er den Namen Offenbach niemals selbst niederschrieb, sondern die leer gelassene Stelle in seiner Kritik von seiner Tochter ausfüllen ließ.

Korallenamulette waren (und sind auch heute noch) vor allem in Italien sehr verbreitet, wo ihr Gebrauch sich mit christlichen Vorstel-

99 Halbmond- bzw. hornförmiges Messingamulett zur Anbringung an Pferdegeschirren. Italien

lungen vermischte. Beispielsweise galt in den apenninischen Grenzländern ein Armband mit sieben Korallenstücken, das am linken Arm getragen wurde, als ein hervorragendes Amulett, um Kinder gegen den ›Bösen Blick‹ zu schützen, wobei jene Korallenstücke nach Möglichkeit aus den Halsketten von sieben jungen Mädchen mit dem Namen Maria stammen sollten und auf einen roten Seidenfaden gezogen waren!

Ein anderer immer wieder anzutreffender Talisman gegen den ›Bösen Blick‹ ist die Repräsentation der Hand, entweder ausgestreckt oder in einer abwehrenden Geste, die damit dauerhafte Wirkung erhält. Alle diese Formen sind archaisch und finden sich teils nebeneinander. Als die beiden wichtigsten Abwehrgesten sind die sogenannte *mano cornuta* und die ›Feige‹ zu betrachten. Die *mano cornuta,* die ›Hörnchenhand‹, zeigt einen ausgestreckten kleinen und Zeigefinger, während der Daumen und die anderen Finger angelegt sind. Diese Geste bezieht ihre symbolische Bedeutung offenbar aus der Ähnlichkeit der Fingerstellung mit einem Halbmond – dem alten Fruchtbarkeitsamulett, das auch gegen den ›Bösen Blick‹ helfen sollte. Zum anderen stellen die beiden gestreckten Finger ›Hörner‹ dar, die das Zauberauge durchbohren (Abb. 97). Hörner, auch Zähne und andere Gegenstände entsprechender Form haben phallischen Charakter und dienen ebenfalls als Fruchtbarkeitssymbole (Abb. 98, 99).

Daß Fertilitätsamulette gegen den ›Bösen Blick‹ eingesetzt werden, beruht wenigstens im indogermanischen Raum auf verbreiteten Vorstellungen, wonach die besondere Schadenswirkung des ›Bösen Blicks‹ im Austrocknen, Dörren, Verzehren, allgemein im Unfruchtbarmachen liegt.

Gleichermaßen erklärt sich die Bedeutung der ›Feige‹, einer symbolischen Darstellung der geschlechtlichen Vereinigung, die als Amulett vor allem von verheirateten Frauen gegen den ›Bösen Blick‹ und Unfruchtbarkeit getragen wurde. Die Geste der ›Feige‹ wird schon von Ovid erwähnt und ist, wie ihre Darstellung, noch heute von großer Bedeutung (Farbabb. 12, 16, 19; Abb. 44). Im 18. und 19. Jahrhundert waren in Deutschland vor allem die ›Nymphenburger Händchen‹ beliebt, die Mädchen und Frauen als Schmuck trugen, und ein ›Feigen‹-Amulett spielt im oberbayrischen Brauchtum noch heute im Liebeswerben eine Rolle.

Als ein letztes Beispiel für Amulette gegen den ›Bösen Blick‹ soll die *cimaruta* (›Rautensprößling‹) beschrieben werden, die für Neapel typisch ist. Die Raute ist eine seit dem Altertum in Europa und Asien als zauberkräftig geltende Pflanze; in Deutschland bezeichnet man sie z.B. als »Mutter der Kräuter«. Die *cimaruta* besteht aus Silber und vereinigt materielle und figürliche Qualitäten. Es handelt sich um ein recht komplexes Amulett, in dem sich verschiedene Schutzwirkungen vereinigen, wie man den verwendeten Elementen entnehmen kann. Die einzelnen Äste des Rautenamuletts zeigen außer Knospen: Hand, Phallus, Halbmond (oft mit Gesicht), Schlüssel, Blume, Herz sowie andere Elemente in immer wieder neuen Kombinationen (Abb. 81–84). Formal vergleichbare Amulette sind schon von den Etruskern bekannt und demonstrieren in Zeit und Raum Kontinuität wie Vitalität der volkstümlichen Vorstellungen und Praktiken in der Konfrontation und Auseinandersetzung mit der übernatürlichen Seite der täglichen Lebenswelt.

VI Magischer Katastrophenschutz

Klima und Krankheit

In diesem Kapitel wollen wir uns mit einigen Beispielen befassen, wie Amulette und Talismane als magische Schutzmittel gegen schädliche Einflüsse eingesetzt werden, die wir – im Gegensatz zu vielen anderen Kulturen – auf natürliche Ursachen zurückführen. Dazu zählen z. B. Handlungen und Verhaltensweisen der Mitmenschen in sozialem Verkehr, Flora, Fauna und die geschaffene Umwelt, ferner alle Arten von Krankheiten und besonders Epidemien, aber auch Naturkatastrophen wie Trockenheiten, Überschwemmungen oder Stürme und normale klimatische Phänomene wie Gewitter. Nicht zu vergessen ist hier das ganz gewöhnliche (ja viel zu gewöhnliche) schlechte Wetter. Daß solche Naturereignisse als magisch beeinflußbar angesehen werden, zeigt nicht zuletzt unsere eigene Alltagspraxis, z. B. wiederholtes, beschwörendes Klopfen an Barometern. Viele Menschen rücken die Zuverlässigkeit von Wettervorhersagen, auch wenn diese inzwischen recht genau geworden sind, nach wie vor in den Bereich höherer Glaubenstatsachen. Dementsprechend scheinen zumindest solche Regenschirme Amulette zu sein, die auch bei gutem Wetter mit der ausdrücklichen Erklärung getragen werden, daß es erwiesenermaßen immer nur dann regne, wenn man seinen Parapluie daheim gelassen habe!

Zur Entkrampfung

Wie schon mehrfach erwähnt, sind es vor allem Kleinkinder und Säuglinge, die nach Ansicht verschiedener Kulturen magischen Schutz benötigen. Dies ist eine Aufgabe, der sich Eltern in aller Welt mit Entschlossenheit und Phantasie stellen. Mit zunehmendem Alter der Kinder nimmt dagegen, so glaubt man, ihr Schutzbedürfnis ab. Unspezifisch, sozusagen im ›Breitbandspektrum‹ wirkende Amulette und Talismane werden dann gegen speziellere ausgetauscht, die an die Anforderungen des neuen Lebensalters angepaßt sind.

Das Hauptproblem, dem man sich bei einer Einschätzung von Amuletten und Talismanen für die Beeinflussung von Krankheiten gegenübersieht, ist der fließende Übergang zwischen Abwehr und Heilungsabsicht, zwischen Amulett und Medizin. So hat man früher in Böhmen Kindern, die an einer Art von Gesichtsausschlag litten, ein schwarzes Bändchen um das Handgelenk geknüpft und ihnen im sächsischen Erzgebirge gegen Krämpfe ein Gebetbuch und ein schwarzes Tuch unter das Kopfkissen gelegt. Im Vogtland nahm man zu diesem Zweck eine seidene Brautschürze. Auf der Insel Rügen spielte die rote Seide des Patenbriefes eine besondere Rolle. Man umwickelte mit ihr das kranke Glied des Kindes und erhoffte sich davon Besserung.

Gegen Krämpfe gab es traditionell die verschiedensten Amulette und Talismane. Hier waren der Nabelschnurrest und das Patengeld von besonderer Bedeutung, aber auch der erste Kot des Kindes vor dem ersten Anlegen an die Brust. Leibschmerzen, deren Ursache man in einem Abbrechen des Nabels vermutete, behandelte man durch Auflegen eines in ein Tuch gewickelten Goldstückes auf den Nabel.

Im oberdeutschen Sprachgebiet nennt man Krämpfe aller Art ›Fraisen‹. Bei der früher verbreiteten schlechten Ernährung litten darunter nicht nur die Kinder (und mit ihnen die oft hilflosen Eltern), sondern auch Erwachsene und selbst das liebe Vieh, dessen Wohlergehen dem Landwirt ebenso am Herzen liegen mußte wie das seiner (engeren) Familie. Ein gegen Krämpfe spezifisch wirksames Amulett war der sogenannte ›Fraisenstein‹, ein Tonplättchen, dessen Abschabsel dem Kranken eingegeben wurden. In Oberösterreich war in dieses Tonplättchen eine Abbildung der Dreifaltigkeit eingepreßt, ansonsten wurden aber auch andere religiöse Darstellungen aufgemalt, z. B. das Gnadenbild von Mariazell. Gelegentlich wurde der ›Fraisenstein‹ selbst nach einem Gnadenbild geformt, wie etwa in Maria Einsiedeln, und solche religiöse Symbolik erhöhte die Wirkung des Amuletts in der Vorstellung seiner Benutzer. Neben den ›Fraisensteinen‹ gab es aber z.B. in Böhmen auch ›Fraisenkreuze‹ in Form eines Malteserkreuzes aus Eisen, die den Kranken umgelegt wurden. Die einem Kreuz beigemessene Heilwirkung zeigte sich auch bei einem anderen magischen Krampfmittel, nämlich Wasser, aus dem ein Kreuzschnabel getrunken hatte. Man kann vermuten, daß bei vielen Krankheiten, die unter der Bezeichnung ›Fraisen‹ geführt wurden, eine Behandlung durch Eingeben von Flüssigkeit nicht besonders nachteilig gewesen sein kann, auch wenn dieser Flüssigkeit etwas Ton beigemengt war oder sie aus einer Vogeltränke stammte!

Zur Behandlung von Krämpfen gab es noch eine Vielzahl von anderen Amuletten und Talismanen neben eher als ›medizinisch‹ bezeichneten Substanzen von sicher nur zweifelhaftem Wert. So wurde mancherorts empfohlen, dem erkrankten Kind den abgebissenen und getrockneten Kopf einer Maus umzuhängen oder die gleichfalls getrocknete Zunge, die man einem sterbenden Auerhahn ausgerissen hatte. Dieser Vogel war überhaupt durch die volksmedizinischen Vorstellungen in seiner Existenz sehr gefährdet, da z.B. auch sein Magen als Heilmittel gegen Fraisen angewendet wurde. Andere Amulette wurden um den Hals getragen: ›Froasboanl‹, Knochen aus dem Schweineschädel oder Maulwurfszähne. Der ›Fraisbeter‹ ist eine Art Rosenkranz aus Natterwirbeln, und die Vorschriften zu seiner Herstellung waren sehr kompliziert. Einfacher war gewiß die Verwendung eines Schwalbennestes, das die Krämpfe heilen sollte, wenn man es dem Kind unter das Kopfkissen legte.

Neben den beschriebenen Fraisamuletten waren Halsketten aus Pflanzensamen, vor allem von der Pfingstrose, einer alten Zauberpflanze, in Gebrauch sowie die sogenannten ›Fraiskräuter‹, zu denen Eichenmistel, Weinraute, Haselwurz und Veilchen zählen. An Materialien wurde Kohle und Serpentin verwendet, unter den Metallen in erster Linie Eisen und Silber, beides ja Materialien, denen magische Eigenschaften zugeschrieben wurden. Schlüsselamulette, von denen man sich günstigen Einfluß auf die Fallsucht versprach, halfen natürlich ebenfalls gegen Krämpfe, zumal wenn der verwendete Schlüssel schon lange in der Familie war, es sich also um einen ›Erbschlüssel‹ handelte. Neben eisernen waren aber auch silberne Schlüssel wirksam; mit ihrer Hilfe sollte wohl der krampfhaft geschlossene Mund des Kranken während eines Anfalls geöffnet werden. Ein altes Amulett ist auch die

›Fraiskette‹, an der sich, auf ein rotes Band gezogen, eine ganze Reihe von verschiedenen ›magischen‹ Objekten findet. Darunter sind Münzen, die sogenannten ›Regenbogenschüsselchen‹, Korallen, Glasperlen, manchmal wertvolle Steine, Bocksbart und auch ›Feigen‹-Darstellungen. Die ›Fraiskette‹ ist damit ein sehr komplexes Amulett, dessen Wirkung sich auf alle Arten von Gefahren erstreckt. Schließlich ist hier auch noch der ›Fraisbrief‹ zu nennen, ein Schriftamulett aus Papier oder Leinwand, das den kranken Kindern auf die Brust gelegt wurde. Dieses Amulett enthielt Anrufe an die Heiligen sowie Gebete, durch deren fortgesetztes Ablesen die Fraisen auch ›abgebetet‹ werden konnten.

Der ›Schwarze Tod‹

Mit besonderem Schrecken und nahezu hilflos haben die Menschen immer wieder den großen Epidemien gegenübergestanden, von denen wir in Europa heute nur noch die jährlich ihre Opfer fordernden Grippewellen kennen. Die Erfahrung der Wirkungslosigkeit fast aller praktischen und medizinischen Vorkehrungen hat der Entwicklung magischen Gedankengutes Vorschub geleistet, und so haben auch hier verschiedene Arten von Amuletten und Talismanen ein traditionsreiches Anwendungsgebiet. Als wohl eindringlichstes Beispiel wollen wir uns in diesem Abschnitt mit der Pest befassen, die noch im Mittelalter ganze Landstriche Europas entvölkerte. Die großen Verwüstungen Europas durch die Pest, den ›Schwarzen Tod‹, fallen in eine Zeit, in der die Kirche und ihre Traditionen im Leben der Bevölkerung eine besondere Rolle eingenommen haben. Viele Amulette und Talismane, aber auch die meisten anderen magischen Praktiken zur Pestbannung, sind daher kirchlichen Ursprungs oder Äquivalente und Weiterentwicklungen christlichen Gedankengutes: in Gebeten und Prozessionen, Gelübden und schweren Bußübungen, insbesondere Geißelungen (›Flagellantenbewegung‹), sah man über lange Zeit wichtige Mittel zur Abwehr dieser Epidemien. Da man sie als Fluch und Strafe Gottes betrachtete, wurden populäre Heilige als Fürbitter und Vermittler angerufen, unter ihnen besonders Sebastian, Rochus, Christophorus, Antonius der Eremit, Cosmas und Damian.

Die Vielzahl von Amuletten und Talismanen zur Abwehr der Pest benutzte sowohl christliche Symbolik als auch alle möglichen anderen Vorstellungen und Theorien, an denen angesichts der Verbreitung und Größe der Gefahr kein Mangel herrschte. Die verzweifelten Menschen griffen nach jedem Mittel, von dem sie sich irgendeinen Erfolg versprachen. Es wurde eine große Menge von Schriftamuletten gegen die Pest gedruckt und verbreitet, ›Pestbriefe‹, die Gebete, Formeln und Verhaltensanweisungen enthielten; man trug aber auch andere magische Objekte am Körper, von denen man sich Hilfe versprach: ein Iltisfell, Quecksilber in einer Haselnuß, Arsenik oder das Beutelchen mit einer pulverisierten Kröte, welches auch von Paracelsus wärmstens als Mittel empfohlen wurde. Eine an der Sonne mumifizierte Kröte sollte auch – an einem Band um den Hals getragen – vor der Pest schützen, und wenn man in jedes Fenster des Hauses ein solches Amulett legte, erwartete man Schutz für alle seine Bewohner.

Da die Pest die Menschen oft gleich familien- und dorfweise hinraffte, wurde dem magischen Schutz der Kollektivität besondere Aufmerksamkeit geschenkt. Amulette und Talismane wurden an Häusern und Stadtwällen, an Straßen und Dorfeinfahrten aufgestellt. Dabei gab es natürlich Übergangsformen zu den personengebundenen Schutzmaßnahmen. So wurde das ›Pestilenzschild‹, ein mit Buchstaben und Symbolen beschriftetes Amulett, sowohl am Leib getragen wie auch an Türen, Öfen, etc. angebracht.

Ein anderes verbreitetes Pestamulett war das ›Taukreuz‹, seiner Form wegen nach dem griechischen Buchstaben genannt. Dieses Taukreuz – es ist auch als Antoniterkreuz bekannt – wurde an Häuser, Kirchen und Stadtmauern gemalt. Die Menschen trugen es in ihrer Angst auch auf Stirn und Kleidung, legten sich solche Kreuze als Anhänger um den Hals und zeichneten mit dem Taukreuz sogar die Hörner ihres Viehs. Ähnlich wurde der ›Zachariassegen‹ verwendet, benannt nach dem Papst Zacharias († 752), dessen Anfangsbuchstaben über Haustüren, auf Medaillen und Metallkreuzen zu finden waren.

Um die Gefahr der Pest von den Wohnstätten der Menschen abzuhalten, wurden aber auch Maßnahmen größeren Umfanges ergriffen. So wurden z.B. um einzelne Dörfer gegen alle vier Himmelsrichtungen hin Gruppen von Holzkreuzen errichtet oder doch wenigstens ein einzelnes Pestkreuz aufgestellt. Hierin kann man ohne weiteres auch ein

100 Schwarzer aufschraubbarer Holzanhänger in Form einer Eichel als Amulett gegen Blitzschlag. 5 cm. London

Amulett, einen Talisman sehen. Andere Schutzmittel, die nicht mit solchen magischen Objekten zu tun hatten, sie in ihrer Wirkung aber sicherlich ergänzten, waren Schießen und Lärmen, Waschungen, Tanz, Gesang und demonstrative Fröhlichkeit, Umpflügen der Dörfer mit (drei) Furchen, Umspannen der Häuser mit blutgeröteten Fäden, Opfer aller Art und von Ort zu Ort unterschiedliche, z.T. auf Visionen beruhende sonstige Praktiken.

Auf den Bereich der volksmedizinischen Behandlungsvorschriften soll hier nicht weiter eingegangen werden, doch kommt der Amulettgedanke dabei in vielen Zusammenhängen zum Tragen. So wurden Gegenstände aufgestellt oder angebracht, die die Pest oder den Pestgeist, der nach damaliger Ansicht durch die Luft übertragen wurde, auf sich ziehen und damit Menschen und Tiere von ihm befreien sollten. Dazu gehörten z.B. in den Zimmern aufgehängte zerschnittene Zwiebeln. Positiv sollten auch Exkremente von Mensch und Tier wirken, so daß Leibstühle in den Zimmern gegen die Pest helfen sollten. Mancherorts wurden Kranke auch durch Eingraben in Dunghaufen zu heilen gesucht. Straßen wurden mit Sägemehl bestreut, das den Pestgeist binden sollte. Auch um Betten oder ganze Häuser streute man mit

Sägemehl oder Asche kreisförmige magische Grenzen, die die Pest fernhalten sollten. Manchmal wurde ein Brot auf die Straße gelegt, das dann natürlich verdarb und sich verfärbte, und man glaubte, daran beobachten zu können, wie es von Tag zu Tag die Pest aufsaugte.

Auf die zauberbrechende Kraft eiserner Gegenstände, insbesondere wenn sie langjährig mit einem Haushalt (und damit seinem Wohlergehen) identifiziert waren, vertraute man bei der magischen Pestbekämpfung ebenfalls. So wurde in Grömitz im Fürstentum Lübeck im Pestjahr 1639 an drei aufeinanderfolgenden Donnerstagen ein von Generation zu Generation vererbter Kesselhaken von Erstgeborenen und Brautkindern, also von mit dem Glück besonders verbundenen Personen, auf der Schulter um das Dorf getragen – und das natürlich schweigend. Solche und ähnliche Rituale sind aus der Zeit der großen Pestepidemien immer wieder berichtet worden.

Wetterzauber

Die Bedeutung des weiten Gebiets des Wetterzaubers muß wohl dem modernen Stadtbewohner eher ins Gedächtnis gerufen werden als dem Landwirt, Gärtner, Jäger oder Fischer. Dabei war (und ist) es täglich und jahreszeitlich von wesentlichem Einfluß auf die Lebensführung: Kalte Winter oder heiße Sommer können beide verheerend wirken, und solange man nicht naturwissenschaftlich fundierte Möglichkeiten der Wetterkontrolle entdeckt, wird die Menschheit wesentlich auf magische Mittel angewiesen bleiben. Dies gilt für alle heute existierenden Kulturen, wenn es auch immer das Stereotyp des regentanzenden Medizinmannes ist, das belächelt wird und nicht die in unserem Land selbst zu beobachtenden Praktiken, von denen ja einige bereits mitgeteilt worden sind.

Jedes Jahr im Herbst, meistens im September, werden in Anwesenheit der königlichen Familie im schottischen Braemar die Highland Games durchgeführt. Zu dieser Schottenolympiade, unter deren Attraktionen der Kampf um die Meisterschaft im Baumstammwerfen zu nennen ist, reisen Zuschauer aus aller Welt an. Damit dann aber während der Spiele auch die Sonne scheint, benutzt das Organisationskomitee, an dessen Spitze zur Zeit ein Bankdirektor steht, ein Wetteramulett in Form der Klapper einer Klapperschlange, das ihm von einem amerikanischen Besucher zu diesem Zweck vermacht worden ist. Dieser Brauch wird seit Jahrzehnten befolgt, und der Vorsitzende des Komitees teilte auf Anfrage mit, daß das Amulett bisher immer zufriedenstellend gewirkt habe. Sicherlich ist es den sparsamen Schotten lieber, im Verdacht der Praxis einer harmlosen Form der Magie zu stehen, als ihr Festgelände teuer zu überdachen!

Kommen wir damit auf das Elementarphänomen ›Gewitter‹ zu sprechen, das Mensch und Tier gefährdet und manchmal innerhalb von Augenblicken ganze Ernten – und damit Existenzen – vernichten kann. Ein ganz besonders wichtiges Schutzamulett ist in diesem Zusammenhang der sogenannte ›Donnerkeil‹.

Prähistorische Steingeräte, vor allem Beile, Pfeil- und Speerspitzen, aber auch Meteoriten und Versteinerungen spielen überall auf der Welt, in Afrika, Amerika, Europa und Asien eine große Rolle als Amulette und Talismane. Man bezeichnet sie beinahe einheitlich als ›Donnerkeile‹ und glaubt, daß sie durch den Blitzschlag entstehen. Der Donner wird dabei als das Einschlaggeräusch eines solchen Steines in den Boden erklärt. Es existieren landschaftlich unterschiedliche Vorstellungen, wie tief der ›Donnerkeil‹ dort eindringen kann, etwa kirchturmtief oder sieben Klafter, und mancherorts glaubt man auch, daß er später wieder an die Erdoberfläche steigt. Dabei ist wiederum die heilige Zahl Sieben von Bedeutung: der Aufstieg dauert sieben Tage, sieben Wochen oder sieben Jahre. Solche Vorstellungen beruhen zumindest in landwirtschaftlichen Bereichen auf der Erfahrung, daß die meisten ›Donnerkeile‹ beim Pflügen aufgefunden werden. Ihre prähistorische Herkunft zeigt sich oft in einem eingeschliffenen Griffloch zur Aufnahme eines Stiels, welches aber traditionell Gegenstand recht phantastischer Erklärungen ist; so meinte man beispielsweise, daß es durch den Blitzschlag entstünde. Zur weiten Klasse der ›Donnerkeile‹ gehören aber auch viele kleine Steine ähnlicher Form.

In Europa fand der ›Donnerkeil‹ als Amulett viele unterschiedliche Verwendungen, sollte Glück bringen, unverwundbar oder unsichtbar machen, bei der Schatzsuche helfen, Frauen fruchtbar machen und alle Arten von Krankheiten abwehren, wenn nicht heilen. Die Vorstellungen über seine Entstehung legitimieren insbesondere seine Verwen-

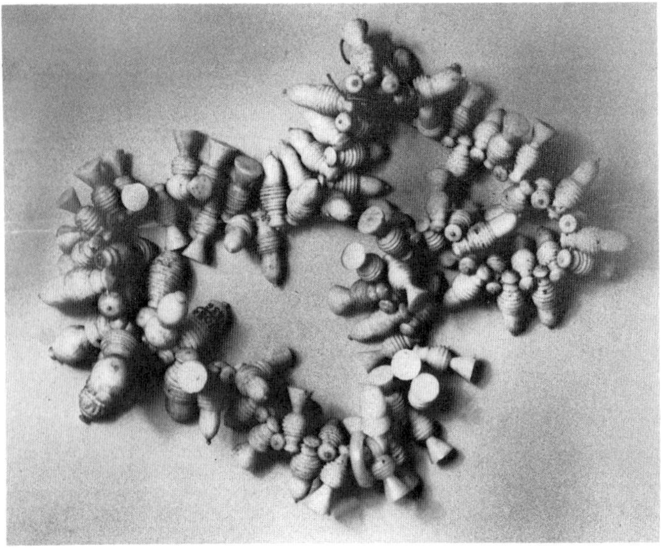

101 Halsband mit aus Knochen geschnitzten Anhängern, meist in Form von Eicheln, als Amulett gegen Blitzschlag. London

dung als Amulett gegen Feuer und Blitz. Um einen gefundenen Stein als durch Blitzschlag entstanden zu identifizieren, gab es auf der ganzen Welt traditionelle Prüfverfahren. In Deutschland wollte man den echten ›Donnerkeil‹ daran erkennen, daß er bei Heraufziehen eines Gewitters zu schwitzen begann. In Westfalen legte man ihn dann zum Schutz des Hauses auf einen Tisch neben eine geweihte Kerze. In Preußen steckte man bei Näherrücken des Gewitters den Finger durch das Loch des ›Donnerkeils‹, drehte ihn dreimal und warf ihn dann mit Gewalt gegen die Stubentür, um das Haus durch diesen Akt der Imitation vor dem eigentlichen Blitzschlag zu bewahren. In Polen vergrub man den Amulettstein als magischen Blitzabweiser unter den Schwellen eines neuen Hauses. Ähnliche Vorstellungen kennen wir auch von Letten und Esten.

Die slawische Bevölkerung Mährens hob ›Donnersteine‹ in den Bauernhäusern auf und verwendete sie auf den verschiedensten Gebieten als Amulette. Kühen, die wenig Milch gaben, bestrich man mit ihnen das Euter. Warzen an Mensch und Pferd konnten ebenso behandelt werden, das Amulett sollte aber auch den Kropf heilen können, seine Abschabsel Kinderkrankheiten. Überhaupt wehrte der ›Donnerstein‹ jedem Ungemach und hatte an den Passionstagen sogar die Fähigkeit, seinem Besitzer verborgene Schätze zu zeigen. In Fortführung antiker römischer Traditionen wurden in Süditalien ›Donnerkeile‹ von den Bauern als persönliche Schutzamulette gegen Blitzschlag in der Kleidung auf dem Rücken getragen, und ähnliche Beispiele für die Verbreitung dieses recht uniformen Vorstellungskomplexes besitzen wir u. a. aus Indien, dem indonesischen Raum und Japan.

In Deutschland waren auch Belemniten traditionell als ›Donnersteine‹ oder ›Grummelsteine‹ bekannt. Auf germanische Überlieferung geht dabei die Bezeichnung ›Thorhammer‹ zurück, und solche Amulette sollten nicht nur das Haus und seine Bewohner schützen, sondern auch Gärten und Felder. Überhaupt war die germanische Mythologie für die Vorstellungen über magischen Blitzschutz von großer Bedeutung. Dies zeigt sich auch am Beispiel der Eiche, die Thor, dem Donnergott, heilig war. In England glaubte man, daß die Eiche deswegen nie vom Blitz getroffen würde, und Blitzschutzamulette in Form einer hohlen Eichel aus Holz oder Knochen (Abb. 79, 100–102) waren verbreitet in Gebrauch, aber auch blitzabwehrende Firststeine, die die Abbildung einer Eichel tragen, finden sich noch heute in manchen Häusern auf dem Lande.

Eine andere Amulettform gegen die Gefahren des Blitzschlags nutzte das Holz eines Baumes, der vom Blitz getroffen worden war. Solche Amulette sollten nicht nur bei Gewitter schützen, sondern auch gegen eine Reihe von Krankheiten helfen, z. B. stechende Zahnschmerzen. So wurde in Bayern aus dem Holz eines Baumes, in den im Frühjahr der erste Blitz geschlagen war, Zahnstocher und Zahnbürsten hergestellt. Blitzholzamulette wurden aber auch auf den Feldern gegen Ungeziefer und Unkraut, besonders Disteln, eingesetzt, wozu man sie z. B. am Pflug anbrachte.

Christliche Symbolik zeigen Blitzamulette aber natürlich auch. So schreibt ein altes magisches Rezept gegen Blitzschlag ein Amulett vor, bestehend aus drei jungen dreiblättrigen (d. h. kreuzförmigen) Kleeblättern und drei jungen Erdbeerblättern, ebenfalls dreiteilig, die alle am Johannistag gepflückt werden mußten. Diese Blätter sollten dann

102 Brosche in Form eines Eichenblattes mit einer Eichel aus schwarzem Material. Amulett gegen Blitzschlag. 8 cm. England

in ein viereckiges weißes Tuch eingenäht werden, wobei das Beutelchen wiederum mit einem Kreuzstich zu verschließen war.

Weit verbreitet waren schließlich auch verschiedene Arten von Haussegen gegen Blitzschlag und Brandgefahr. Ein Bild des hl. Florian, des Patrons von Oberösterreich, wurde traditionsgemäß im Haus aufgehängt oder unter dem Dach verwahrt. Es sollte dann Haus und Bewohner vor Gefahr durch Feuer und Wasser schützen. Der Volksmund besitzt einen bekannten Scherzspruch in diesem Zusammenhang, der die charakteristische Eigennützigkeit des Gebrauchs mancher Amulette und Talismane als persönliche Machtmittel prägnant herausstreicht:

»Heiliger Sankt Florian,
Schütz unser Haus,
zünd' andre an!«

Nachwort

Aufgabe der Ethnologie ist die Untersuchung der Phänomene der täglichen Lebenswelt im interkulturellen Vergleich. Diese sind teilweise ein Produkt der verschiedenen individuellen Welttheorien der Menschen, d. h., Summe der ihnen zugänglichen Erfahrungen. Teilweise sind sie Produkte des wissenschaftlichen Vergleichs, also des Aufeinandertreffens dieser individuellen Welttheorien mit denen des ausgebildeten Ethnologen, die sich durch einen von Fall zu Fall höheren Grad der Abstraktion auszeichnen. Anders gesagt werden in den Welttheorien des Ethnologen sowohl insgesamt mehr als auch in höherem Maße heterogene Erfahrungen reflektiert, die sich durch die Prozesse von Beobachtung und Analyse zu einem konkreten Bild formen, an dem Untersuchender wie Untersuchter mitgearbeitet haben. In dieser Hinsicht – und das ist eine wesentliche Einsicht – schafft sich die Ethnologie ihren eigenen Forschungsgegenstand, eine jeweils neue Wirklichkeit, die sich von denen der an dieser Synthese Beteiligten charakteristisch unterscheidet.

Die alltägliche Lebenswelt stellt den Menschen unablässig vor eine Vielzahl von Problemen, die unbedingt eine Lösung erfordern. Jeder Lösungsversuch kann auf Erfahrungen zurückgreifen, die in Form von individuellen oder sozialen Verhaltensmustern oder Handlungsplänen höchst formal als Rituale vorliegen. Sie erst ermöglichen die praktische Weiterexistenz des Menschen in seiner sozialen, natürlichen und – gegebenenfalls – übernatürlichen Umwelt. Handlungspläne dienen in erster Linie dazu, erfaßbare Einheiten aus der ungeordneten sinnlichen Eindrucksfülle herauszulösen und sie mit anderen Einheiten in eine charakteristische Verbindung zu bringen. Da wir diese Verfahren erlernt haben, fallen sie uns leicht, sind Routinen. Natürlich ändern sich Routinen mit Variationen in Zusammensetzung und Beziehung zwischen den als konstitutiv gesetzten Einheiten der Lebenswelt, und wir nennen dies historischen Wandel, ein Prozeß, dem wir die kulturelle Vielfalt der Menschheit zum großen Teil verdanken.

In der Vielfalt zeigt sich jedoch Einheit: Probleme und Lösungsansätze erweisen sich als vergleichbar, denn sie sind Produkte elementarer Denkprozesse des Menschen. Sie erfassen alle Lebensbereiche, die natürliche, die soziale und die übernatürliche Seite (dies sind schon Lösungsansätze!) und schaffen sich immaterielle und materielle Ausdrucksmittel; solche Mittel sind Amulette und Talismane.

Die Einflüsse, denen der Mensch in der Welt ständig ausgesetzt ist, kommen aus drei Domänen, die in praktisch allen Kulturen, wenn auch in unterschiedlicher Form, thematisiert sind: den Domänen der Natur, des Soziallebens und des Übernatürlichen. Zusammen bilden sie jedoch im wesentlichen ein Kontinuum, das paraphrastischer Art ist. Das soll heißen, daß die in der Welt gewonnenen Erfahrungen, die gesuchten wie auch die ungebeten hereinbrechenden, grundsätzlich als Ausdrucksformen aller dieser Bereiche angesehen werden können. Man stolpert über einen Bordstein: Ist dies ein rein mechanischer Vorgang? Nehme ich mir vor, an die Stadtverwaltung zu schreiben, die in ihrer Inkompetenz die Bordsteinkante hat zu hoch setzen lassen? Oder denke ich, der Bordstein (oder das Glück) wolle mir etwas sagen, zumal, wenn ich beim Stolpern nach unten blicke und eine Münze finde?

Beispiele müssen meistens etwas gequält werden, doch haben die vorausgegangenen Kapitel eine ausreichende Zahl von Fällen beschrieben, aus denen diese essentielle Einheit der Lebenswelt ersichtlich wird. Eine solche Einheit ist aber auch schon aus einem anderen Grund anzunehmen: Dem Menschen steht nur ein einziges, geschlossenes Inventar von Handlungsmöglichkeiten zur Verfügung, das in allen drei Domänen Anwendung findet. Alle Handlungen haben dabei eine innere Komponente, die nicht beobachtet werden kann (wie denken, planen, empfinden) und (oft genug) eine äußere, beobachtbare (wie sprechen, sich bewegen, lächeln). Mit diesen begrenzten Mitteln, die sich zu tradierten Verhaltensoptionen strukturieren, muß die Auseinandersetzung mit allen drei genannten Domänen individuell und kollektiv bestritten werden, was zu zahlreichen Parallelen führt; so wird

z. B. ein Bittgebet oft formal einer Bitte an einen Menschen entsprechen, ein Tier in gleicher Weise wie ein Mensch oder ein Gott behandelt, materiellen Objekten Willenskraft angesprochen. Bei der konkreten Zuordnung einzelner Elemente des Handlungsinventars spielen dann auch historische Prozesse eine Rolle. Dies ist der Rahmen, in dem wir einen abschließenden Blick auf Amulette und Talismane werfen wollen.

Amulette und Talismane sind Denkmodelle

Sie sind universale kulturelle Objekte, die wir in unserer Lebenswelt vorfinden, wenn wir in sie eintreten. Wenn man sie uns nicht in der Sozialisation aushändigt, werden wir sie uns schaffen, denn sie sind offenbar eine notwendige Ausdrucksform menschlicher Denkprozesse und Empfindungen. Als kulturelle Objekte dienen sie einem ersten Zweck: Sie verhelfen uns, wie andere Objekte auch, zu einer Orientierung in unserer Umwelt, erlauben es uns, die Lebenswelt in verschiedener Weise, aber doch bindend für die gegebene kulturelle Gemeinschaft, zu ordnen. Sie sind damit Anhaltspunkte für Klassifikationen aller Art, mentale Leitfossilien, die z. B. praktische Verhaltensanweisungen vorgeben können.

Aber auch als Objekte selbst sind Amulette und Talismane Modelle; sie zeigen in Material und Formgebung Merkmale, die interpretierbar sind und Licht auf die Vorstellungen ihrer Benutzer werfen wie auch auf ihre Anwendungsgebiete. Als Körper sind sie kompakt, als Symbole wesentlich arbiträr und ihrer grundlegenden Mehrdeutigkeit wegen interpretierbar: Die Menge der durch sie erzeugbaren Ideen ist praktisch unbegrenzt. Dies macht sie zu idealen Erkenntnisobjekten pädagogischer und therapeutischer Natur. Sie werfen die hervorgerufenen Gedanken auf den Denkenden selbst zurück und können ihm so als Mittel zur Selbsterkenntnis dienen. In dieser Hinsicht besitzen sie tatsächlich eine Wirkung: Amulette und Talismane können einen positiven Einfluß auf alle Krankheiten haben, die im Bereich der Psychosomatik liegen. Sie wirken also überall dort, wo Psychologie und Placebos Erfolge zeigen.

Dort, wo die Einheit der Bereiche der Lebenswelt erkannt wird, wie dies in allen existierenden Gesellschaften der Fall ist, müssen offensichtlich nicht nur Werkzeuge der Naturbearbeitung, sondern auch Werkzeuge für die Formung und Beeinflussung der anderen Bereiche zur Verfügung stehen. Mit ›Werkzeug‹ sind hier physische Objekte gemeint. Für viele Menschen ist es ganz selbstverständlich, daß eine wichtige praktische Handlung rein mechanischer Natur von anderen praktischen Handlungen unterstützt werden muß, die man als ›magisch‹ oder ›religiös‹ bezeichnen kann. Solche unterstützenden Handlungen können innere Handlungen sein, wie z. B. der gute Wunsch, mit dem man sich an ein Werk macht. Oft genug haben sie jedoch den Charakter äußerer Handlungen, vor allem dann, wenn sie in einem unmittelbaren sozialen Rahmen, d. h., unter Beobachtung stattfinden. Durch die Manipulation von Objekten, besonders von speziell zu diesem Zweck geschaffenen, wird dieser Aspekt erkennbar und damit nachvollziehbar gemacht, die Einheit der Lebenswelt wird dadurch praktisch vollzogen. Niemand wird glauben, daß ohne die Sorgfalt der Arbeiter und Handwerker allein das Zerschmettern einer Flasche Sekt einem Schiff »allzeit gute Fahrt« sichert, doch wird auf diese magische Handlung wiederum nur ungern verzichtet, da sie die ›andere‹ Seite des Lebens erfaßt.

Wie wichtig die Manipulation von Objekten auch im sozialen Bereich ist, wissen wir selbst von vielen Beispielen. Sie dienen nicht nur als Symbole für die besondere Stellung einzelner Personen im zwischenmenschlichen Verkehr, im sozialen Gefüge, wie etwa ein Szepter, Zeigestöcke, Stethoskope etc., sondern sind allgemein Mittel der Beziehungsbahnung zwischen Menschen. Gegenstände werden z. B. auf Schülerbänken geordnet und verteilt, um, je nach Absicht, Grenzen zu markieren oder Kontakte anzuknüpfen.

Dies ist der Zusammenhang, in den auch Amulette und Talismane gehören. Sie sind besondere Objekte, die nicht nur als Symbole Assoziationen erwecken, sondern als Gegenstände betrachtet werden wollen, als Werkzeuge, die in Zeit und Raum manipulierbar sind. Man kann sie vorzeigen, man kann sie in bestimmte Kontexte körperlich einführen, man kann an ihnen beobachtbare Handlungen vornehmen, und in der Benutzung wird ihre Wirkung den Erwartungen gemäß freigesetzt. Dies beeinflußt alle Bereiche des Lebens und erzeugt im Benutzer die Befriedigung, erkennbare Leistungen erbracht zu haben. Es entstehen Routinen.

Amulette und Talismane sind Kommunikationsmittel

Die beiden bisher behandelten Aspekte von Amuletten und Talismanen kann man in einem wesentlichen Punkt zusammenfassen: Amulette und Talismane sind Kommunikationsmittel. Als manipulierbare, d. h., in Raum und Zeit veränderliche körperliche Gegenstände, die Eindrücke und Erfahrungen auslösen, sind sie wesentliche Vermittler. Sie vermitteln dabei nicht nur zwischen Menschen, sondern auch zwischen Mensch und Natur und Übernatur. Gerade hier bezeugt sich wieder die Einheit der Lebenswelt.

Als Kommunikationsmittel im zwischenmenschlichen Verkehr tragen sie Bedeutung. Ein Amulett oder ein Talisman kann seinen Besitzer als den Angehörigen einer bestimmten Gruppe kennzeichnen. So dienen die roten Korallenhörnchen (heute meist aus Kunststoff) vielen Amerikanern italienischer Herkunft als ethnisches Identifikationsmerkmal, und ähnliches kann man von Gamsbärten sagen oder anderen (ursprünglichen) Amuletten, die Teil der Kleidung (geworden) sind. Sie prädisponieren dort, wo sie erkannt werden, gegebenenfalls bestimmte Verhaltensweisen, lösen Erwartungen aus. Diese können positiv sein, aber auch negativ. Dort, wo rationalistische Welttheorien gepflegt werden, wird der Besitz von Amuletten und Talismanen grundsätzlich problematisch und erfordert zusätzliche Sicherungsmaßnahmen in Tarnung und Rechtfertigung. Diese bewegen sich in der Regel in aktuellem Vokabular. Eine solche Entwicklung führt, wie wir gesehen haben, auch dazu, daß Amulette und Talismane Schmuckfunktion annehmen oder sich verbreiteter oder sozial allgemein akzeptierter Symbolik bedienen. Solche Symbolik kann z.B. aus dem religiösen Leben entlehnt sein, aber auch aus Sport oder Politik.

Dort, wo Amulette und Talismane als Kommunikationsmittel mit den beiden anderen Bereichen der Lebenswelt angesehen werden, zeigt sich, daß der soziale Bereich hierfür Modell steht. Der Verkehr mit übernatürlichen Wesen, die durch Amulette und Talismane beeinflußt werden, kann sich mangels direkter Erfahrungsbildung immer nur nach menschlichem Vorbild entwickeln, wobei die Mittel der Beurteilung des Erfolges ihres Einsatzes der Aufgabe entsprechend überformt werden können. Götter und Geister nehmen prinzipiell menschlichen Charakter an, dessen Schwächen und Neigungen durch den Gebrauch von Amuletten und Talismanen ausgenutzt werden sollen. Dabei wird oft eine formale Entsprechung von Objekt und angestrebtem Erfolg gesucht; eine innere oder äußere Handlung an ihm zeigt Wirkung beim Adressaten. Jede gedankliche Operation ist dabei möglich. Die Wirkung der Amulette und Talismane entspricht ihren Formen, ihren Materialien, den Manipulationen, die man an ihnen vornimmt, den Gedanken, die sie hervorrufen, den Wünschen, die mit ihnen verbunden werden.

Amulette und Talismane sind Rituale

Dieser letzte Gesichtspunkt umgreift die bisher genannten. Wie wir immer wieder gesehen haben, sind für Amulette und Talismane als körperliche Objekte die Manipulationen, denen man sie unterzieht, von entscheidender Bedeutung für ihre Wirkung. Solche Manipulationen können stark formal und historisch verkrustet sein, so daß die einzelnen Elemente in ihrer Beziehung zueinander nur noch unvollkommen zu erkennen sind. Meistens aber sind sie einfach und stehen in direkter Verbindung zu den menschlichen Sinnen. Typische ›Manipulationen‹ sind: Berühren, Streicheln, Reiben. Damit verbundene Umgangsformen sind z.B. das Tragen unter der Kleidung, d.h., direkt am Körper, an oder auf der Kleidung.

Amulette und Talismane besitzen prinzipiell denselben Anwendungsbereich wie Kommunikationsformen, die sich keiner materiellen Objekte bedienen, etwa Gebete, Zaubersprüche, Flüche, Gesänge auf der sprachlichen, Gesten, Bewegungen, Mimik oder Körperhaltungen auf der nicht-sprachlichen Seite. Gemeinsam ist ihnen der stark formale Charakter, sie sind damit rituelle Objekte. Durch ihre Identifikation mit solchen ritualisierten Formen der Manipulation erfüllen Amulette und Talismane in sich ständig die Merkmale ihres Vollzugs, am einfachsten zu erkennen dort, wo sie direkt in Vertretung solcher Kommunikationsformen gebraucht werden, wie z. B. bei den Schriftamuletten oder den Darstellungen von Gesten.

Wenn man aber Amulette und Talismane in ihrer essentiellen Einheit mit den inneren und äußeren Handlungen, deren Gegenstand oder Ausdruck sie sind, sieht, sind sie als rituelle Gegenstände, als Verkörperungen von Ritualen zu erkennen, deren körperliche Form den dauernden Vollzug des Rituals beinhaltet. Dieser Gesichtspunkt ist in Anbetracht der Bedeutung von Ritualen für die alltägliche Lebenspraxis von entscheidender Konsequenz. Es zeigt sich, daß Amulette und Talismane notwendig sind, da durch die formale Einheitlichkeit im Umgang mit ihnen Sicherheit erzeugt wird. Das Bedürfnis nach Sicherheit ist im Menschen immer groß, besonders dann, wenn seine Lebenswelt erschüttert wird, wie etwa auch in der Gegenwart. Amulette und Talismane können somit geradezu als Index genutzt werden.

Zusammenfassend sehen wir, daß über die festgestellten Wirkungen im psychischen, physischen und emotionalen Bereich hinaus Amulette und Talismane auch dort real, d. h. meßbar wirksam sind, wo ein Gefühl der Sicherheit schon alleine die Erfolgsaussichten einer Handlung vergrößert: im Umgang mit der Natur, im Umgang mit den Menschen, im Umgang mit dem übernatürlichen Bereich.

Danksagung

Die Autoren sind dem *Wellcome Institute for the History of Medicine*, London, und seinem Direktor P. O. Williams, *M. B., F. R. C. P.*, zu großem Dank verpflichtet, das uns nicht nur freien Zugang zu seinen umfangreichen Sammlungen von Amuletten und Talismanen gewährte, sondern auch die Veröffentlichung unserer Aufnahmen. Bei den Fotoarbeiten unterstützten uns Arthur Greenbaum, Miranda Poliakoff und Georgina Russell mit Freundlichkeit, Zeit und viel Kaffee.

Astrid und Joachim Knuf
Oxford, im Oktober 1983

Die Abbildungen 48 und 49 stammen von Ursula Clemeur, Köln.

Literaturhinweise

In das Literaturverzeichnis wurde nur eine kurze Auswahl benutzter und weiterführender Literatur aufgenommen.

Andree, Richard *Ethnographische Parallelen und Vergleiche.* Neue Folge. Leipzig 1889

Brauneck, Manfred *Religiöse Volkskunst.* Köln 1978

Budge, E. A. Wallis *Amulets and superstitions.* London 1930

Cassirer, Ernst *Wesen und Wirkung des Symbolbegriffs.* Darmstadt 1977

Douglas, Nik *Tibetan Tantric charms and amulets.* New York 1978

Dundes, Alan (Hrsg.) *The evil eye. A folklore casebook.* New York 1981

Eibl-Eibesfeldt, Irenäus *Der vorprogrammierte Mensch. Das Ererbte als bestimmender Faktor im menschlichen Verhalten.* Wien 1973

Elworthy, Frederick Thomas *The evil eye. An account of this ancient and widespread custom.* London 1895

Hansmann, Liselotte/Kriss-Rettenbeck, Lenz *Amulett und Talisman. Erscheinungsform und Geschichte.* München 1977

Hastings, James (Hrsg.) *Encyclopaedia of religion and ethics.* 13 Bde., Edinburgh 1910

Hildburgh, W. L. »Notes on Spanish amulets«, in: *Folk-Lore 17,* S. 454–471. London 1906

– »Japanese household magic«, in: *Transactions and Proceedings of the Japan Society of London 8,* S. 135–159. London 1907–1909

– »Japanese popular magic connected with agriculture and trade«, in: *Transactions of the Japan Society of London 12,* S. 21–83. London 1913

– »Further notes on Spanish amulets«, in: *Folk-Lore 24,* S. 63–74. London 1913

– »Some Japanese minor magical or religious practices connected with travelling«, in: *Transactions of the Japan Society of London 14,* S. 85–125. London 1916

– »Images of the human hand as amulets in Spain«, in: *Journal of the Warburg and Courtauld Institutes 18,* S. 67–89. London 1955

Hoffmann-Krayer, E./Bächtold-Stäubli, H. (Hrsg.) *Handwörterbuch des deutschen Aberglaubens.* 10 Bde., Berlin u. Leipzig 1927–1942

Knuf, Astrid und Joachim *Die Reisen des James Cook. Eine Bild-Dokumentation.* Dortmund 1983

Knuf, Joachim/Schmitz, H. Walter *Ritualisierte Kommunikation und Sozialstruktur.* Hamburg 1980

Lévy-Bruhl, Lucien *Le surnaturel et la nature dans la mentalité primitive.* Paris 1931
Maloney, Clarence (Hrsg.) *The evil eye.* New York 1976
Maple, Eric *Superstitions and the superstitious.* New York 1972
Middleton, John (Hrsg.) *Magic, witchcraft, and curing.* Garden City 1967
Nicolas, Michèle »Porte-bonheur et devises du chauffeur turc«, in: *Turcica 5,* S. 40–46. Paris 1975
Ploss, Herrmann Heinrich *Das Kind in Brauch und Sitte der Völker.* 2 Bde., Stuttgart 1876
Röhrich, Lutz *Lexikon der sprichwörtlichen Redensarten.* 2 Bde., Freiburg 1973
Seligmann, Siegfried *Der böse Blick und Verwandtes. Ein Beitrag zur Geschichte des Aberglaubens aller Zeiten und Völker.* 2 Bde., Berlin 1910
– *Die Zauberkraft des Auges und das Berufen. Ein Kapitel aus der Geschichte des Aberglaubens.* Hamburg 1922
– *Die magischen Heil- und Schutzmittel aus der unbelebten Natur mit besonderer Berücksichtigung der Mittel gegen den bösen Blick. Eine Geschichte des Amulettwesens.* Stuttgart 1927
Thomas, Keith *Religion and the decline of magic. Studies in popular beliefs in Sixteenth- and Seventeenth-Century England.* Harmondsworth 1978

Sachregister

DuMont Taschenbücher

Stand Frühjahr '84

Band 2
Horst W. und Dora Jane Janson
Malerei unserer Welt

Band 3
August Macke – Die Tunisreise

Band 4 Uwe M. Schneede
René Magritte

Band 6 Karin Thomas
DuMont's kleines Sachwörterbuch zur Kunst des 20. Jahrhunderts

Band 8 Christian Geelhaar
Paul Klee

Band 12 José Pierre
DuMont's kleines Lexikon des Surrealismus

Band 13 Joseph-Émile Muller
DuMont's kleines Lexikon des Expressionismus

Band 14 Jens Christian Jensen
Caspar David Friedrich

Band 15 Heijo Klein
DuMont's kleines Sachwörterbuch der Drucktechnik und grafischen Kunst

Band 17 André Stoll
Asterix – das Trivialepos Frankreichs

Band 18 Horst Richter
Geschichte der Malerei im 20. Jahrhundert

Band 22 Wolfgang Brückner
Elfenreigen – Hochzeitstraum

Band 23 Horst Keller
Marc Chagall

Band 25 Gabriele Sterner
Jugendstil

Band 26 Jens Christian Jensen
Carl Spitzweg

Band 27 Oto Bihalji-Merin
Die Malerei der Naiven

Band 29
Herbert Alexander Stützer
Die Etrusker und ihre Welt

Band 30
Johannes Pawlik (Hrsg.)
Malen lernen

Band 31 Jean Selz
DuMont's kleines Lexikon des Impressionismus

Band 32 Uwe M. Schneede
George Grosz

Band 33 **Erwin Panofsky**
Sinn und Deutung in der bildenden Kunst

Band 35 Evert van Uitert
Vincent van Gogh

Band 38 Ingeborg Tetzlaff
Romanische Kapitelle in Frankreich

Band 39 Joost Elffers (Hrsg.)
DuMont's Kopfzerbrecher
TANGRAM

Band 41
Heinrich Wiegand Petzet
Heinrich Vogeler – Zeichnungen

Band 43 Karl Heinz Krons
Gestalten mit Papier

Band 44 Fritz Baumgart
DuMont's kleines Sachlexikon der Architektur

Band 45 Jens Christian Jensen
Philipp Otto Runge

Band 47 Paul Vogt
Der Blaue Reiter

Band 48 Hans H. Hofstätter
Aubrey Beardsley – Zeichnungen

Band 50 **Conrad Fiedler**
Schriften über Kunst

Band 52 Jörg Krichbaum / Rein A. Zondergeld
DuMont's kleines Lexikon der Phantastischen Malerei

Band 54
Karin Thomas/Gerd de Vries
DuMont's Künstler-Lexikon von 1945 bis zur Gegenwart

Band 55 Kurt Schreiner
Kreatives Arbeiten mit Textilien

Band 56 Ingeborg Tetzlaff
Romanische Portale in Frankreich

Band 57 Götz Adriani
Toulouse-Lautrec und das Paris um 1900

Band 58 Hugo Schöttle
DuMont's Lexikon der Fotografie

Band 59 Hugo Munsterberg
Zen-Kunst

Band 60 Hans H. Hofstätter
Gustave Moreau

Band 61
Martin Schuster/Horst Beisl
Kunst-Psychologie

Band 63 Hans Neuhaus
Werken mit Ton

Band 65 Harald Küppers
Das Grundgesetz der Farbenlehre

Band 66
Sam Loyd/Martin Gardner
Mathematische Rätsel und Spiele
Hrsg. von Martin Gardner

Band 67 Fritz Baumgart
»Blumen-Brueghel«

Band 68 Jörg Krichbaum
Albrecht Altdorfer

Band 69 Erich Burger
Norwegische Stabkirchen

Band 70 **Ernst H. Gombrich**
Kunst und Fortschritt

Band 71 José Pierre
DuMont's kleines Lexikon der Pop Art

Band 72 Michael Schuyt/
Joost Elffers/Peter Ferger
Rudolf Steiner und seine Architektur

Band 73 Gabriele Sterner
Barcelona: Antoni Gaudi

Band 74 Eckart Kleßmann
Die deutsche Romantik

Band 77 Wolfgang Hainke
Siebdruck

Band 78 Wilhelm Rüdiger
Die gotische Kathedrale

Band 79 Otto Kallir
Grandma Moses

Band 80 Rainer Wick/
Astrid Wick-Kmoch (Hrsg.)
Kunst-Soziologie

Band 81 Klaus Fischer
Erotik und Askese in Kult und Kunst der Inder

Band 83
Ekkehard Kaemmerling (Hrsg.)
Bildende Kunst als Zeichensystem 1

Band 84 Hermann Leber
Plastisches Gestalten

Band 85
Sam Loyd/Martin Gardner
Noch mehr Mathematische Rätsel und Spiele

Band 86 **Rudolf Arnheim**
Entropie und Kunst

Band 87 Hans Giffhorn
Kritik der Kunstpädagogik

Band 88
Thomas Walters (Hrsg.)/
Gabriele Sterner
Jugendstil-Graphik

Band 89 Ingeborg Tetzlaff
Griechische Vasenbilder

Band 90 **Ernesto Grassi**
Die Theorie des Schönen in der Antike

Band 91 Hermann Leber
Aquarellieren lernen

Band 93
Joost Elffers/Michael Schuyt
Das Hexenspiel

Band 94 Kurt Schreiner
Puppen & Theater

Band 95 Karl Hennig
Japanische Gartenkunst

Band 96 Hans Gotthard Vierhuff
Die Neue Sachlichkeit

Band 98 Karl Clausberg
Kosmische Visionen

Band 99 Bernd Fischer
Wasserburgen im Münsterland

Band 100 Peter-T. Schulz
Der olle Hansen und seine Stimmungen

Band 101 Felix Freier
Fotografieren lernen – Sehen lernen

Band 102 Doris Vogel-Köhn
Rembrandts Kinderzeichnungen

Band 103 **Kurt Badt**
Die Farbenlehre van Goghs

Band 104 Wilfried Hansmann
Die Apokalypse von Angers

Band 105 Rolf Hellmut Foerster
Das Barock-Schloß

Band 106 Martin Gardner
Mathematik und Magie

Band 107 Joost Elffers/
Michael Schuyt/Fred Leeman
Anamorphosen

Band 108 Götz Adriani/
Winfried Konnertz/Karin Thomas
Joseph Beuys

Band 109 Bernd Fischer
Hanse-Städte

Band 110 Günter Spitzing
Das indonesische Schattenspiel

Band 111 Gerd Presler
L'Art Brut

Band 112 Alexander Adrion
Die Kunst zu zaubern

Band 113 **Jan Bialostocki**
Stil und Ikonographie

Band 114 Peter-T. Schulz
Der Kuckuck und der Esel

Band 115 Angelika Hofmann
Ton

Band 116 Sara Champion
DuMont's Lexikon archäologischer Fachbegriffe und Techniken

Band 117 **Rosario Assunto**
Die Theorie des Schönen im Mittelalter

Band 118
Michael Rain/Robert Polin
Wie man besser flippert

Band 119 Joachim Petsch
Geschichte des Auto-Design

Band 120 Gabriele Grünebaum
Buntpapier

Band 121 Renate Berger
Malerinnen auf dem Weg ins 20. Jahrhundert

Band 122
Horst Schmidt-Brümmer
Wandmalerei zwischen Reklamekunst, Phantasie und Protest

Band 123 Fritz Winzer
DuMont's Lexikon der Möbelkunde

Band 124 Walter Dohmen
Die Lithographie

Band 125 Ulrich Vielmuth/
Pierre Kandorfer (Hrsg.)
Fachwort-Lexikon Film · Fernsehen · Video

Band 126 Christian Kellerer
Der Sprung ins Leere

Band 127 Peter-T. Schulz
Rapunzel

Band 128 Lu Bro
Wie lerne ich Zeichnen

Band 129
Manfred Koch-Hillebrecht
Die moderne Kunst

Band 130 Bettina Gruber/
Maria Vedder
DuMont's Handbuch der Video-Praxis

Band 131
Anneliese und Peter Keilhauer
Die Bildsprache des Hinduismus

Band 132 Reinhard Merker
Die bildenden Künste im Nationalsozialismus

Band 133
Barbara Salberg-Steinhardt
Die Schrift:
Geschichte – Gestaltung – Anwendung

Band 134 Götz Pochat
Der Symbolbegriff in der Ästhetik und Kunstwissenschaft

Band 135 Karlheinz Schüssler
Die ägyptischen Pyramiden

Band 136 Rainer Harjes
Handbuch zur Praxis des Freien Theaters

Band 137 Nikolaus Pevsner
Wegbereiter moderner Formgebung

Band 139 Peter-T. Schulz
Guten Tag!
Eine Gulliver-Geschichte

Band 140
Horst Schmidt-Brümmer
Alternative Architektur

Band 141
Herbert Alexander Stützer
Die Kunst der römischen Katakomben

Band 142 Rudolf Wittkower
Allegorie und Wandel der Symbole in Antike und Renaissance

Band 143 Martin Warnke (Hrsg.)
Politische Architektur

Band 144 Miriam Magall
Kleine Geschichte der jüdischen Kunst

Band 145 James F. Fixx
Rätsel und Denkspiele mit Seitensprung

Im April 1984 erscheinen:

Band 146 Rose-Marie und
Rainer Hagen
Warum trägt die Göttin einen Landsknechtshut?

Band 147
Astrid und Joachim Knuf
Amulette und Talismane

Band 148 Renée Violet
Kleine Geschichte der japanischen Kunst

Band 149 Lawrence Treat
Detektive auf dem Glatteis

Im Juli 1984 erscheinen:

Band 150
Alexandra Lavizzari-Raeuber
Thangkas Rollbilder aus dem Himalaya

Band 151 Hartmut Kraft
Psychoanalyse, Kunst und Kreativität heute

Band 152 Peter F. Dunkel
Schattenfiguren – Schattenspiel

Band 153 Ingeborg Ebeling
Masken und Maskierung

DuMont Dokumente: Gesamtübersicht

Adriani, Götz
Deutsche Malerei im 17. Jahrhundert

Arnheim, Rudolf
Anschauliches Denken
Zur Einheit von Bild und Begriff

Arnheim, Rudolf
Die Dynamik der architektonischen Form

Arnheim, Rudolf
Die Macht der Mitte

Baumgart, Fritz
DuMont's Kleine Kunstgeschichte

Baumgart, Fritz
Stilgeschichte der Architektur

Baumgart, Fritz
Vom Klassizismus zur Romantik 1750–1832

Brauneck, Manfred
Religiöse Volkskunst

Braunfels, Wolfgang
Abendländische Stadtbaukunst

Braunfels, Wolfgang
Abendländische Klosterbaukunst

Brucher, Günter
Barockarchitektur in Österreich

Daucher, Hans/
Sprinkart, Karl Peter (Hrsg.)
Ästhetische Erziehung als Wissenschaft
Probleme – Positionen – Perspektiven

Eckstein, Hans
Die Romanische Architektur

Faust, Wolfgang Max/Vries, Gerd de
Hunger nach Bildern
Deutsche Malerei der Gegenwart

Franke, Herbert W.
Computer-Grafik Galerie
Bilder nach Programm – Kunst im elektronischen Zeitalter

Franzke, Andreas
Skulpturen und Objekte von Malern des 20. Jahrhunderts

Froböse, Eva
Rudolf Steiner über Eurythmische Kunst

Grabar, Oleg
Die Alhambra

Gray, Camilla
Das große Experiment
Die russische Kunst 1863–1922

Grimme, Ernst Günther
Die Geschichte der abendländischen Buchmalerei

Gruber, Bettina/Vedder, Maria
Kunst und Video
Internationale Entwicklung und Künstler

Hansmann, Wilfried
Baukunst des Barock

Hansmann, Wilfried
Gartenkunst der Renaissance und des Barock

Hofstätter, Hans H.
Geschichte der europäischen Jugendstilmalerei

DuMont Dokumente: Gesamtübersicht

Jähnig, Dieter
Welt-Geschichte: Kunst-Geschichte
Studien zum Verhältnis von Vergangenheitserkenntnis und Veränderung

Klapheck, Anna
Vom Notbehelf zur Wohlstandskunst

Klee, Felix (Hrsg.)
Paul Klee Tagebücher 1898–1918

Küppers, Harald
DuMont's FARBEN-ATLAS
Über 5500 Farbnuancen mit Kennzeichnung und Mischanleitung

Kugler, Walter
Rudolf Steiner und die Anthroposophie
Wege zu einem neuen Menschen

Kultermann, Udo
Architekten der Dritten Welt

Kultermann, Udo
Die Architektur im 20. Jahrhundert

Lach, Friedhelm
Der Merz-Künstler Kurt Schwitters

Maenz, Paul
Art Deco 1920–1940

Meulen, Jan van der/ Hohmeyer, Jürgen
Chartres
Biographie einer Kathedrale

Michell, George
Der Hindu-Tempel

Naredi-Rainer, Paul von
Architektur und Harmonie
Zahl, Maß und Proportion in der abendländischen Baukunst

Neumann, Wolfgang
Die Berber
Vielfalt und Einheit einer alten nordafrikanischen Kultur

Emil Nolde Mein Leben
Herausgegeben von der Stiftung Seebüll
Ada und Emil Nolde

Ozols, Jakob/Thewalt, Volker (Hrsg.)
Aus dem Osten des Alexanderreichs
Völker und Kulturen zwischen Orient und Okzident. Iran, Afghanistan, Pakistan, Indien

Panofsky, Erwin
Studien zur Ikonologie
Humanistische Themen in der Kunst der Renaissance

Pawlik, Johannes (Hrsg.)
Goethe Farbenlehre
Didaktischer Teil
Textauswahl mit einer Einführung und neuen Farbtafeln

Pawlik, Johannes
Praxis der Farbe
Bildnerische Gestaltung

Pawlik, Johannes
Theorie der Farbe

Pawlik, Johannes/Straßner, Ernst
Bildende Kunst
Begriffe und Reallexikon

DuMont Dokumente: Gesamtübersicht

Pevsner, Nikolaus
Der Beginn der modernen Architektur und des Design

Popper, Frank
Die Kinetische Kunst

Rewald, John
Die Geschichte des Impressionismus

Richter, Hans
Dada – Kunst und Antikunst
Der Beitrag Dadas zur Kunst des 20. Jahrhunderts

Rotzler, Willy
Objekt-Kunst
Von Duchamp bis zur Gegenwart

Rykwert, Joseph
Ornament ist kein Verbrechen

Sager, Peter
Neue Formen des Realismus
Kunst zwischen Illusion und Wirklichkeit

Schneede, Uwe M. (Hrsg.)
Die zwanziger Jahre
Manifeste und Dokumente deutscher Künstler

Schreiber, Ulla
Modelle für humanes Wohnen
Moderne Stadtarchitektur in den Niederlanden

Selle, Gert
Kultur der Sinne und ästhetische Erziehung
Alltag, Sozialisation, Kunstunterricht vom Kaiserreich zur Bundesrepublik

Stützer, Herbert Alexander
Die italienische Renaissance

Thomas, Karin
Bis Heute: Stilgeschichte der bildenden Kunst im 20. Jahrhundert

Vogt, Paul
Geschichte der deutschen Malerei im 20. Jahrhundert

Waldberg, Patrick
Der Surrealismus

Wedewer, Rolf
Landschaftsmalerei zwischen Traum und Wirklichkeit
Idylle und Konflikt

Wescher, Herta
Die Geschichte der Collage
Vom Kubismus bis zur Gegenwart

Wick, Rainer
Bauhaus-Pädagogik

DuMont Dokumente – Archäologie

Bittel, Kurt
Hattuscha
Hauptstadt der Hethiter, Geschichte und Kultur einer altorientalischen Großmacht

Gutbrod, Karl
DuMont's Geschichte der frühen Kulturen der Welt

Moortgat, Anton
Die Kunst des Alten Mesopotamien Sumer und Akkad

Moortgat, Anton
Die Kunst des Alten Mesopotamien Babylon und Assur

DuMont Dokumente: Gesamtübersicht

Reden, Sybille von
Die Megalith-Kulturen
Zeugnisse einer verschollenen Urreligion
Großsteinmale in: England – Frankreich – Irland – Korsika – Malta – Nordeuropa – Sardinien – Spanien

Reden, Sybille von / Best, Jan G. P.
Auf der Spur der ersten Griechen
Woher kamen die Mykener?
Neue archäologische Erkenntnisse über die Herkunft der Griechen

Geelhaar, Christian (Hrsg.)
Paul Klee Zeichnungen
Reise ins Land der besseren Erkenntnis

Kelen, Emery (Hrsg.)
Leonardo da Vinci Zeichnungen

Konnertz, Winfried (Hrsg.)
Max Ernst
Zeichnungen, Aquarelle, Übermalungen, Frottagen

Uitert, Evert van (Hrsg.)
Vincent van Gogh Zeichnungen

DuMont Dokumente – Film/Foto

Blumenberg, Hans C.
Die Kamera in Augenhöhe
Begegnung mit Howard Hawks

Neusüss, Floris M. (Hrsg.)
Fotografie als Kunst – Kunst als Fotografie
Das Medium der Fotografie in der bildenden Kunst Europas ab 1968

Peters, Ursula
Stilgeschichte der Fotografie in Deutschland 1839–1900

Tausk, Petr
Die Geschichte der Fotografie im 20. Jahrhundert

DuMont Dokumente – Graphik

Adriani, Götz
Paul Cézanne Zeichnungen

Adriani, Götz (Hrsg.)
Toulouse-Lautrec
Das gesamte graphische Werk

Dieterich, Anton (Hrsg.)
Goya – Visionen einer Nacht
Zeichnungen

DuMont Dokumente – Musik

Klüppelholz, Werner
Mauricio Kagel 1970–1980

Schnebel, Dieter
Mauricio Kagel
Musik Theater Film

Schnebel, Dieter (Hrsg.)
Karlheinz Stockhausen
Texte zur elektronischen und instrumentalen Musik
Band 1: Aufsätze 1952–1962 zur Theorie des Komponierens

Karlheinz Stockhausen
Texte zu eigenen Werken, zur Kunst Anderer, Aktuelles
Band 2: Aufsätze 1952–1962 zur musikalischen Praxis

Karlheinz Stockhausen
Texte zur Musik 1963–1970
Band 3: Einführung und Projekte, Kurse, Sendungen, Standpunkte, Nebennoten

Karlheinz Stockhausen
Texte zur Musik 1970–1977
Band 4: Werk-Einführung. Elektronische Musik, Weltmusik, Vorschläge und Standpunkte, zum Werk Anderer

DACIA MARAINI

Trio

Storia di due amiche, un uomo e la peste a Messina

Rizzoli

Pubblicato per

Rizzoli

da Mondadori Libri S.p.A.

Proprietà letteraria riservata
© 2020 Mondadori Libri S.p.A., Milano

ISBN 978-88-17-14954-9

Prima edizione: giugno 2020
Seconda edizione: giugno 2020
Terza edizione: giugno 2020
Quarta edizione: luglio 2020
Quinta edizione: agosto 2020

Trio

L'assenza non è tempo né strada
l'assenza è un ponte fra noi
più sottile di un capello
più affilato di una spada
l'assenza è un ponte, ma reggerà?
Come chiamare questa assenza
che fa trottare il cuore come un cavallo?

Da una poesia di NAZIM HIKMET

Volevo sognare il postino
con una lettera in mano
invece ho sognato il postino
senza una mano.

VIVIAN LAMARQUE

Si potrebbe attaccare un prezzo ai pensieri.
Alcuni costano molto, altri meno.
E con che cosa si pagano i pensieri?
Col coraggio, credo.

LUDWIG WITTGENSTEIN

4 Maggio 2020

Caro lettore

qualche parola per spiegarti come è nato questo breve romanzo.

Mentre facevo le ricerche per *Marianna Ucrìa*, nella seconda metà degli anni Ottanta, sono capitata su una cronaca della peste a Messina. Un anno terribile il 1743, in cui, come racconta lo storico Orazio Turriano, il 20 Marzo era approdata in città una tartana, un piccolo veliero, che veniva dalla Grecia, carica di tessuti. Le autorità del porto chiesero quanti marinai ci fossero a bordo e il capitano disse che erano dodici. Ma alla conta risultavano undici. Il responsabile portuale ne domandò la ragione e il capitano rispose che uno dei marinai era morto in viaggio per una malattia di cuore. Gli altri stavano bene e tutto era a posto. Ma le guardie del porto non si lasciarono incantare e misero i marinai in quarantena: una parola oggi a noi molto familiare, che deriva proprio da questa pratica di segregare per quaranta giorni le imbarcazioni e i loro equipaggi come misura di prevenzione dalle malattie. Due giorni dopo il capitano della nave si ammalò e morì. Sul suo corpo si trovarono i segni della peste. A questo punto la loro nave fu sequestrata con tutto quello che c'era dentro. Intanto altri marinai si ammalarono. E per quanto tenuti in quarantena, il contagio si diffuse oltre le mura del lazzaretto non si sa come e qualche tempo dopo cominciarono ad ammalarsi i cittadini di Messina.

In poche settimane ci fu una ecatombe, per quanto le autorità fossero severissime nel cercare di fermare l'epidemia. La gente scappava rifugiandosi in campagna e la malattia si spandeva per l'isola, anche se nelle altre città apparve solo in forma leggera e fece pochi morti.

In *Marianna* non ho raccontato questo episodio che mi sembrava fuori tema. Ma mi è rimasto in mente da allora. E quando l'amico Vincenzo Drago di Bagheria mi chiese un testo per la sua piccola casa editrice, decisi di scrivere una storia che si svolgesse durante quella epidemia di peste. Una storia d'amore perché in quel momento stavo vivendo un difficile rapporto sentimentale.

Il racconto è stato pubblicato nel 2006 con il titolo *Un sonno senza sogni.* Era un libretto minuto, corredato da disegni di vari pittori fra cui Lucio Del Pezzo, Giosetta Fioroni, Fausto Gilberti, Lucia Pescador, Concetto Pozzati e Tino Stefanoni.

L'editore e giornalista bagherese Vincenzo Drago era una persona squisita. Uno di quei siciliani che fanno onore all'isola. Un uomo onesto e gentile che ha sempre combattuto la mafia e il malaffare della nostra bella Bagheria. Per questo, quando mi ha chiesto di scrivere un racconto per lui, l'ho fatto volentieri.

Sono passati tanti anni da quel giorno. Vincenzo è morto purtroppo. E non ho più pensato alla storia delle due donne innamorate dello stesso uomo.

Quest'anno, nel mese di Febbraio, ero in Sicilia per degli incontri con le scuole. Ho rivisto Bagheria, Casteldaccia, Messina. E quando ho sentito della strana malattia che stava facendo strage in Cina, ho ripensato a quel racconto, a quella peste lontana ma vicina per tempo di memoria.

In seguito, leggendo che a Milano erano cominciati i contagi e la gente moriva di una terribile e atroce polmonite, ho ripreso in mano il testo e ho cominciato a lavorarci sopra. Nel frattempo gli ammalati crescevano in tutto il mondo e si iniziava a parlare di pandemia. Le somiglianze con l'epidemia di peste a Messina mi sono tornate in mente, precise e chiare nella descrizione degli storici siciliani.

Certo le differenze sono tante: allora non si conoscevano i virus come oggi e si pensava che la peste nascesse dall'aria malsana delle acque stagnanti, ma i rimedi erano gli stessi: isolamento dei malati, fuoco a tutto ciò che poteva portare contagio, proibizione di assembramenti di qualsiasi genere. La stessa tartana che aveva portato la peste a Messina fu bruciata sulla spiaggia, una volta saputo che era stata quell'imbarcazione a introdurre la malattia in città. Perfino la smania di trovare un colpevole si ripete nel tempo, nonostante le scoperte mediche e l'emancipazione dei costumi. Allora si parlava di untori misteriosi e infernali, oggi si parla della Cina. Il bisogno di individuare qualcuno su cui fare convergere tutte le colpe sembra irresistibile. Certo è più facile combattere un nemico visibile dalle intenzioni diaboliche piuttosto che un nemico invisibile e privo di intenzioni. Le responsabilità ci sono, ma non fuori della ragione. Chi ha attentato all'equilibrio ecologico per interessi immediati, senza mai pensare al bene del pianeta, è in effetti responsabile, e dovrebbe costituire un monito per il cambiamento. Ma si fa prima a identificare un colpevole dai bassi istinti, immediato e vicino, da aggredire e vituperare.

Il romanzo ha preso forma in breve tempo, grazie a tutto quello che avevo imparato sul Settecento siciliano all'epoca delle ricerche per scrivere *Marianna Ucrìa.* Spero di potere comunicare ai lettori le emozioni che ho provato io nello scrivere queste pagine.

Un carissimo saluto

Dacia Maraini

Messina, 5 Maggio 1743

Cara Annuzza

ieri, mentre cucivo un abitino per la mia bambina, è arrivata Crocifissa di corsa, tutta sudata e col fiato corto a dirmi che per strada è inciampata in un topo morto. «U mussu coperto ri sangu» ha urlato terrorizzata, «per n'anticchia ci misi un piede sopra.» E ha continuato a gridare che i topi, quando escono dalle fogne, vuol dire che sono malati e portano con sé le pulci infettate che, secondo le sue parole, «saltano comu taddarite, si appiccicano all'ommu e lo fanno ammalare pure a iddu, lo capite?».

Io veramente non sapevo che i topi portassero la peste. L'ultima volta che c'è stata l'epidemia a Messina non ero ancora nata. Ho sentito tante volte la mamma che ne parlava, ma non ha mai nominato i topi.

Ho cercato di calmare Crocifissa, ma lei era talmente agitata che non riusciva più a parlare. Le ho preparato una tisana di origano e malva. Alla fine si è quietata, ma non è riuscita a cucinare la cena. Così l'ho mandata a letto con qualche goccia di laudano.

Quando è arrivato Girolamo gli ho raccontato del topo e della paura di Crocifissa. Lui ha detto che sono scemenze da donnicciola. Che Messina è viva e attiva come al solito e non bisogna allarmarsi per uno stupido topo morto.

Gli ho cucinato una minestra con le cipolle e i giri. Mi ha chiesto se c'era un dolce per finire la cena. Ho risposto di no, che Crocifissa era scappata a letto. Ma poi mi sono ricordata che c'era mezza cassata rimasta da quando abbiamo avuto ospiti i Patané. E lui l'ha divorata. Credo che a pranzo non avesse mangiato. Ogni tanto lo vedo perso e capisco che pensa a te. Non gli chiedo niente per non costringerlo a mentire. Mi dispiace quando è così assorto e lontano. Ma si tratta solo di momenti perché poi la stessa sera mi ha riempito di baci e di carezze.

Con affetto,

Agata

Palermo, 17 Maggio 1743

Cara Agata

mi hai allarmata con la storia del topo morto. Guarda che Crocifissa non ha torto. L'ultima epidemia di peste si è annunciata proprio con una morìa di topi. Stai attenta a come ti muovi. È molto contagiosa. Se fossi in voi, mi sposterei per un certo periodo in campagna. In questi casi la prudenza non è mai troppa.

Girolamo lo sai, è incerto fra te e me. La moglie da una parte, la migliore amica della moglie dall'altra. Sa che ci scriviamo e che conosciamo i suoi sentimenti, ma sembra non credere alla sincerità della nostra amicizia. Per lui due donne che amano lo stesso uomo non possono che pensare al veleno e al coltello. Come spiegargli che l'amicizia, quella vera, supera la gelosia e fiorisce anche sulle pietre con la forza di una bella e robusta piantina, magari storterella ma con radici lunghissime? Quando si ama, si desidera il bene dell'amato, non è così? Io desidero il suo bene, ma anche il tuo. Perciò non protesto e non mi agito. Troverò un modo di adattarmi a questo triangolo singolare, anche se a momenti doloroso.

Scrivimi presto.

Con l'affetto di sempre,

Annuzza

Castanea, 28 Maggio 1743

Cara Annuzza

dal giorno che ti ho scritto, molte cose sono successe. I topi morti si sono moltiplicati per le strade di Messina. La gente ha cominciato a parlare di peste. Ma dalle autorità ancora non si sa nulla. Aveva ragione Crocifissa e avevi ragione tu ad allarmarti.

Dopo avere visto due cadaveri abbandonati per la strada del cimitero, Girolamo ha deciso che ce ne saremmo andati, lui, io e la bambina, a Castanea, lontano dalla città, alle falde della montagna, finché non finisce questa epidemia. Ora siamo qui e viviamo segregati in una casa senza molti conforti, pigionanti a pagamento presso la signora Cannavò.

Manca il latte e manca il pane. Per fortuna Girolamo ha fatto provvista di legumi e di pasta. Ogni giorno cucino pasta e fagioli, pasta e ceci, pasta e lenticchie. Non c'è molta scelta. Ieri è passato un contadino che vendeva fichi, e io stavo per comprarli ma Crocifissa mi ha fermata: «Chi li cugghiò 'sti fichi? che mani li toccò? U sape voscienza? Li lasci stare, sunnu pericolosi». Questo mi ha detto affannata e io ho lasciato perdere. Mariannina, che non capisce, si è messa a piangere perché voleva i fichi. Da giorni siamo senza frutta e ne abbiamo tutti una grande voglia. L'acqua la bolliamo sempre, ma il timore del contagio diventa una ossessione. Anche se qui a Castanea non ci sono stati finora casi di peste e le barriere sono state chiuse, c'è sempre qualcuno che passa: il cerusico, l'acquaiolo, lo speziale e il postino hanno accesso libero. Per fortuna, dico io per quanto riguarda quest'ultimo, altrimenti non riceverei le tue lettere.

Ti abbraccio,

Agata

Casteldaccia, 7 Giugno 1743

Cara Agata

anche qui a Palermo si sono visti dei topi morti. E io sono rabbrividita. Per prudenza ho deciso di spostarmi a Casteldaccia, con la tata Giuseppa e la sorella zoppa, Maria Concetta. Dovevi vedere come procedeva la carrozza con noi sopra e tutti i bagagli che straripavano da ogni parte! Ma nella torre del castello ormai trasformato in rudere non c'è niente, né letti né biancheria, dormiremo per terra sui materassi. Ho dovuto portare con me le lenzuola, gli asciugamani, e anche le bacinelle per lavarsi e il sapone. La sola cosa simpatica è che vicino c'è la fabbrica del vino e io spesso vado a guardare come pigiano l'uva coi piedi e come versano il mosto nei tini.

Dalla mia finestra che sta proprio al centro della torre vedo la strada bianca che porta verso il mare. Ma non vedo i cavalli attaccati ai grossi cerchi di ferro né le bottegucce di cui mi parlava mio padre, quelle rialzate da terra con i sarti accucciati nelle nicchie come dei santi.

La sola cosa che riconosco è l'odore di mosto che sale dalle cantine affacciate sul cortile. È un buon odore. Di sera si mescola a quello del rosmarino e dei capperi che crescono lungo il perimetro della torre.

Ieri sono scesa, ho bussato alla grande porta della distilleria e ho chiesto di visitarla. Mi ha aperto un tipo dagli occhi rossi e con un ginocchio fasciato che si chiama Gaetano. Non voleva farmi passare ma quando gli ho detto che sono la nipote del vecchio duca, venuta a Casteldaccia scappando dalla peste di Palermo, è diventato subito gentilissimo. Mi ha mostrato le botti piene di vino, la grande tinozza di pietra in cui degli uomini a gambe nude rovesciano montagne di uva sfranta, che lì dentro bolle e si macera emanando un profumo fortissimo, ubriacante.

Mi ha voluta condurre sul ballatoio a vedere le larghe bacinelle di terracotta in cui sono tenuti a mollo i collarini da avvolgere attorno ai tappi. E mi ha mostrato come funziona la ruota di legno che caccia i sugheri nel collo dei vetri, e come viene impastata la colla per le etichette. Insomma non finiva più di elencarmi le sue meraviglie.

Voi come state? La bambina si lamenta ancora per i fichi? E tu leggi sempre *La vida es sueño*?

La tua amica Annuzza

Castanea, 17 Giugno 1743

Cara Annuzza

sì continuo a leggere l'amato Calderón de la Barca che caccia il naso nel mistero del potere, nel mistero dell'amore. Mi ritrovo nelle sue parole stregate, nei suoi interrogativi liquidi e profondi. Tu invece preferisci Corneille, il *Cid* in particolare, lo so, mi hai spesso recitato le parole di Don Rodrigo e di Ximena. Fra Spagna e Francia, per me vince la Spagna con il suo interrogarsi sussurrato e segreto. Mi sento vicina a Sigismondo più che a Rosaura devo dirti la verità, mi riconosco in quel passaggio fra la realtà e il sogno. Anche io in sostanza non so se sono chiusa in una cantina al buio, prigioniera di un re crudele, o dentro una reggia suntuosa, davanti a una tavola su cui scintillano le succulenze che si offrono a una principessa. Sono la prigioniera di quell'orrida prigione umida, senza luce, su cui corrono le ombre viscide dei topi, o sono la principessa vestita di raso che si porta alle labbra un calice di vino prezioso e profumato?

Ti ricordi l'elegantissimo e compunto Auguste Pérignon che è stato a casa mia a Palermo per insegnare il francese a mio fratello Paolo? Io ero offesa con mio padre che mi proibiva di partecipare alle lezioni. Ma a tavola e in giardino Auguste, che sembrava avesse ingoiato una scopa tanto stava dritto e camminava rigido, parlava solo francese e così l'ho imparato per via di orecchio. Comunque, fin quando c'è stato lui, la casa era cosparsa di libri di autori francesi: Rabelais, Molière, Villon.

Ti ricordi come ci coricavamo sotto il tiglio, sull'erba fresca a leggere Molière? Ci distribuivamo le parti e recitavamo a due voci, con tutte le intonazioni e i gesti che a noi sembravano dovuti, un grande teatro all'aperto, e intanto ci mangiavamo i gelsi che tu avevi colto nel tuo giardino e ti avevano impiastricciato la tasca di succo rosso.

Ma quando è entrato il bellissimo Girolamo nella tua vita? E nella mia, naturalmente, come l'anello di una catena imprevedibile. In questi giorni lo vedo ombroso, anche se con me è sempre affettuoso e gentile. Credo che l'amore per te lo strugga. Vorrei parlarne con lui, ma ad ogni mio accenno, scalpita e si allontana. Vuole risolvere da solo la questione, vuole essere libero e nello stesso tempo legato. Ma a chi delle due? A te di cui ha subìto il fascino come avesse bevuto un vino stregato o a me che ha amato e da cui ha avuto una figlia?

Io l'ho capito immediatamente che si era innamorato. Lo conosco troppo bene. Non pensavo però che si fosse innamorato della mia migliore amica, questo no. Ma niente e nessuno potrà rovinare la nostra amicizia nata nei giardini palermitani, quando portavamo le gonnelline corte e giocavamo con una palla di stracci, ti ricordi? Mi incantava il modo che avevi di ridere, come se volessi contagiare chi ti stava vicino con la tua allegria. Mi è subito piaciuto il tuo amore per i libri, che condivido, mi è subito piaciuto il modo in cui mi lanciavi la palla, senza competere con me, ma come se volessi parlarmi nel linguaggio allegro e arcano del gioco.

Tua

Agata

Casteldaccia, 28 Giugno 1743

Cara Agata

è vero: a me i sogni di Sigismondo mi annoiano. Io preferisco le azioni decise di Rodrigo. Mi piace il suo modo di amare Ximena e il dilemma che lo strazia fra il compito di uccidere il padre della donna amata per vendicare un torto di famiglia e l'incapacità di fare del male alla promessa sposa. Mi piacciono le tensioni che mette in scena Corneille e il coraggio con cui le affronta.

Secondo me Girolamo assomiglia un poco al disperato Rodrigo Díaz de Bivar, in bilico fra l'amore e il dovere, non lo pensi anche tu? Abbiamo letto Corneille insieme, sempre dividendoci le parti.

Sì, me lo ricordo il compunto Pérignon che sembrava avesse ingoiato una scopa, come osservi giustamente. Il suo francese era didascalico e tutto basato sui classici. Lui non parlava, enunciava. E ti ricordi i suoi inchini da palcoscenico? Mi sa che prima di scendere a Palermo a fare il maestro di francese aveva fatto l'attore. Lui però raccontava sempre del suo grande *manoir*, del suo magnifico *jardin*, delle stanze affrescate e di come stava bene nella sua Épernay, a due passi da Parigi. Ma se stava così bene a Épernay come mai era venuto a fare il *maître* a Palermo? Qualcuno raccontava che era stato cacciato dalla famiglia perché aveva insultato in pubblico Luigi XV. Ma chissà se era vero. Ho sempre avuto l'impressione che mentisse. Il suo era un parlare troppo verboso e controllato, troppo ufficiale per contenere verità o sincerità. Eppure era affascinante, soprattutto quando ballava: te lo ricordi come si muoveva? i suoi inchini poi avevano una grazia e una eleganza invidiabile. Ma noi lo prendevamo in giro, ci facevamo le matte risate, anche se alla fine bisogna dire che era buono di cuore e ci permetteva quello che in teoria non era permesso, come per esempio leggere libri proibiti, correre in giardino, giocare a palla. In realtà, ora che ci penso, tutto era proibito a noi bambine. Madre e padre erano lì a spiarci e controllarci. Ma, con la connivenza di Auguste Pérignon, ce la squagliavamo e facevamo quello che volevamo, che poi era giocare a palla e leggere libri.

Ma non voglio pensarci. Mi consolo ricordando con te le molte piccole segrete imprese che abbiamo vissuto insieme. Ti ricordi quando venivo a prenderti la mattina presto a casa per portarti dalle suore in via Gesù e Maria? Eravamo già più grandi e nostro dovere era frequentare il convento di Santa Lucia per imparare il cucito, la cucina e la buona educazione. Tu portavi una vestina a fiori gialli che ammiravo. Appena ti vedevo mi sembrava di sentire il profumo di quei fiori. Ti ricordi suor Mendola che ci faceva baciare il crocifisso appena entrate? E come ci chiudeva nella stanza dalla grande finestra a tre ante e ci metteva a sedere su quelle panchine scomode con la pezza in mano per imparare a fare il punto a croce. Te lo ricordi?

A me sudavano le dita, non ero brava a tenere l'ago in mano, aveva la tendenza a scivolare via. E tu ridevi, perché eri bravissima. Ti divertivi a ricamare, mentre per me era una tortura. Infatti non ho mai imparato. Non vedevo l'ora di uscire in cortile per giocare a palla. Tu invece sei diventata una ricamatrice straordinaria. Ma ricami ancora? Lo trovi il tempo?

Vedi, mentre ti scrivo sto ridendo piano fra me e me. Mi chiedo come sia nata la nostra amicizia. È successo solo perché le nostre due madri erano vicine di casa, quando abitavi a Palermo prima di partire da sposata per la lontana Messina, e loro si salutavano? Come nasce una amicizia? Affinità, gusti somiglianti, un modo simile di affrontare il futuro? O solo un caso, una vicinanza, una pratica comune? Non lo so.

Ricordo che quando ti ho visto la prima volta, ingolfata nel tuo vestitino da bambina povera, con le balze di pizzo, e quella cuffietta in testa di un colore can che fugge, mi è venuto da ridere. Ma come si concia quella stupida? ho pensato. Eppure continuavo a guardarti. Ero incuriosita da te e dalla tua faccia da Madonna stupita. Hai notato che le Madonne nei quadri hanno sempre l'aria stupita, come a dire "Ma che ci sto a fare qui? di chi sarà questo bambino che dovrò partorire?"? Ma, 'nza mai, come dicono a Palermo, se questa lettera cadesse nelle mani della Santa Inquisizione, finirei sul rogo. Tu mi verresti a salvare? Mi tireresti via dalla pira bruciacchiandoti le mani? Non lo dovresti fare perché così finiresti anche tu sul fuoco. Meglio rimanere a guardare... Che pensieri lugubri! Sarà questa peste che da una parte mi tira fuori il lato satirico, dall'altra mi confonde con immagini infernali.

Con affetto, tua

Annuzza

Castanea, 7 Luglio 1743

Cara Annuzza

è vero, io preferisco di gran lunga *La vida es sueño* al *Cid*, che trovo un poco troppo muscoloso per i miei gusti. Tu hai sempre amato i grandi gesti, le passioni proibite. Io preferisco il sogno e la vita segreta.

Mi hai fatto ridere con i tuoi ricordi del ricamo, di suor Mendola e della Madonna stupita. È vero, tu sei inetta col filo e con la lana. Ma sai andare a cavallo come una amazzone: come si chiamava la regina di quel popolo di donne ardimentose? Pentesilea o Ippolita? Tu sei sempre stata una regina. Io sono diventata una maestra del ricamo. A Messina andavo, su richiesta, dalle suore del convento di Santa Agata, a insegnare l'arte del cucito.

Conosco talmente bene tutte le tecniche del trapunto che posso anche pensare ad altro mentre le mie dita corrono veloci. I pensieri volano e prendono il vento in faccia. Il punto catenella, te lo ricordi? È un punto classico, che si impara subito. Non puoi costruire un bel disegno sulla tela se non conosci il punto catenella. E il punto erba? Tu lo detestavi perché dovevi premere sull'ago e spesso ti pungevi. Quando ti vedevo con il dito in bocca che sanguinava mi mettevo a ridere della tua goffaggine. Prova col punto spino, ti dicevo, è più semplice, oppure il punto corallo, o sennò il punto margherita, o il punto tulipano, o ti puoi addirittura provare col punto ragnatela. Che litania!

Ti ricordi suor Mendola come correva con quell'ago fra le dita corte e nocchiute? A te veramente piaceva solo leggere e avevi sempre un libro nascosto nella tasca. Per fortuna le tasche dei grembiuli erano così ampie... Io ci mettevo pure le palline di pane che ti tiravo per attirare la tua attenzione quando sembrava che stessi per addormentarti. Prima che arrivasse suor Mendola con la bacchetta, ti svegliavo e tu mi ringraziavi. Ecco, non so se l'amicizia sia nata in quella sala da ricamo, sotto la bacchetta di suor Mendola, oppure prima, quando venivo nel tuo giardino e leggevamo insieme il *Cid*, e tua madre, gentilmente, mi offriva la gremolata di fragole. Tu che dici? Quando nasce una amicizia fra due persone e perché?

Un abbraccio da

Agata

Casteldaccia, 17 Luglio 1743

Cara Agata

io veramente non so come nasca una amicizia. Ricordo una frase di Aristotele che ho letto tempo fa e che mi è rimasta impressa: "L'amicizia è una sola anima che abita in due corpi, un cuore che batte in due anime". Non so chi l'abbia tradotta dal greco, ma forse la parola "anima" non è la più adatta, anche se viene dal greco, ma suona troppo chiesastica, io parlerei di "spirito", non credi? "L'amicizia è un solo spirito che abita in due corpi" non è meglio? Adesso che ci penso c'è anche un detto siciliano: "L'amico è u sulu ca ti rice quannu c'hai lu mussu lordu". Non so neanche se ho scritto bene, ma i dialetti non sono fatti per essere scritti. Insomma in italiano suonerebbe così: "L'amico è il solo che ti dice quando hai la faccia sporca". Ho tradotto giusto?

Suor Mendola non parlava una parola di italiano, ricordi? Eppure i suoi nonni erano venuti dal poverissimo Veneto per lavorare in una zolfatara siciliana. Era nata a Catania e poi, siccome non voleva avere niente a che fare con lo zolfo e le gallerie della miniera, si era fatta suora. Non per vocazione bensì per potere studiare e dedicarsi a quello che amava: il disegno. Ma che se ne fa una donna del disegno? Meglio indirizzarsi al ricamo. E lei aveva ubbidito. Però poi aveva trovato il modo, sempre nel campo dell'ornato, di disegnare delle Madonne col bambino in braccio, dei Cristi giovani e belli che solcano le acque, dei paesaggi paradisiaci fatti di fiumi in piena, alberi ombrosi sui cui si posano pappagalli dalle piume colorate e si affacciano serpenti giocosi.

Te lo ricordi quando ci ha messe tutte attorno a un grande telo e ci ha fatto ricamare la battaglia delle Termopili? Il disegno era di sua mano. Un groviglio di braccia, di gambe, di spade, di elmi volanti, di cavalli che rotolavano a terra. C'era pure un cane giallo che stava in disparte a guardare quel putiferio con aria malinconica. E sotto suor Mendola aveva scritto a carattere stampatello: TER-

MOPILI – GRECIA CONTRO PERSIANI – LEONIDA CONTRO SERSE. ANNO 480 A.C. In quel modo ci insegnava pure la storia. Che d'altronde aveva imparato da sola tirando giù i libri dai più alti scaffali della biblioteca del convento.

Poi ha consegnato a ciascuna dei fili di lana e, con una fiducia quasi rituale, ci ha ordinato di seguire le linee disegnate sulla tela. E noi a testa bassa, quanto abbiamo lavorato! Non è stato facile, e alla fine eravamo spossate. Ma che soddisfazione quando, dopo nove giorni di impegno, suor Mendola ha tirato su il telo e abbiamo ammirato la battaglia delle Termopili in tutta la sua tragica bellezza! Se invece di insegnarle a ricamare, le avessero messo dei pennelli in mano, non credi che sarebbe diventata un Antonello da Messina?

Suor Mendola mi pare di vederla davanti a me, con quel collo corto, quella bocca severa e quei denti corrosi e accavallati. Ma quando eseguiva sulla tela un disegno, diventava perfino bella, e gli occhi le scintillavano, te la ricordi?

Aveva anche una voce soave e quando pregava sembrava che cantasse. Chissà dove sta ora, se è viva. Ne sai niente tu?

Certo la vita di reclusione è parecchio noiosa. Mi viene da rimpiangere le cene rumorose con gli amici nei palazzi di Palermo. Allora le giudicavo inopportune e troppo mondane. Sai che sono forastica di carattere e non mi piace stare in mezzo alle folle. Ma anche la solitudine ha le sue zone buie. Il tempo qui, fra i tranquilli boschi di Casteldaccia, sembra allungarsi come un elastico che tiri e tiri ma torna sempre indietro. Mi piacerebbe riprendere a passeggiare per via Maqueda, entrando a prendere un cannolo da Beppuzzo il pasticcere, bevendoci sopra un rosolio di uva passa.

Mi sono ricordata tante cose del tempo passato. Eravamo due ragazze felici? Se me lo avessero chiesto allora, avrei risposto di no. Sai che la felicità la si scopre sempre dopo, quando non c'è più. Adesso mi pare che la felicità si nasconda da qualche parte, forse non lontano, ma che sia impossibile da trovare.

Girolamo mi aveva promesso di scrivere. Ma non lo ha fatto. È probabile che stia decidendo secondo saggezza: non può che scegliere te che sei sua moglie, la bambina che avete generato insieme, il suo posto di marito accanto alla sua sposa.

Ieri, presa dalla noia, sono andata per la montagna a cogliere un poco di cicoria. Di lontano ho visto il mare che sembrava infuriato, coperto di ricci bianchi e di un colore bruno che non prometteva niente di buono. Dicono che a Palermo non sia niente in paragone con la tua Messina di cui si racconta che i morti si moltiplicano ogni giorno. È proprio così? Ne hai notizie?

Con affetto,

Annuzza

Castanea, 1 Agosto 1743

Cara Annuzza

sono qui da qualche mese ma mi sembra di esserci da due anni. Reclusa in questo paesotto di mezza montagna nel caldo soffocante di un agosto rovente, guardo Messina giù nella valle e mi sembra una bestia che si rattrappisce trattenendo il fiato nell'attesa che il pericolo svanisca. L'epidemia dicono abbia superato il momento più critico, ma ancora continuano a morire in tanti.

Chissà come stanno mia suocera e Beppuzzo nella casa di via dei Notari in città. Ho ancora negli occhi la faccia di Rosalia dietro i vetri mentre mi allontanavo con Mariannina nel coupé di Girolamo. Era la faccia di una morta ma con gli occhi di un'aquila che ha avvistato un serpente. Pensavo che non l'avrei più vista. E invece è guarita. A furia di mangiare aglio e bere vino di Cipro. Così mi ha scritto. L'avevamo invitata a venire con noi, ma ha preferito rimanere a Messina. Da quando le è morto il marito si occupa lei degli affari di famiglia e tiene il cordone stretto. Generosa in certi momenti, parsimoniosa in altri.

Non vado volentieri sulla strada per Messina quando mi spingo fino alla fonte a prendere l'acqua fresca. Il nostro pozzo è sempre fornito ma la sua acqua sa di terra ed è spesso rossastra. Due volte sul cammino sono stata superata da un carro carico di morti nudi accatastati gli uni sugli altri come conigli spellati.

Parlami ancora di te e del vino che si imbottiglia accanto alla torre. Mi sembra di sentirne il profumo buono. Mi consola della paura e della desolazione di questo rifugio senza risorse.

Ti abbraccio stretta stretta.

Tua,

Agata

Casteldaccia, 13 Agosto 1743

Cara Agata

sono contenta che tua suocera, la messinese dal braccino corto, sia guarita. E Beppuzzo come sta? Qui si raccontano cose terribili della peste a Messina. Gente che si butta in mare per non essere chiusa nel lazzaretto, gente che dà fuoco a corpi ancora vivi per paura del contagio, gente che approfitta della confusione per rubare qualsiasi cosa.

Per fortuna a Casteldaccia la vita è tranquilla e sembra che la peste l'abbia lasciata in pace. D'altronde il paese è piccolo, contornato da vigne e boschi. Solo che ci si annoia tanto. Io mi consolo coi libri. In questo momento sto rileggendo il *Gargantua e*

Pantagruel del grande Rabelais. In tempi di tristezza mi suscita qualche sorriso. Ma dopo due o tre ore di lettura mi bruciano gli occhi e ho bisogno di respirare un poco d'aria fresca.

L'altro giorno il cugino Antonio è venuto su da Palermo portando con sé un certo John Kellogg, che proviene da Londra e sta visitando la Sicilia per una ricerca sui vulcani. È un tipo piccolo e bruno, con le braccia corte e la voce acuta. Non lo diresti affatto un inglese.

Questo Kellogg ha raccontato che è passato per Messina con un caicco che veniva da Reggio Calabria ma che non l'hanno fatto entrare nel porto. Dice che ha visto delle zattere bruciare al largo con sopra montagne di cadaveri. Dice che in città le strade sono deserte e i cani portano in giro dei pezzi di corpi umani che nessuno si cura più di seppellire. Mi sembra un poco esaltato. Spero esageri.

Il cugino Antonio era talmente impressionato da quei racconti che ha smesso di mangiare. Poi è caduto in una malinconia così nera che non riusciva neppure a parlare. Mi sono ricordata della malvasia che mi aveva dato Gaetano e gliel'ho versata nel bicchiere. Deve avergli fatto bene perché dopo un po' ha ricominciato a parlare e mangiare.

La malvasia profuma di mortella e di fieno fresco, tu lo conosci questo vino di Casteldaccia, è davvero squisito.

Scrivimi presto.

Tua

Annuzza

Castanea, 24 Agosto 1743

Cara Annuzza

grazie per le notizie che mi dài su Casteldaccia e i suoi vini. Mariannina da ieri ha un poco di febbre. E le si è gonfiato il collo. Ho chiamato il cerusico, che le ha cavato una scodella di sangue. Dice che è il caldo dei monti Peloritani che rimescola il sangue ai bambini.

Girolamo, per la noia, si è dato alla caccia. Lo vedo partire la mattina presto con il suo sacco di pelle sdrucita e il moschetto in spalla, gli stivali e la giamberga verde e lo rivedo solo quando fa buio. Rientra affamato, stanco, con gli occhi accesi e qualche lepre appesa alla vita.

Le giornate qui a Castanea sono lunghe e monotone. Sono tre mesi che non prendo una gremolata di limone, tre mesi che non parlo con una persona che mi interessi, salvo Girolamo che però tace. La mattina vado a spasso per i boschi con Mariannina. Poi torno a casa dove la signora Cannavò, la padrona di casa, mi prepara un poco di pasta con i broccoli e un pezzo di coniglio freddo. È diventata molto sgarbata da un po' di tempo a questa parte. Mi fa continuamente notare che Girolamo non paga i soldi pattuiti, che Mariannina ha sempre fame, che uso troppo il sego delle candele perché la sera leggo fino a tardi.

Scrivimi presto, ti prego.

Un abbraccio tenerissimo dalla tua

Agata

Casteldaccia, 3 Settembre 1743

Cara Agata

possibile che Girolamo non tenga lui i soldi per le spese correnti? Tutto in mano a Rosalia? E tu non disponi di qualche libertà economica? Io non lo sopporterei di dipendere così completamente da una suocera. Va bene che io il marito ancora non ce l'ho ma ecco, secondo me una donna prima di sposarsi dovrebbe cercare di capire bene in che famiglia va a cacciarsi, quali siano i rapporti fra genitori e figli.

Non voglio criticarti, Agata mia, so bene quali sono le ristrettezze a cui va incontro una giovane moglie. Forse è per questo che non mi sono sposata fino ad ora.

Ti ho raccontato di Antonino Lo Pepe, che mi aspettava sotto casa e mi perseguitava con la sua presenza? Mia madre, allora era ancora viva, mi esortava a sposarlo: «Suo padre dispone di grandi proprietà nella zona di Bagheria, è primogenito e ciò vuol dire che alla morte del padre erediterà tutto lui, lo sai, nonostante i cinque fratelli, cosa aspetti a dirgli di sì?».

«Mamà, non mi piace.»

«Ma quando mai un marito deve piacere, figlia mia? prenditelo e farai la signora.»

«Mamà, ha la pancia già a vent'anni, e non ha mai letto un libro.»

«Lo so, ha pure le gambe storte, ma ti ricordi la canzone "ave le jambe di ferru filatu, quannu cammina le jetta di lato, ahi lario è, chiu lario d'iddu non ce n'è"?...»

Ci siamo messe a ridere tutte e due. Lo sapeva anche lei che Antonino era viziato e ignorante. E infatti non ha insistito.

Girolamo me lo sarei sposato subito, ma era sposato con te. Per lo meno su questo abbiamo gli stessi gusti.

Oggi Giuseppa ha portato in casa un paniere pieno di fichi d'india che ha raccolto lei stessa usando i guanti. Ma non c'è niente da fare, le piccole spine hanno invaso la casa, perfino il cane di

Gaetano, che si chiama Giufà, ha cominciato a fare come un pazzo girando su se stesso per il gran prurito che aveva sul naso.

Il postino, Calogero Barbagallo, mi lancia degli sguardi strani quando mi consegna le tue lettere. Penserà che abbia un amante a Messina. Anche se sul retro della busta c'è scritto il tuo nome. Credo che nessuno a Casteldaccia riceva tante lettere come me. Calogero Barbagallo, che dal sussiego con cui monta l'asino e porge la posta lo diresti un vecchio, in realtà è poco più che un bambino e fa su e giù da Palermo col suo ceccareddu, su cui carica i due sacchi bianchi della posta. A Palermo arrivano con la carrozza del corriere le lettere da tutte le altre città siciliane, che lì poi vengono smistate.

A parte le spine invisibili che si infilano dappertutto, come sono buoni i fichi d'india quando sono maturi! E ce ne sono di gialli come l'oro, di verdi come le olive e di rossi come il succo delle more, e questi sono i più dolci. Li ho mangiati pensando a te. Mariannina, che è ghiotta di frutta, sarebbe felice di assaggiarli. Ma da voi non ci sono i fichi d'india? Qui crescono pure lungo le strade e appartengono a nessuno e quindi a tutti.

Con tanto affetto,

Annuzza

Castanea, 14 Settembre 1743

Cara Annuzza

no, qui a Castanea non ci sono fichi d'india, forse perché siamo in alto e le pale della pianta hanno bisogno di calore. In compenso ci sono le meluzze, piccole ma succose. Però in questo periodo vanno via subito. Quando mi spingo fino alle falde del monte Lupo a coglierle, ne trovo solo qualcuna verde appesa ai rami più alti. Con quelle immature Crocifissa fa una ottima marmellata. Ma devo stare attenta perché lo zucchero quassù non si trova e farlo venire da Messina può essere pericoloso.

Crocifissa, che ha perso in questa epidemia sia il padre sia la madre, ogni tanto viene da me a piangere. Ora è proprio sola. Per fortuna che le piace cucinare e fare le marmellate, e mentre lo fa, canta a voce alta. Girolamo va matto per la sua specialità: una *fougasse* di farina con dentro besciamella, piselli, castrato e uvetta. «Non è un piatto siciliano» dico io, «dove l'hai imparato?» Girolamo ride, dice che in fatto di storia sono ignorante nonostante legga tanti libri e sappia il francese. «Non lo sai che si tratta di una ricetta inventata dalla regina Caterina dei Medici? La insegnò a un suo cuoco francese e da allora passa per una ricetta francese, ma è nata dalla testa di una grande donna italiana.»

Non lo sapevo. Sono felice quando Girolamo ride, non lo fa spesso, ha un carattere chiuso, come sai e portato alla malinconia. Quando ride diventa ancora più bello, gli occhi fanno scintille e i denti che ha così dritti e bianchi appaiono fra le labbra come una mezza luna nuova.

Un abbraccio

Agata

Casteldaccia, 25 Settembre 1743

Cara Agata

questa notte il cugino Antonio si è alzato dicendo che aveva caldo e non riusciva a dormire. Se ne è andato, ed è tornato soltanto stamattina con la bocca che gli puzzava di vino. Dice che è stato nel paese vicino, dalle suore Orsoline, per aver notizie da Messina. E poi aggiunge che l'hanno costretto a pregare tutta la notte. Ma non so se credergli.

Ho paura che sia andato al bordello come ha già fatto altre volte. Ce n'è uno nel paese vicino che chiamano "Casa del belvedere", ma non so cosa vedono di bello perché sta sempre con le persiane chiuse. Le ragazze sono segregate ed escono solo un poco la domenica accompagnate da un guardiano che le tratta come oche al pascolo. Alcune sono quasi delle bambine e mi chiedo come abbiano fatto a finire in quella casa che alcuni chiamano "del piacere". Ma che piacere c'è ad accoppiarsi con una sconosciuta che ti accetta solo per i soldi?

Il Kellogg amico di Antonio è ancora qui. Però ha deciso di venire da voi, a Castanea. Dice che deve andare sull'Etna a cercare pietre. Gli ho detto che rischia, ma a lui sembra non importare nulla della malattia. Ci ride sopra.

Con molto affetto,

Annuzza

Castanea, 6 Ottobre 1743

Cara Annuzza

il vostro amico Kellogg è arrivato ieri sul dorso di un mulo. Aveva con sé due grandi sacchi pieni di pietre e uno piccolo con gli abiti. Non sembra avere bisogno di molti ricambi. Con sé tiene solo due camicie e due giamberghe: quando ne indossa una, mette l'altra a lavare. Adora il brodo indiano, che alcuni chiamano "cofea arabica", o "Java". Ne prende cinque o sei tazze al giorno. Per fortuna Girolamo ne ha portato su da Messina due sacchetti pieni. Ma ogni volta i grani vanno macinati e l'acqua messa a bollire. Kellogg che conosce bene la musica mi ha raccontato che il maestro Johann Sebastian Bach ha scritto una cantata dieci anni fa in cui descrive la preoccupazione di un genitore la cui figlia è talmente appassionata dalla bevanda che non dorme più la notte. Lo sapevi?

La sera l'amico Kellogg ha gli occhi sgranati e non vorrebbe mai andare a letto. Allora gli do da bere del buon passito e lui piano piano comincia a sbadigliare. È un tipo strano, sa tutto sulla musica, le pietre e i vulcani, ma sa poco e nulla della vita quotidiana: la cucina e la cura di sé. Ha fatto subito amicizia con Girolamo.

Mariannina sta meglio ma ho preso una grande paura perché le si erano gonfiate le ghiandole anche sotto le ascelle. Il cerusico le ha cavato ancora un bicchiere di sangue. Ma non mi sembra che sia servito, perché si è fatta solo più pallida e affranta. La febbre poi è salita precipitosamente. Per fortuna Crocifissa ha avuto la buona idea di immergerla nell'acqua salata gelida. E lei, che non respirava quasi, si è ripresa. Inoltre le ha dato da bere una tisana di corteccia di salice e ora ha ricominciato a mangiare.

Ieri Kellogg è tornato da una spedizione sull'Etna con una bisaccia piena di pietre gialle e puzzolenti. Le ha allineate lungo la parete della nostra camera da letto. Poi ha cominciato a discutere della fine del mondo assieme a Girolamo.

Mia suocera non ha ancora mandato i soldi di

Settembre. E io sto sulle spine. Mi fa controllare dalla signora Cannavò. Mi manda delle lettere velenose in cui dice che la colpa è mia se Girolamo mi lascia sempre sola a casa perché sono una donna "senza sale e senza pepe".

Messina, che spio ogni giorno dalla finestra, ora sembra recuperare le forze. Da bianca e spettrale che era, sta tornando un poco rosata. Sarà l'effetto del caldo e delle nuvole al tramonto, ma ho proprio l'impressione che riprenda colore. Di notte ricominciano a splendere le luci sulla marina.

Carri carichi di cadaveri non ne ho visti più passare. Chissà che presto non riesca a tornare in città.

La tua affezionatissima amica

Agata

Casteldaccia, 17 Ottobre 1743

Cara Agata

ieri Gaetano mi ha mandato su una caraffa di vino bianco appena fatto. Un vinello fresco dal sapore che salta sulla lingua. Ha il profumo delle vigne qui dietro la torre, sempre arroventate dal sole, con gli spuntoni di accia bruciacchiata (lo sapevi che Casteldaccia viene proprio dalla quantità di accia che la circonda?) in mezzo a cui vengono su ardite certe foglioline di menta e di timo dall'odore acuto e insinuante.

Ho versato il vino al cugino Antonio che l'ha bevuto distrattamente leggendo il suo Leibnitz. Ma dopo un po' ha cominciato a parlarmi con voce esaltata gridando che «l'universo, Annuzza mia, è costituito da infiniti centri di attività, capisci?, tu sei un centro, io sono un altro centro... la scelta è fra una vita che è un sonno torbido senza sogni e una vita limpida e consapevole, ma dolorosa... dipende da come governi il tuo centro...», e mi ha abbracciata come non faceva da settimane.

Le sue giornate, ora lo capisco, sono una corsa precipitosa verso le novità. Ma che novità possono esserci in questo paesino di conciapelli e di vignai? Pensavo che volesse rientrare a Palermo, e invece ho scoperto che preferisce restare qui, non so se perché ha paura dell'epidemia o perché gli piace la mia compagnia. Con me è sempre stato affettuoso, anche se mi tratta come se fossi priva di cervello. Per lui una donna non può pensare. Il pensiero appartiene al prediletto di Dio, all'uomo nobile. Gli altri, i contadini, le donne, sono da trattare con gentilezza, per carità, è una persona cortese, ma senza considerazione. Io lo trovo buffo, forse un poco antiquato, ma gli voglio bene perché l'ho visto crescere e siamo figli di due fratelli.

Ieri hanno organizzato in paese una corsa di cavalli. Uno è scivolato sui balati ed è stato abbattuto. La sera alla messa c'era tutto il paese. Il prete ha raccomandato di stare in casa per non spargere la malattia, ma nessuno gli dà retta. Qui la malattia non s'è vista e tutti si comportano come se non esistesse, non si preoccupano che nella non lontana

Messina sta facendo una strage e che muoiono centinaia di persone al giorno. E che anche nella vicina Palermo stanno spuntando dei casi.

È stata una giornata triste. Le notizie che arrivano da Palermo non sono incoraggianti, anche se il viceré Corsini tenta di rassicurare la popolazione e ha promesso di dare un sussidio ai più poveri, soprattutto a coloro che non hanno una casa. Ma i palermitani sono indisciplinati: si racconta di malati che vengono portati al lazzaretto dai loro parenti per non spargere la malattia fra i figli, di vecchi lasciati morire per mancanza di cerusici che li curino, di giovani che, se ce la fanno, bene, altrimenti un prete gentile e coraggioso dà loro la benedizione finale.

Antonio, che è stato fuori tutto il giorno, mi ha portato in regalo una gallina a cui avrei dovuto tirare il collo. Ma sinceramente non ho avuto il cuore. Ora razzola nel cortile e saltella felice.

Domattina scenderò da Gaetano per farmi dare ancora quel miracoloso vino nuovo.

Vorrei che tu fossi qui con noi Agata cara. In fondo tutte e due vogliamo il bene di Girolamo e il nostro bene dipende da lui, non è così?

Con tutto l'affetto, tua

Annuzza

Castanea, 28 Ottobre 1743

Cara Annuzza

anche qui le giornate scorrono tristi. Giovedì era il compleanno di Mariannina, e Girolamo ha costruito per lei un piccolo presepe. Ci ha lavorato per tre giorni di seguito e devi vedere con che perizia ha intagliato il mulino, il pollaio, i cani, le mucche e il piccolo Gesù Cristo che pare un vecchietto con la pancia. È stato commovente quando Mariannina l'ha scoperto, quasi piangeva per la gioia. Io le ho cucito una bambolina di cotone, con i capelli di lana color malva. Avevo solo quel gomitolo.

La festa l'abbiamo passata chiusi in casa. Proprio quel giorno è arrivata una lettera da Messina in cui si parlava dei nostri cugini Calìa che sono morti entrambi: c'era scritto anche di molte case signorili svaligiate e messe a ferro e fuoco per trovare oro e gioielli. Girolamo era esasperato. Ha detto che non ce la fa più a restare qui segregato. Andrà a Messina per vedere in che condizioni sta la nostra casa e poi verrà da te a Palermo. Gli ho spiegato che stai a Casteldaccia. Mi ha risposto: «Vedremo». Poi mi ha abbracciata stretta e mi ha sussurrato che mi ama e vuole che il nostro matrimonio rimanga intatto e felice, con la bambina al centro. Ho sentito che mentiva ma sinceramente, come si è sinceri quando si mente a se stessi prima di tutto.

Ora la casa senza Girolamo mi sembra vuota. Mi chiedo a volte come ho fatto a perderlo questo marito inquieto. Quando sei arrivata tu era già perso da un pezzo. Non so cos'è che l'ha annoiato. O è il matrimonio in sé che rende noioso l'amore? Eppure io lo amo ancora ma per noi donne l'amore è come una malattia che non riesce a guarire.

Conosco il vino di cui parli. In famiglia lo chiamavamo "u nicuzzu" perché è piccolo come appena nato. È fresco e si manda giù come una spremuta d'uva.

Mariannina sta decisamente meglio. I gonfiori sul collo sono spariti dopo che la nonna le ha mandato un trinciato di tabacco toscano da bere come infuso. E io mi sento più tranquilla. Mia suocera ha mandato anche i soldi per la pigione, e meno male perché la signora Cannavò ormai aveva ridotto i nostri pranzi a un poco di verdura bollita e un pezzo di pane secco. Ieri, per la gioia di avere quei soldi in mano mi ha versato un poco del suo vino che lei chiama pomposamente «vino d'oro puro» nel bicchiere. Ma non è buono come il vostro di Casteldaccia. Questo sa di zolfo ed è pesante. Se ne bevi più di un calice, ti lascia l'amaro in bocca.

Scrivimi presto. Qui la sola cosa che mi dà gioia sono le tue lettere.

Un abbraccio tenerissimo.

Tua,

Agata

Casteldaccia, 7 Novembre 1743

Cara Agata

Gaetano si è preoccupato quando sono andata a chiedergli un altro po' di quel vino nuovo. Ha detto che preferisce darmene un altro, «vecchio e savio» ma «profumato come un damerino». Ha tirato fuori dalla cantina una bottiglia impolverata e me l'ha consegnata con un sorriso complice.

Ora sta meglio con gli occhi che sono sempre orlati di rosso ma non lacrimano più. Sua moglie glieli medica con delle ragnatele fresche e dell'aceto dei sette ladri. Il ginocchio invece continua ad essere fasciato e lo fa zoppicare. Credi che sia il caso che chiami il cerusico a nostre spese?

Le notizie da Palermo sono piuttosto buone. Dicono che l'epidemia si è fermata prima del tempo e che ormai si tratta solo di alcuni casi sparuti. I malati sono stati isolati nel lazzaretto. Pare che ci siano due bambini fra i trecento contagiati rinchiusi.

Qualcuno parla di una punizione divina. C'è un Dio offeso, dicono, che si vendica per il cattivo comportamento dei siciliani, ma perché prendersela con i bambini che non hanno nessuna colpa? Giuseppa mi ha guardata scandalizzata: «U Signori è giustu in chiddu chi fa e nun se po' dirci 'na parola contro».

Tutti parlano bene del Viceré Corsini ma dicono pure che ha troppe idee «'nfocate» nella testa, che vorrebbe capovolgere la città e farla diventare «pulita, sana e onesta». A me sembra un bel programma, ma molti storcono la bocca. Certamente rovina i traffici dei furbi. Io ho fiducia. Staremo a vedere.

A cena abbiamo bevuto il "vecchio savio". È un vino che sembra andato a male tanto è scolorito e inodore. Ma dopo un poco che l'hai mandato giù senti alzarsi dalla gola un sapore così acuto e dirompente che ti chiedi se per caso non hai ingoiato una boccetta di profumo.

Il vecchio savio ha fatto effetto, perché al cugino Antonio gli occhi sono diventati rossi e quasi gli uscivano dalle orbite quando ha cominciato a parlarmi di Leibnitz, il suo Dio del momento: «Il mondo è fatto di monadi, Annuzza mia, e le monadi sono energia pura, ma ciascuna di queste monadi è chiusa in se stessa, e allora come fanno a comunicare fra di loro? Cos'è che le mette in relazione?». Era talmente esaltato che è salito sulla sedia e ha iniziato a recitare come se fosse stato su un palcoscenico: «Le monadi comunicano attraverso l'armonia prestabilita, capisci?, tutto il contrario di quello che dice Cartesio, infatti Leibnitz gli dà del maiale. E io muoio dal ridere... le grandi menti che si tirano le pietre... muoio dal ridere... il mondo materiale, ti prego di fare attenzione, il mondo materiale, cara cugina, non esiste... un genio, un vero genio ti dico, fra l'altro ha inventato la macchina calcolatrice in base al sistema numerico binario... capisci la grandezza di quest'uomo? Ma cosa sto a parlare di queste cose con te, povera femmina innocente? Tu non ci arrivi e io declamo al vento. Ma sai cos'è la vita, cugina mia, lo sai cos'è? E te lo dico io: la vita è un sonno torpido senza sogni». Con un grande inchino è sceso dalla sedia, ha appoggiato la testa sul tavolo e si è addormentato.

Ha una bella testa pensante il cugino Antonio ma si ubriaca facilmente. Un uomo generoso e appassionato. Peccato che si innamori sempre delle persone sbagliate. Ora ha preso una passione per una cantante d'opera, la bella Tatiana Rosbow che ha tanto successo al teatro dell'opera, ma lei lo prende in giro, si fa regalare dei gioielli e poi lo lascia a bocca asciutta. Lui ne va pazzo. Leibnitz e la bella Tatiana riempiono la sua vita, anche se uno è morto e l'altra non se lo fila per niente. Vuole bene a sua cugina Annuzza, e sta volentieri con lei perché non lo critica nelle sue passioni, così dice, e io lo abbraccio perché mi fa tenerezza. E poi, non ultimo ha le stesse movenze di mio padre che a sua volta assomigliava tanto a suo fratello Giacomo. Quando lo vedo girare per il cortile con il corpo minuto e agile, mi pare di vedere mio padre e non posso fare a meno di commuovermi.

Sono un poco stanca però di stare qui prigioniera. Spesso sogno di entrare, come Alcofribas, nella bocca di Pantagruel e di trovarmi in mezzo a boschi e prati fioriti, libera e serena, lontana da ogni malattia mortale.

La tua

Annuzza

Castanea, 18 Novembre 1743

Cara Annuzza

Kellogg oggi ha la febbre alta. Sono preoccupata per lui e per Mariannina che è ancora debole ed esposta. Cerco di tenerli lontani l'uno dall'altra. Certo lui ha fatto male a voler scendere a Messina quando ancora muoiono tante persone in città. Ma è un uomo di volontà, quando ha deciso di fare una cosa la fa, sfidando tutti i pericoli. E io sono qui che corro a bollire gli asciugamani, le lenzuola in un pentolone sui carboni accesi.

Sento molto la mancanza di Girolamo. Non ho più notizie di lui. È già arrivato da te a Casteldaccia? Ho paura che l'inquietudine lo porti nei pericoli. Fammi sapere appena hai qualche notizia.

Chissà poi se è passato per Messina... Ma certo Palermo non è meno pericolosa, anche se dicono che rispetto a Messina si tratti solo di qualche sporadico caso, che la malattia non vi ha preso piede. Ne sai qualcosa tu?

Tua

Agata

Casteldaccia, 28 Novembre 1743

Cara Agata

Girolamo non si è visto.

Mi dispiace tanto per Kellogg, ma quando dici che ha la testa dura come una balata, hai ragione. Anch'io avevo notato che quando decide qualcosa la fa, senza tenere conto dei pericoli o dei rischi.

Non ti ho ancora spiegato come l'abbiamo conosciuto il nostro amico Kellogg. Il cugino Antonio è stato due anni fa in Inghilterra, ospite della signora Kellogg, la madre del nostro amico John, che affitta camere nella sua grande casa al centro di Londra. Dai racconti di Antonio, sembra che sia proprio bella, di quelle tutte uguali che usano nell'isola, con il suo *bow window*, così si chiama, mi ha detto Antonio, due piani e una cantina piena di bottiglie di birra. Lui abitava in una stanza al piano di sopra e nella camera accanto dormiva il giovane John Kellogg. Così hanno fatto amicizia. Tutti e due appassionati di musica, andavano insieme ai concerti al lume di candela. Antonio mi ha raccontato con entusiasmo di un duello fatto da due grandi clavicembalisti, il Bukkle e il fenomeno indiano Baradesh, che hanno suonato su due clavicembali messi uno di fronte all'altro, poi hanno spento le candele e hanno proseguito al buio, senza sbagliare una nota: alla fine la gente applaudiva con le mani e anche battendo ritmicamente i piedi sul pavimento.

Quando Antonio è partito, i due hanno continuato a scriversi ed ecco che quest'anno hanno deciso di vedersi. Poi Antonio gli ha scritto che era meglio rimandare perché c'era la peste, ma pare che la lettera sia arrivata all'ultimo momento e il giovane Kellogg avesse deciso comunque di partire.

«Una fidanzata?» ho chiesto ad Antonio.

«Sembra di no.» E poi scherzosamente ha aggiunto: «La sola fidanzata di John è sua madre».

Dice che è una donna bellissima ma molto possessiva. Il marito, padre di John si è suicidato. Il figlio l'ha trovato una mattina appeso in bagno entratovi a farsi la barba. Forse per questo la madre è diventata così apprensiva con lui che assomiglia tanto al padre.

Non lo so... Per me comunque è un giovane piacevole e gentile, ha tante cose da raccontare e oltretutto parla bene l'italiano, cosa rara per un inglese: dice che vuole imparare il siciliano e per questo fa delle lunghe conversazioni con Giuseppa che lo tratta con un poco di sufficienza perché per lei un nobiluomo che si mette a conversare con una serva non è un nobiluomo. Ma lui se la ride. Le dice sogghignando che è una snob, peggio del re Giorgio II. Ma non sai la mia sorpresa quando si è messo una mattina a parlare latino! Alla fine il giovanotto John Kellogg si fa volere bene e questo è importante per qualsiasi convivenza.

Con affetto

Annuzza

Castanea, 8 Dicembre 1743

Cara Annuzza

non sapevo che Kellogg avesse avuto una vita così drammatica. Trovarsi davanti il padre impiccato in bagno deve essere stata una esperienza devastante. Mi dispiace per lui. Ma da quello che mi dici non è un tipo triste che fa pesare il suo passato a chi gli sta intorno. E questo me lo rende simpatico.

Ancora non ho notizie di Girolamo. Non scrive, e io non so che pensare. Fammi sapere se invece ha scritto a te. Ma anche il mio bellissimo marito ha la testa dura come l'inglese, e quando decide una cosa, non è possibile fargli cambiare idea. Ho paura che si ammali, che si metta in qualche guaio.

È sempre impetuoso nelle sue generosità. Un cavaliere dalla lancia in resta.

Sai che sua madre, quando parlava di lui, diventava dolce e gioiosa? A me piaceva starla ad ascoltare.

Mi raccontava del bambino che era stato, alto, delicato, bello, mai capriccioso, mai prepotente, però, come aggiungeva lei: «Dice sì ma poi fa di testa sua». Ha sempre amato la caccia. Una volta ha perfino adottato un falco, ma poi si sono sciarriati. Così diceva lei, hanno litigato, insomma, e il falco gli ha quasi cavato un occhio. E lui l'ha lasciato andare.

Mi ha anche raccontato del suo grande amore per la figlia di un carpentiere, che voleva sposare a tutti i costi. Ma per fortuna, come diceva lei, la ragazza è morta di mal sottile a diciotto anni e lui ne ha sofferto tanto che voleva farsi frate. La madre l'ha convinto a cambiare idea, così racconta lei, a furia di gremolate, pasta reale, gelo di mellone, cassateddi e teste di turco. Quando parla del figlio diventa tutta rossa. Per lei è un angelo sceso dal cielo a «miracolo mostrare». Non sorprende che il bel Girolamo sia un poco viziatello. Ma non ne ha mai approfittato veramente come avrebbe potuto.

Qualcosa dell'angelo ce l'ha, Annuzza, la grazia

con cui si muove e il sorriso dolce, innocente gli fa perdonare ogni egoismo.

Mi raccomando, fammi sapere se si fa vivo con te.

Un grande abbraccio,

Agata

Casteldaccia, 18 Dicembre 1743

Cara Agata

non ti dico la mia sorpresa andando ad aprire la porta stamattina alle sette pensando che fosse il contadino con la ricotta e mi sono vista davanti Girolamo con la giamberga tutta impolverata, i capelli arruffati, il fiato corto, le mani strette sulle redini di un cavallo zuppo di sudore.

Non mi ha detto una parola. Si è disteso fuori per terra, sfinito, mentre il cavallo se ne andava a brucare l'erba intorno alla torre. Anche io ero senza parole. Sono corsa dentro a preparare la stanza per lui.

Intanto è arrivato Antonio che si è messo a fargli tante domande. Ma lui rispondeva a grugniti.

Non sembrava contento di trovarlo qui. Anche se Antonio gli ha detto che nel pomeriggio partirà per Palermo, che è ormai sicura e si può tornare a fare la vita di sempre. Così dicono le autorità.

Poi tutti insieme abbiamo mangiato delle sarde fritte e una bella insalata di arance e olive verdi, accompagnate dal buon pane rimacinato di Casteldaccia.

Non ti nascondo che sono felice di averlo qui. Anche se so che se ne ripartirà presto. Voglio davvero che lasci sua moglie, la mia migliore amica e sua figlia, la dolcissima Mariannina, per venire a stare da me? Credo proprio di no, Agata, non sarei in pace. Eppure quando lo vedo penso che lo vorrei tutto per me. Te lo dico con sincerità. Ma nello stesso tempo so con certezza che più di ogni cosa vuole stare con te e tornerà da te, perciò mi devo accontentare di questo piccolo dono e abbracciarlo stretto per qualche minuto, sapendo che poi lo perderò.

Con affetto,

Annuzza

Castanea, 29 Dicembre 1743

Cara Annuzza

ero in ansia per Girolamo che non dava notizie. Ora so che sta da te e sono più serena.

Ho chiamato il cerusico per Kellogg, gli ha dato una purga molto potente e lo ha spalmato con poltiglia di fico d'india e aceto. Pare che oggi stia peggio. Mariannina ha la proibizione assoluta di uscire dalla sua camera. E io stessa, quando vado a trovare Kellogg, che cerco di consolare con buone parole, poi mi lavo cento volte le mani e la faccia prima di tornare da mia figlia. Inoltre, come ti ho detto, metto a bollire in continuazione gli asciugamani e i tovaglioli che usa l'ospite.

Il giovane Kellogg non si scoraggia. Dice che guarirà presto e riprenderà a cercare pietre per i suoi studi sui vulcani.

Se mi ammalo io però che faremo in questa casa? Cerco di stare in guardia. Mi infilo i guanti e mi copro la bocca con una sciarpa quando entro da Kellogg.

Anche Crocifissa sta attenta, forse più di me. Lei dal malato non ci va proprio. Lascia che sia io a portargli il vassoio a letto, anche se lui mangia sempre di meno. Ieri sera ha bevuto il latte e l'ha subito rimesso.

Eppure pare che l'epidemia stia passando. Ha superato il suo apice, dicono. Ma la gente continua a morire.

Vorrei che Girolamo fosse felice. Ma qui si vede sempre meno felicità e sempre più sofferenza e paura.

Con tristezza ma con il solito affetto,

Agata

Casteldaccia, 8 Gennaio 1744

Cara Agata

il cugino Antonio è partito per Palermo, voleva festeggiare l'anno nuovo con i suoi amici. Dice che mi aspetta in città, ormai è sicura e si può tornare alle nostre case. Ma per me è troppo ottimista, preferisco aspettare che non arrivino più notizie di morti. Quando l'ho visto andare via sopra il suo cavallo bianco e nero, ho provato un momento di allarme. Come se presentissi che non l'avrei rivisto più.

Girolamo sembra felice di stare con me in questa torre spartana dove si dorme per terra e si mangia su un tavolaccio da caserma. L'ho trovato un poco invecchiato, con quel ciuffo di capelli grigi che gli è cresciuto sopra l'orecchio. Ma come ha fatto a farsi grigio in cosi poco tempo?

Sembra molto infelice nella sua felicità momentanea. E io sono felice e infelice assieme a lui. Ma dietro questo sentimento contraddittorio si allungano delle ombre scure. O forse delle ombre bianche: l'assenza futura, il vuoto, qualcosa che mancherà a se stessa.

Ieri abbiamo fatto una lunga cavalcata nei boschi vicini. Era tanto che non montavo su un cavallo. Abbiamo preso i due destrieri di Gaetano, il gentile dio del vino che passa le giornate fra le botti di rovere ad annusare il Nicuzzo, il Savio, la Chimera, vini che ha inventato lui e devo dirti che sono tutti prelibati nella loro freschezza fiorita e speziata. «Prendeteli pure, tanto per il momento non ho tempo di cavalcare.» Un uomo talmente cortese e generoso, che mi lascia ogni volta senza parole.

Oggi è arrivata una lettera da Palermo. La casa di Antonio è stata devastata dai ladri mentre lui era qua da me: hanno portato via tutto, anche i tappeti. La mia casa invece sta a posto. L'altra sorella di Giuseppa, Carmelina, la cova come una chioccia. L'ha difesa dai ladri in questi mesi di disordine cittadino. Per fortuna non si è ammalata, ma sta chiusa in casa con le finestre sprangate e non mette il naso fuori neanche per andare a messa nella chiesa vicina.

Intanto Antonio mi ha scritto anche l'elenco dei morti: il barone Musumeci, il cardinale Rendina, la contessa Giordano. I due bambini morti sono i figli del portiere di casa Palandra, li hanno affidati ai frati Cappuccini per imbalsamarli. Racconta che li ha visti nelle teche del convento: "Sembrano dormire pacificamente, le piccole guance soffuse di rosa, le ciglia lunghe che segnano di nero la pelle bianchissima attorno agli occhi. Veramente un lavoro ben fatto. Non mi stupirei se fra un secolo, qualcuno li cogliesse mentre si asciugano il sudore e si rizzano seduti per chiedere un poco d'acqua". Queste le sue parole vergate in una grafia stentata, con un inchiostro verde acqua di mare.

Girolamo già parla di partire. Ha fretta di tornare da te e da Mariannina. Lo capisco ma non posso fare a meno di soffrirne. Intanto mi chiede dell'altra malvasia, quella che sa di verbena e di mosto, una delle creature più riuscite di Gaetano.

Domani andremo al mare. Forse faremo un giro con la barca di Gaetano, che ora, con il ginocchio dolorante, non può remare.

A presto,

Annuzza

Castanea, 19 Gennaio 1744

Cara Annuzza

ieri notte è successa una cosa terribile. Kellogg ha cominciato a delirare. Voleva per forza alzarsi e andare ad abbracciare Mariannina, a cui si è affezionato. È un uomo robusto e difficile da tenere. Gli ho chiuso la porta in faccia. Ha il corpo gonfio e pieno di pustole. Mi dispiace ma non posso accettare che attacchi la malattia alla bambina. Crocifissa l'ha preso a male parole. Poi, in un accesso di rabbia, è andata a denunciarlo. Un'ora dopo sono arrivati i monatti e l'hanno portato via.

Sapessi come gridava! È stata una cosa penosa, terribile. Non parlava nemmeno inglese, ma latino. Insultava i monatti in latino e mandava baci alla piccola Marianna mentre le lacrime gli scivolavano sulle guance magrissime.

Povero Kellogg! Chissà se ce la farà a sopravvivere al lazzaretto. Ma nel fondo del mio cuore disastrato sono contenta che se ne sia andato. Avrebbe finito per contagiare sia me sia Crocifissa sia la bambina. Comunque per il momento sembra che ce la stiamo cavando.

Raccontami ancora di Girolamo. Lo so che è felice con te. E io mi dico che voglio la sua felicità. Ciò non mi impedisce di provare un dolore profondo che mi fa trottare il cuore. Non è gelosia, credimi, come potrei essere gelosa di una sorella come te? È il sentimento della perdita e dell'abbandono; il pensiero di non essere riuscita a suscitare un amore durevole e profondo in quel cuore delicato e inquieto.

Anche io ti saluto con tristezza e con affetto tenerissimo.

Tua

Agata

Casteldaccia, 30 Gennaio 1744

Cara Agata

ieri c'era un sole quasi estivo e un'aria mite, così abbiamo deciso di passare una giornata in barca. Un mare liscio come l'olio, trasparente e profumato. Girolamo remava e mi parlava della fine del mondo. Ma anche d'amore. Sembra diviso, non solo fra te e me, ma anche fra il piacer di vivere e la voglia di morire. Io lo guardavo ammirata, con le mie lunghe gonne che prendevano il sale sulle balze, il mio ombrellino piegato sulla spalla. Mi sentivo un poco ridicola: innamorata come un uccellino affamato, docile forse più del lecito, incantata da quel corpo giovane, abbronzato e dai muscoli in movimento. Ci siamo fermati vicino alla riva, calando l'ancora, che poi è solo un sasso legato con un cordone, e tirando fuori dal mio paniere inglese a più comparti i panini imbottiti di melanzane, capperi e pomodori. Avevo portato anche il vino nuovo di Gaetano, ma Girolamo non l'ha voluto. Ha preferito l'acqua, dice che il vino gli fa venire sonno, ma poi si è addormentato lo stesso appoggiato alla mia spalla sotto la piccola ombra del mio parasole.

Certe volte mi sembra un bambino indifeso che chiede protezione e pace. Altre volte si trasforma in un uomo molto più vecchio della sua età, saggio, triste e indeciso, abitato dai dubbi, che lo succhiano come tante sanguisughe.

Mentre lo bacio mi sento in colpa verso di te e mi propongo di allontanarlo, ma non ne sono capace, te lo dico sinceramente, i suoi baci mi danno la febbre, e anche se so che domani guarirò, non posso fare niente contro questo fuoco che mi illumina il cuore.

Perdona la mia sincerità, ma so che mi capirai.

Con l'affetto e la tenerezza di sempre.

Tua

Annuzza

Castanea, 10 Febbraio 1744

Cara Annuzza

come invidio il vostro andare in barca insieme. Per un momento ho provato un moto di gelosia, come una coltellata che mi è entrata dritta nel cuore e me l'ha fatto insanguinare. Ho preso del laudano e mi sono addormentata. Al risveglio, la casa era vuota, Crocifissa era uscita con Mariannina, intorno tutto era silenzio. Ho osservato con sguardo sgomento i poveri resti del pranzo della domenica. L'unico suono era il ragliare triste dei somari. Perché sono così tristi non lo so. I cani in lontananza mi rammentano l'assenza dell'amato. Perché si ama? E perché proprio quella persona e non un'altra? Perché ci addolora la sua lontananza? Perché l'istinto ci porta a volere possedere un corpo, come se fosse una nostra proprietà? E perché, se qualcuno si avvicina a quel corpo, ne soffriamo?

Sono tutte domande a cui non so dare una risposta. Cerco di non fare volare l'immaginazione perché ne patirei. Cerco di rivolgerle al presente, a questa campagna piena di fiori, alle persone che soffrono e muoiono nella vicina città di Messina, alla piccola Mariannina che ogni giorno cresce e si fa più consapevole.

Ti chiederei, per favore, di non scrivermi più del vostro stare insieme. Preferisco non indugiare col pensiero dalle vostre parti. Diventerei una complice e non mi piace. Devo forzare la mia mente e se mi sforzo, ci riesco. Devo tenere le briglie strette e camminare solo sulla strada che ho davanti senza divagare col pensiero, senza uscire dal sentiero. Ci riuscirò? Penso proprio di sì e sarà la nostra amicizia nella sua gioiosa sacralità a trattenermi sulla soglia del dolore e della gelosia.

Un abbraccio tenero.

Tua,

Agata

Casteldaccia, 21 Febbraio 1744

Cara Agata

ieri sera ci siamo addormentati vicini, dopo avere brindato bevendo la meravigliosa malvasia di Gaetano. Stamattina, quando mi sono svegliata, Girolamo non c'era più.

Sapevo che l'avrei perso presto, ma forse non così presto. Certamente sta venendo da te. Lo immagino a cavallo, bello com'è, nel corpo e nello spirito, l'uomo che fa innamorare chiunque lo avvicini, l'uomo inquieto a cui si perdona ogni sgarbo, perché la sua bellezza e la sua intelligenza meritano indulgenza. Importante è che non abbia distrutto il nostro legame, Agata. L'amicizia deve essere più forte dell'amore. L'amicizia è eterna, l'amore è fragile, delicato, destinato a morire giovane.

Quando tutto questo sarà passato, torneremo a viaggiare e la strada fra Messina e Palermo sarà l'itinerario della nostra amicizia, da percorrere in carrozza o a cavallo, ma sempre vicine e solidali nel nostro bellissimo legame dalle lunghe radici.

Ti abbraccio,

Annuzza

Castanea, 2 Marzo 1744

Cara Annuzza

Kellogg è morto. I monatti sono saliti a Castanea per dircelo. «Ma dobbiamo spedire il cadavere in Inghilterra?» mi hanno chiesto quasi scusandosi. In realtà i cadaveri degli appestati debbono essere bruciati per legge e non credo che Kellogg sfuggirà a questo destino.

Girolamo è arrivato poco dopo che hanno trasportato via il corpo dell'amico inglese. Era di pessimo umore e ha gridato che stiamo giocando col fuoco. Preoccupatissimo per la bambina, mi ha accusata di non essere stata responsabile della salute di nostra figlia e che non me ne curo come dovrei. Cosa dovevo fare, buttare fuori Kellogg appena ho saputo che stava male? «Ho preso molte precauzioni» gli ho risposto e in effetti sia Mariannina sia Crocifissa sia io siamo sane e salve. Ma lui sembrava deluso e adirato, e se ne è andato a dormire sbattendo la porta. Anche se poi, quando sono entrata in camera in punta di piedi ho visto che mi aspettava seduto sul letto. Mi ha chiesto scusa e mi ha abbracciata con un calore che mi è parso per una volta sincerissimo.

Sa che io so che è stato da te. Forse gli dispiace. Ma non vuole ammetterlo e perciò fa il burbero. Ma io lo conosco troppo bene. È in preda a una febbre da incertezza. Vorrebbe fare il bravo marito ma nello stesso tempo vorrebbe stare con te.

Si possono avere due mogli? Be', in certi Paesi è permesso. Se ne possono avere fino a quattro. Probabilmente i mariti non le amano tutte e quattro insieme. Prima una, poi quando quella invecchia, un'altra e poi un'altra ancora più giovane e più bella. Questi sono i privilegi storici degli uomini. Ma si possono amare due donne alla volta? A considerare Girolamo, si direbbe di sì. E capisco che sia un enigma non facile da risolvere, in particolare quando tutto è chiaro e risaputo.

Non è facile, Annuzza mia, convivere con un fantasma dietro le spalle. Eppure tu non sei un fantasma ma una meravigliosa amica, affettuosa e generosa che si è trovata per caso in una situazione complicata e cosparsa di spine.

Dicono che la peste abbia concluso la sua mattanza. Messina intanto ha perso più della metà della sua popolazione. Noi abbiamo avuto la buona idea di venircene in tempo fra queste montagne spopolate. Abbiamo patito il freddo e la fame, ma siamo sfuggiti alla signora dalla falce nera.

Ancora però non pensiamo di tornare alla nostra casa di Messina.

Mia suocera dagli occhi di falco, che tiene la contabilità della famiglia, adesso ci manda dei soldi ogni due settimane. Non so come sia venuta a sapere che Girolamo è stato a Casteldaccia da te, e ora non fa che rimproverarmi nelle lettere che mi manda: "Che razza di moglie babba sei, che non riesci a tenere vicino un marito come Girolamo? Sappiamo bene che la sua bellezza lo rende fragile e conteso: tutte le donne lo vogliono per sé, ma tu sei la sposa e tu devi legarlo con una catena stretta, se necessario, altrimenti finirai col perderlo".

Ma io non credo che l'amore possa essere un dovere, né che si possa imprigionare una persona con la catena, per quanto robusta. Penso che il mio piccolo e modesto spirito filosofico mi aiuti ad affrontare la realtà senza perdere la testa. E soprattutto senza sacrificare ciò che c'è di più bello al mondo: l'amicizia.

Tua

Agata

Casteldaccia, 13 Marzo 1744

Cara Agata

grazie per la bella lettera. Anch'io credo che l'amicizia sia il nostro bene più prezioso. Va salvaguardato e difeso.

Sento tanto la mancanza del bellissimo Girolamo. Ma sto cominciando a guardarmi intorno perché ho capito quanto il mio amore per lui sia stupido, inopportuno e fuori luogo. Credi che troverò un altro uomo che mi possa amare? In fondo ho solo ventisei anni... Qualcuno però mi considera già vecchia. Per una donna la vecchiaia arriva presto ed è feroce, ma io ho fiducia nel futuro e penso che troverò un uomo dolce, come piace a me, sensibile, gentile e forse anche bello. Chiedo troppo, vero? Insomma, ci provo.

Fra pochi giorni tornerò a Palermo con Giuseppa, che in montagna è ingrassata. Sua sorella Carmelina invece purtroppo è morta. Giuseppa si è talmente addolorata che non si è mossa dal letto per tre giorni. Le ho portato del cibo in camera, ma non l'ha toccato. Erano molto legate le due sorelle. Non so proprio come abbia potuto ammalarsi stando sempre chiusa a casa. Ma dicono che la peste sia come una nuvola che passa attraverso le finestre e sotto le porte. Dicono che sta nell'aria che respiriamo. Per questo a Palermo anche gli uomini ora vanno in giro con il ventaglio per levarsi di torno l'aria cattiva.

Dal prossimo mese comincerò a cercare l'uomo giusto per me. Mi aiuterai anche tu?

Con l'affetto di sempre,

Annuzza

Castanea, 24 Marzo 1744

Cara Annuzza

se è davvero quello che vuoi, ti aiuterò. Ma cosa succederà a Girolamo se venisse a sapere che ti sei innamorata di un altro? Ho paura che renderebbe infelice sia me sia te. Mi sembra di andare contro ogni legge morale nel dirti questo, ma sono qui per pregarti di non smettere di amare mio marito, perché lo faresti soffrire e quindi lui farebbe soffrire me. So che non farebbe mai del male né a te né a me né a nostra figlia, ma la sofferenza è già di per sé un male che quando ti prende, si diffonde anche alle persone che ti stanno accanto.

Ti sembro pazza? Ti sembro dissoluta? Forse lo

sono un poco. Ma mi viene spontaneo chiederti di continuare ad amare Girolamo, per mantenere in vita questo equilibrio che sì, mi fa soffrire, però è migliore del rapporto basato sull'obbligo che instaurerebbe con me.

La bellezza di Girolamo è la sua forza ma è anche la sua grande debolezza. Fin da piccolo è stato l'oggetto del desiderio di chi lo incontrava. Mi ha raccontato che una volta un insegnante di matematica voleva baciarlo a tutti i costi. Lui cercava di scappare, ma quello l'ha afferrato, sbattuto contro una porta e l'ha abbracciato e baciato. Poi per fortuna sono arrivati degli studenti e lui si è liberato.

Un'altra volta mi ha raccontato di una benefattrice del convento che gli ha stretto una coscia con una mano ad artiglio e non voleva lasciarlo. La sua vita è stata segnata dalla fuga. È sempre scappato, come oggi scappa da me per venire da te. Ma so che se vivesse con te, scapperebbe per venire da me. Un uomo in fuga.

La bellezza di Elena, ci pensi? Tanti uomini se la sono contesa e alla fine è scoppiata una guerra per lei. Non vorrei che per Girolamo scoppiasse una guerra tra noi. Per niente al mondo vorrei che ne soffrisse la nostra amicizia, Annuzza, per questo ti chiedo di continuare ad amarlo, perché in questo triangolo si è creata una certa armonia che andrebbe persa se tu smettessi di cercarlo.

Con l'affetto di sempre,

Agata

Casteldaccia, 4 Aprile 1744

Cara Agata

ti rendi conto che mi stai chiedendo di amare tuo marito per non rompere un equilibrio che tu consideri indispensabile? Non ti pare di esagerare? Io pensavo di sottrarmi a questo amore proprio perché non si rompesse un equilibrio fra te e tuo marito. Ma tu mi domandi di continuare a frequentarlo per non perderlo. Non è un poco morboso tutto questo?

Scusa ma sono molto confusa. Non so più cosa pensare e cosa fare.

Siamo ancora a Casteldaccia perché nell'isola la gente continua a morire nonostante le dichiarazioni delle autorità, e non mi fido a muovermi. Non ci sono nuovi contagi, dicono. Ma quelli che muoiono nel lazzaretto? Sono i malati di prima, è la risposta. La nuova ondata di freddo fra l'altro non aiuta a fermare la malattia. La gente si chiude in casa, accende i bracieri, se ne sta vicina per tenersi caldo. Io me ne sto chiusa a casa con le persiane serrate.

La gente che si era ritirata in campagna e in montagna sta tornando a Palermo. Ma io non mi fido. Ho paura che nascondano la verità per fare riprendere vita alla città, per incoraggiare i negozianti ad aprire le botteghe, e la gente a tornare al lavoro.

Noi resteremo qui ancora per un po'. Il cugino Antonio mi scrive che ha la febbre. Speriamo che non si ammali pure lui.

La tua incerta e confusa

Annuzza

Castanea, 15 Aprile 1744

Cara Annuzza

hai ragione, mi sto comportando da egoista. Ma la ragione mi dice che il più bello e il più affettuoso dei mariti, il mio Girolamo, se perdesse te, me la farebbe pagare, non con la violenza perché è un uomo dal cuore dolce e fragile, ma con l'assenza e il silenzio. È questa divisione sentimentale che lo ravviva e lo fa sentire libero anche se inquieto. Perciò ti ho pregato di non lasciarlo. Ma capisco il tuo ragionamento. Hai diritto ad avere un uomo tutto per te. E ti aiuterò a cercarlo. Però sappi che nel profondo del cuore preferisco che continuiate a cercarvi e a desiderarvi. Anche se ne soffro. La divisione in questo momento è il minore dei mali.

A Messina, dopo un calo netto dei contagiati e dei morti, tanto che si pensava a un ritorno in città, c'è stata un'altra ondata di malati che hanno affollato i lazzaretti, e i morti sono aumentati di conseguenza. Così mi ha scritto mia suocera Rosalia. Non si capisce da cosa provenga questo male. C'è chi parla di un germe che viene dall'acqua, altri sostengono che deriva da una esalazione delle immondizie gettate per la strada che producono miasmi velenosi, altri ancora sono certi che siano i topi ad avercelo contagiato con i loro parassiti, che dalla bestia sono poi passati all'uomo.

Girolamo ha deciso di rimanere ancora qua. Troppi parenti e amici sono morti in questi ultimi giorni. La signora Cannavò è contenta perché sono altri soldi di pigione e lei quando vede le monete si gonfia tutta come un gufo che ha visto un topolino grasso e tondo da divorare.

Ti abbraccio.

Tua,

Agata

Casteldaccia, 26 Aprile 1744

Cara Agata

anche se tu non lo volessi, continuerei ad amare tuo marito, perché all'amore non riesci a imporre nulla, è autonomo e indipendente. Per questo non ti preoccupare. Non a caso gli antichi pensavano che l'amore nascesse dalla punta di una freccia lanciata da un piccolo dio che si divertiva a colpire a casaccio. A quel piccolo putto capriccioso piaceva vedere impazzire un cuore o gelare una parola in bocca, o ammutolire per la vicinanza di una mano.

Da quando Girolamo è entrato nel giardino della mia mente, sono rimasta stregata, so che si tratta di un'ombra dolce che sparisce quando la avvicino, ma per quanto si diriga a passi decisi verso il cancello, non lo raggiungerà mai. I suoi piedi lo portano sempre indietro e lui è dolce, amorevole.

Ieri è tornato il cugino Antonio. Lì per lì non l'ho riconosciuto tanto è cambiato: la malattia l'ha stravolto anche se miracolosamente non l'ha ucciso. «La peste, cugina mia, è 'na malatia bastarda, rugnusa, buttana... mi acchiappò e mi strappò tutti i capelli, mi diede una febbre che mi fece delirare, e mi scaraventò dentro una fossa, ma io ci ho dato un calcio e la scansai, sortii dalla fossa ed eccomi qua.» Si è messo a ridere con le labbra butterate e alcuni denti che gli mancano.

Il povero Antonio è invecchiato di vent'anni. Ha perso quasi tutti i capelli e quei pochi rimasti sono bianchi, gli sono caduti molti denti, la faccia gli si è raggrinzita e gli occhi sono orlati di rosso, ha il respiro corto, è magrissimo e si muove male: dopo pochi passi deve sedersi perché non sopporta la fatica.

Mi ha fatto una gran pena. Nello stesso tempo ero impaurita che mi contagiasse. Ma quando gliel'ho detto si è messo a ridere: «Tutti possono contagiarti, salvo io tuo cugino Antonio, perché la peste polmonare ormai la passai e tu puoi stare più che sicura».

Sono andata subito a cucinargli del castrato con le ortiche, e gli ho preparato un dolce, la cuccìa: il grano saraceno cotto con la ricotta e le uvette. Giuseppa era molto impressionata e gli stava alla larga, anche se le ho spiegato che una volta guarito un malato di peste non solo non può prendere la malattia, ma non può contagiare nessuno. Speriamo che si riprenda qui in campagna.

Antonio mi ha anche raccontato cose dolorose, come la diceria che ci siano gli untori che per amore di morte diffondono la peste in città. Lui dice che non ci crede ma nello stesso tempo ogni volta che parla di loro si fa il segno della croce.

Mi ha anche raccontato della sorella di Giuseppa, Carmelina, che è morta a casa mia, ed è rimasta lì dimenticata finché il portiere non l'ha trovata mezza mangiata dai topi. Per fortuna me l'ha riferito mentre Giuseppa non c'era. Gli ho raccomandato di non riportare questa storia macabra e raccapricciante alla sorella per non farla troppo soffrire.

In questi tempi di morte e di dolore, Agata mia, sento che il solo rifugio della mente, la sola certezza del futuro è la nostra amicizia. Cerchiamo di non guastare la solidarietà che ci lega, sarebbe un crimine. È un cammino difficile, lo so. Vedo i rami che da secchi e smorti stanno diventando verdi, mettendo piccole foglie nuove. Da quel giardino che rifiorisce dipende la mia e la tua vita.

Con affetto,

Annuzza

DS 0048169881
TRIO
MARAINI DACIA
RIZZOLI
MONDADORI LIB

Finito di stampare nel mese di agosto 2020 presso
Grafica Veneta – Via Malcanton, 2 – Trebaseleghe (PD)
Stampato in Italia